清水江研究丛书 （第二辑） 张应强 / 主编

中山大学历史人类学研究中心 / 编

# 姻亲与"他者"

刘 彦———— 著

清水江北岸
一个苗寨的历史、权力
与认同

社会科学文献出版社
SOCIAL SCIENCES ACADEMIC PRESS (CHINA)

**本书的研究和出版承蒙**

中山大学历史人类学研究中心承担的国家社科基金重大项目"清水江文书整理与研究"（批准号：11&ZD096）

教育部人文社科重点研究基地重大项目"山地、流域与族群社会：西南民族地区的生态、文化多样性与社会变迁研究"（批准号：17JJD850004）

**资助**

# 总　序

以一条江来命名一套研究丛书，确实需要做些说明。

贵州东南部的清水江，是洞庭湖水系沅水上游支流之一，亦名清江。清雍正年间设置的"新疆六厅"，其中就有因江而名的清江厅。历史上因江清而名的江河或相应治所不在少数，至今湖北西部仍有清江；民国初年改清江厅置县，也因与江西清江县重名而改名剑河县。清水江之名则渐至固定，用以指称这条源出贵州中部苗岭山脉、迤逦东流贯穿黔东南苗族侗族自治州多个市县的河流。

清水江是明清时期被称为"黔省下游"广阔地域里的一条重要河流，汇集区域内众多河流，构成了从贵州高原向湘西丘陵逐渐过渡的一个独特地理单位。特别是在清水江中下游地区，气候温暖、雨量充沛且雨热同期的自然条件，非常适于杉、松、楠、樟等木植的生长。是以随着明代以来特别是清雍正年间开辟"新疆"之后的大规模区域经济开发，清水江流域尤其是中下游地区，经历了以木材种植和采运贸易为核心的经济发展与社会历史过程。以杉树为主的各种林木的种植与采伐，成为清水江两岸村落社会最为重要的生计活动，随之而来的山场田土买卖、租佃所产生的复杂土地权属关系，杉木种植采运的收益分成以及特殊历史时期发生于地方社会的重大事件等，留下了大量契约文书及其他种类繁多、内容庞杂的民间文献。基于对清水江流域整体性及内在逻辑联系考虑，我们把这些珍贵的主要散存于清水江中下游地区的汉文民间历史文献统称为"清水江文书"，这一命名得到了学界的普遍认可和采用。不过需要进一步说明的是，与其说这种整体性及内在逻辑联系是一个客观事实或既有认识，毋宁说是一种理论预设，正需要通过精细个案研究去加以探索与论证。这可以说是组织这套丛书的一个最单纯直接的因由，也是本研究丛书出版希望可以达致的一个目标。

具有现代学术意义的对于清水江流域的深度关注和系统研究，吴泽霖先生或为开先河者，1950 年代完成调查并成书的《贵州省清水江流域部份地区苗族的婚姻》是重要代表作。而后 1960 年代由民族学者和民族事务工作者所进行的少数民族社会历史调查，也直接在清水江下游的苗侗村寨收集整理了一定数量的民间文书，并于 1988 年整理编辑出版了《侗族社会历史调查》。正是在这些已有的学术探索和积累的基础之上，笔者开始关注这个区域的材料和问题，并在 2000 年真正进入清水江流域开展调查研究工作。如果说两三年成稿、后经修订出版的《木材之流动：清代清水江下游地区的市场、权力与社会》，是对区域社会文化发展历史进程的综观式考察，那么其后继续推进的相关学术工作，包括清水江文书的收集、整理与研究，以及指导研究生在清水江两岸及更大地域范围的苗乡侗寨开展人类学田野调查等，则可视为既带有某种共同关怀，又因田野点不同或研究意趣迥异而进行的学术尝试。

或许，"清水江研究"可视为一个学术概念，一种其来有自的学术理念传承发展的研究实践，是围绕共同主题而研究取向路径各异的系列工作成果，也是在特定地域范围内密集布点开展深入田野调查，同时充分兼顾历史文献收集解读的研究范式探索。事实上，要想对这些论题多样、风格各异的研究进行总括性的介绍与评述，不仅徒劳而且多余，其间确有误解误读乃至抹杀不同研究独到见解及学术贡献的可能风险。因此，围绕以"清水江研究"名之的这套丛书，余下的就是这个研究群体在实践、交流、互动过程中遵循的原则或认可的价值，以及一些不同研究渐至形成的共识，可在此言说一二。

当我们把"清水江研究"看作一个整体，自然首先是清水江流域可视为一个整体。流域绝非一个纯粹的自然地理概念，流域的历史亦非单纯的自然史，而是与人类的活动交织和纠缠在一起。是以当我们在清水江流域不同地点开展田野工作，这些工作本身即包含了某种内在的共同性。这是显而易见的，构成了我们以为必然存在的整体性的最基础部分。这是流域内干支流水道网络形成的自然条件影响（支持或约束）人们实践活动的基本方面。其次，从政治、经济、社会、文化等层面，我们也不难看到，特定地域在其历史发展进程中形成了或者说呈现出某些共同的特性。如果说"新疆六厅"的设置，标志着地域社会进入王朝国家的政治体系，那么以杉木贸易为核心的区域经济社会生活，更是充分地表现出一种共同性和一致性。当原有的社会组织、社会制度在共同面对王朝国家的制度性介入，以及经济生活中出现一些适应市场机制的制度规范的时候，我们也看到了社会文化层面的某些同步改变与整合。这是一幅生动而丰富的历史画卷，如果说国家治理和市场经济共同构成了画卷材料的经纬或质地，那么杉木的种植与采运则是清水江故事的基本底色。

这样的一种整体性也具体体现在每个基于精细田野调查与深度文献解读的个案研究中。诚然，每项具体研究都自成一体，都有其自身的整体性，且这种整体性是由各自的问题意识以及相关材料的收集和运用所决定的。无论是聚焦山居村寨与人群以杉木种植为核心的经济社会生活，还是着重考察临江村落木材采运贸易的制度运转或人群竞争；也无论是对一个特定苗寨侗村日常生活深入细致的观察与剖析，还是多个相邻相关村寨复杂人群构成及相互关系的历时性比较；亦无论是从婚姻缔结及婚俗改革等传统主题入手探讨社会文化变迁，还是洞悉传统社会组织延续与转型对当下社会生活的意义赋予等，都无不明显呈现出各自的整体性。实际上，这也都是由整个流域整个区域的某种内在整体性所决定的。特别是当我们把"清水江研究"这样一个概念，扩展到超越了清水江流域，而包括了相邻的都柳江流域、舞阳河流域乃至下游的沅水干流等其他一些相关地区的时候，背后所考虑的其实也正是由清水江研究所引出的一些基本问题及某些内在的关联性或者说一致性。

编入"清水江研究丛书"、主要基于不同乡村聚落长期深入的田野调查的这些研究，在某种程度上可视为中国传统人类学关于乡村社区研究的一种延续。这一传统可以追溯到被誉为社会人类学中国时代的 20 世纪三四十年代。吴文藻先生曾强调，社区研究应结合空间的内外关系和历史的前后相续。正如有学者在回顾和反思后来的一些研究时所指出的，在实际的研究过程中往往存在不无偏颇的情况，即将中国乡村社区看成是不太受外界影响的一个整体，以致缺乏对乡村社会的历史性以及内外关系体系等的整合性考虑。在这个意义上，"清水江研究丛书"所涉及的不同村寨，虽说它们都是清水江流域整体的某些局部，但这样的一些局部，又是镶嵌在整个区域社会乃至中国社会文明的一个更大的系统之中的。故此，这些研究实践所带出的关于清水江流域的总体认识，同时提供了看待整个清水江流域如何进入中华文明系统的独特视角。这绝非简单的局部与整体关系、局部如何说明和构成整体、整体又如何在局部里面得以体现的问题，实际上涉及我们所践行的历史人类学研究如何兼顾内外关系和过去现在的方法论视角。

田野工作的重要性已无须再予强调，富有挑战性的是不同的田野点都或多或少地保留了清代以来的各类民间文献。当结合这些文献资料和田野调查以了解某一历史过程中的具体事件及特定人物时，不仅作为史料的各种文献的建构过程值得进行深入的发覆，而且作为历史主体的人的活动，以及历史事件在他们身上留下的痕迹等，都成为田野调查时需要高度的敏感性才能有所觉察和了解的。也因此之故，将过去与现在联结起来的历史民族志就成为"清水江研究"的基础性工作。它不仅是书写村落社会历史甚或"创造"其历史的独特方法，而且是探索和丰富历史人类学取向的有学术积累意义的研究实践。相信这些立足于精细个案及丰富材料，又富含区域和全局关怀的非常有层次感的民族志，都从不同的侧面充分展现了人、社会、自然关系的复杂性与多样性。

"清水江研究丛书"作为一个研究团队在中国历史人类学研究十分难得的试验场的系列工作成果，不能不说也得益于非常系统而完整的清水江文书的遗存。这一由民间收藏、归户性高、内在脉络清晰的民间文书，显然不只具有新史料带出新问题这种陈旧观念所能涵纳的一般意义，其更重要的价值在于提供了完整看待一个地方社会发展历程的全新眼光和别样视野，带给研究者一个回到历史现场的难得机会，帮助我们把探索的触角延伸到非常生动具体的过去，回到文书所关涉的那样一些特定历史时刻的社会生活之中。尤其是在清水江文书呈现出来的文字世界里，既可看到地方人群对主流文化的认同，也可见到在与文化他者的复杂关系中对自身主体性的确立。因此之故，结合深入细致的历史田野工作，我们可以真切感受到清水江文书中包含的极具地方性的思想意识和历史观念，同时也获得了探索特定地域社会动态发展极富价值的历史感和文化体验。

不难发现，在不同专题研究的民族志材料中，均以具体而鲜活的人的历史实践活动为中心，并且饱含研究者真实而丰富的同情之理解。我们的研究都建基于一个个既有共性又个性鲜明的村寨的田野工作，尤其是其中具体的人的实践活动，是探寻国家制度影响、了解不同人群互动交融、理解社会文化历史建构的根本着手点。在某种意义上来说，田野工作的深度不仅关乎对作为一个整体的区域社会的了解认识，更直接影响到立足历史文化过程生动细致描述的历史民族志的独特价值和魅力展现。可喜的是,在"清水江研究丛书"中,在研究者为我们呈现的栩栩如生、极富画面感的历史情境的描述中,不仅可以见到研究者与对象社会人群真情实感的互动与共鸣,还饱含了研究者对对象社会人群思想观念和表述习惯的充分尊敬和理解。或许,正是这样细致有力量感的民族志决定了这些研究的基本学术价值。至于是否在此基础上建立和发展起有关西南地区甚或中国社会历史文化的新视角和新范畴,以及在这样带有方向性的学术努力中贡献几何,则作者自知,方家另鉴。

张应强

2018 年初秋于广州康乐园马丁堂

# 目 录
## CONTENTS

绪　论 / 001


第一章　清水江北岸的地理生态与瑶白苗寨 / 038

　　第一节　生态与历史：清水江的九寨 / 039

　　第二节　瑶白社会的基本情况 / 045

　　第三节　瑶白村寨结构和人群关系 / 055

　　第四节　联姻：瑶白的社会结构与边界 / 063

　　小　结 / 065


第二章　清初的"破姓开亲"：人群共同体与村寨关系重构 / 067

　　第一节　"破姓开亲"与共同体重建 / 068

　　第二节　瑶白"款"寨与土司属寨彦洞的联姻 / 086

　　第三节　"远交近防"：通婚之外 / 096

　　小　结 / 099


第三章　光绪年间的"定俗垂后"：婚俗改革与权力格局变迁 / 101

　　第一节　咸同兵燹下的地方社会 / 102

　　第二节　咸同兵燹的社会后果与行动策略 / 110

　　第三节　"定俗垂后"：王朝国家权力下渗与婚俗新立 / 118

　　小　结 / 131

**第四章　制作"陌生人":"生鬼"的话语表述与社会整合** / 133

　　第一节　通婚之虑:非"生鬼"人群的情感世界 / 134

　　第二节　"生鬼"、苗侗的鬼魂世界与咸同兵燹 / 138

　　第三节　"生鬼"的世俗化:人群分类与隐藏的权力斗争 / 146

　　第四节　"我们是纯洁的":人群边界维持的社会实践 / 149

　　第五节　"我"不是"生鬼":少数派的"武器" / 159

　　小　结 / 171


**第五章　"摆古":村寨历史记忆与文化展演** / 173

　　第一节　历史记忆中的"摆古"与定名 / 175

　　第二节　"我"有历史:地方正统历史观的表述与创造 / 182

　　第三节　结构与权力纠葛下的历史与当下 / 191

　　第四节　"古"的再现与展演 / 194

　　小　结 / 205


**结　论** / 207


**附　录** / 220


**参考文献** / 268


**后　记** / 279

# 图表目录

图 1－1　清水江一景／038

图 1－2　小广等寨的自然生态／039

图 1－3　瑶白全景／046

图 2－1　九寨人记忆中的通婚地域／076

图 2－2　彦洞／089

图 2－3　钟灵一景／091

图 3－1　大卡战斗遗址／104

图 3－2　彦洞定俗垂后碑／122

图 3－3　瑶白定俗垂后碑／123

图 4－1　苗疆乡村的"阴间指路碑"／168

图 5－1　迎宾／197

图 5－2　瑶白各房族大旗／197

图 5－3　彦洞"回娘家"队／198

图 5－4　祭祖／200

图 5－5　瑶白祭祖仪式／201

图 5－6　瑶白长桌"摆古"仪式／203

表 2－1　中林验洞长官司历任长官一览／088

# 绪　论

## 一　问题的提出

　　长期以来，山地民族因其地理生态、人群构成、"摇摆"的政治结构形态、多样化的宗教信仰等所表现出的文化复杂性和特殊性，成为国际人文社科研究的重要对象。其研究的丰富性和深刻性为我们认识山地民族社会文化奠定了智识、理论与方法论上的基础。其中一些研究堪称经典，如詹姆斯·斯科特（James C. Scott）的"无国家主义学说"、利奇（Edmund R. Leach）的"山地民族政治制度摇摆理论"、巴斯（Fredrik Barth）的"政治过程论"等。这些富有深刻洞见和智慧的研究不但为政治家、山地民族精英分子有效认识和治理山地民族社会提供了图示，还奠定了人文社科学界的理论基础，并激发了学界无限的学术想象和富有激情的研究新潮。本书的研究就在此论域和背景下展开。

　　出生在山地的我，从小就对山地社会的一切有一种莫名的好奇心和探索欲望，所以当导师建议我去黔东南做北侗"款组织"调查时，内心无比高兴和激动。后经与导师商量，我的田野点最终确定在黔东南锦屏县彦洞乡，历史上属于九寨大款之一的瑶白寨。该寨因其独特的文化现象、层次清晰的社会结构、复杂的人群关系而成为我观察九寨"款组织"的研究视点。

　　对该区域"款"的社会组织研究，成果丰硕。在既有的研究中,"款"被视作地方社会自动生成的具有平权性质的社会制度,并通过大款会议、款兵和"吃牯脏"的仪式组织起来,对外抵御敌人,以保安全;对内调解款寨之间的社会纠纷,以促进人群之间的和谐;对上是与中央王朝进行交流和对话的平台,对下则成为人群互动和社会关系建立的习俗制度。在詹姆斯·斯科特的眼里,它无疑是逃离国家控制,并维持山地民族社会道义的一套策略系统。从地方性视角和文化相对主义视角来看,既有研究对山地民族的分析和论述是颇有见地的。身处山地的民族确实具有这样的政治属性和社会特性。

在田野初期,我自然而然地将既有的研究框架和基本观点嵌入我的观察、访谈与问题的追问之中。可是,令我感到诧异的是,当地人对"款"很陌生,他们似乎并不知道"款"到底是什么。"款"作为一种社会组织在历史文献中也只是在发生战争或处理社会纠纷的过程中才得以呈现。面对这种尴尬的处境,我该如何进一步展开研究?

田野第二阶段,受困于"款组织"的我索性放弃对"款"是什么及如何运作的追问,完全把自己交给田野中的社会,去体验和重新审视该社会发生了什么。人类学的田野讲究的是我者与他者不断磨合与相遇的交互过程,并在此相遇中解读和重建一种价值和人文关怀。而一个有价值和能够创造出价值的研究首先在于对对象社会的体验与嵌入其中的情感认同。不然,我们难以深入研究对象社会的灵魂深处展开对话与讨论,发现我者与他者的内在世界,写出满意的人类学作品。于是,当我卸下干瘪的概念包袱,将自己交给这个社会的时候,才发现现实社会中的人、人的情感、人与结构的互动是如此鲜活与不可复制。渐渐地,在与这个社会深入相处与理解的过程中,我发现比"款组织"更值得研究的是关于苗疆社会婚姻习俗、婚俗改革、改姓与破姓、"生鬼"文化等问题。在瑶白重大的摆古仪式中,经常会出现以下一段"垒词"①：

> 瑶白龙姓开村起，因为这团地如金。
>
> 滚姓杨姓都来住，还有几姓后头跟。
>
> 十姓共姓都是滚，喊父称兄一样亲。
>
> 没有亲戚全是主，村上村下一屋人。
>
> 远乡结亲不放心，商量破姓重开亲。
>
> 龙杨范龚恢复姓，以水为界可结亲。
>
> 彦洞乡来瑶白村，女还娘头包办婚。
>
> 同立块碑昭村寨，陈风陋俗方改成。

　　这段"垒词"概述了瑶白社会的形成、发展与变迁的过程，在这简要的几句话中包含着改姓、破姓、还娘头及婚俗改革等诸多丰富而有价值的内容。之后，我进一步发现，这段"垒词"在瑶白上下两寨的通婚、葬礼等重要场合和重要节日也不断被传唱，成为他们日常生活实践的重要组成部分。基于这一事实，我的思考又回到"款"这一问题上："款组织"在本质意义上不就是关于秩序的探讨吗？

　　在中国乡村社会，我们对社会秩序的理解形态有宗族、村寨、联姻、民族等诸多种类，其中宗族与婚姻构成我们解释乡村社会生成及其有序运转的基本单位。而对于山地社会来说，联姻与宗族相比似乎显得更为重要，它构成了山地社会事实上的秩序学说。不论是列维－斯特劳斯（Claude Levi-Strauss）还是利奇都已揭示了这一点。由此说来，对地方社会的联姻制度及其变革的追问不就是对

---

① "垒词"为 liex sengx 一词汉译，liex 意为"不停地说"，sengx 为"话"的意思。它是当地人说唱所形成的一种口传文本形式，主要包括房族史、村寨历史及当地发生的重大历史事件等相关内容。

"款组织"的终极关切吗？既然如此，那么基于现实的材料及生活事实对该地区联姻制度及其婚俗改革的探讨似乎比"款组织"研究更具有研究的可行性和人类学上的深远性。

于是在田野的第三阶段，我将考察重点转向苗疆社会的婚俗改革，并以婚俗改革事件为线索，以问题为导向，跳出以村寨为单位的研究思路，沿着垒词文本、村寨节庆、丧葬礼俗中常提到的改姓、"破姓开亲"等信息，对瑶白、彦洞等地方社会的婚俗改革现象展开区域性的调查。令人兴奋的是，婚俗改革事件竟然在整个苗疆地区都普遍发生过。此后我进一步发现，该区域社会的婚俗改革在不同的历史时期连续发生，并形成一条改革链。如瑶白、彦洞等寨自清初至今，一共发生了 8 次左右，其中有明确材料的便有 6 次。[①] 通过对既有材料的分析发现，该区域的每一次婚俗改革都是在王朝国家向西南拓展的特殊时期或区域社会政治经济发生重大变化的历史背景下展开的，重点均围绕"舅公礼"与"还娘头"及其相关的亲属关系这一文化习俗和制度展开。

这让我意识到：一方面，婚俗改革与更大的社会体系紧密关联；另一方面，这一系列婚俗改革为我们探讨苗侗社会结构演变和权力关系变化留下了清晰的历史脉络，为我们提供了深入探究联姻制度变迁的更多历史细节。而正是这些细节，可以回应和拓展学界对山地民族社会联姻制度与更大社会体系之关系及其变迁所做的一些研究。因而我以为，将清水江地方社会的婚俗改革作为理解地方社会与王朝国家之关系的一条路径具有重要意义：一是得以重新审视婚姻这一人类学研究主题在历史人类学研究领域的作用及其研究前景；二是为重新解释山地民族的政治体系带来新的视角，或许在山地民族社会研究中会提出与既有观点大不相同的看法。

---

① 清光绪年间，大致在瑶白、彦洞婚俗改革前后，清水江两岸锦屏的河口、平略及剑河的小广也相继出现大规模的婚俗改革。

除婚俗改革外，对苗疆社会的联姻与社会变迁产生实质性影响的就是巫蛊。在九寨地区，有着这样一个特殊人群，人们将其称为"生鬼"，并在历史发展过程中形成一种周边人群谈之色变的"生鬼"文化现象。"生鬼"作为苗疆巫蛊信仰的一种表现，折射出苗疆社会人群关系与权力结构的一般性质。

据考察，"生鬼"的生成和边界的确立也是地方社会借用王朝国家权力符号，通过对婚姻规则的操控而加以实现的。从而婚姻作为控制人群关系的一种手段再一次显现它的独特性和重要意义。正是这一独特事实促使我转向以婚姻透视清水江区域社会的人群关系与社会变迁。如果说婚俗改革仅仅是一过去的历史事件，与当下并无关联的话，那么它还不足以构成我探讨该研究主题的主要动因，对此问题的探究还基于当下人们对婚俗改革及由此生成的文化事项的操演与意义表达，以及由此揭示出的王朝国家与苗疆社会共存的历史观念及文化认同。

简而言之，正是基于田野事实的发现和对人类学相关理论脉络的思考，我最终确定以婚俗改革作为透视地方社会与王朝国家互动的重要媒介，考察山地民族社会的历史与现实、区域政治体系及其社会变迁的内在原因。但本书并非严格意义上的婚姻研究，也并不打算对苗疆婚姻进行通盘考察，而是试图回答如下几个问题：地方社会是如何通过婚俗改革重建地方社会的权力结构的？在此过程中，王朝国家的文化阶序理念如何通过婚俗改革下渗到地方社会权力结构之中，并生成新的权力阶序与文化图示？围绕这一系列婚俗改革建构的结构及其权力又是如何影响当下苗侗社会人群关系的实践和他们对自身历史的认同的？

本书希望通过对上述问题的探讨能够对苗侗社会的姑舅表婚、权力阶序、地方社会对王朝国家的认同理路提出自己的看法，进而对历史人类学既有的研究对象、理念及其方法提供有意义的补充。另外，也对山地民族社会的联姻机制及其变迁研究提出一点新的看法。

## 二　文献综述

### （一）村落与区域研究

村落与区域社会的研究奠定了中国人类学学科建设、人才培养、田野民族志知识生产的方法论基础。就方法论而言，村落研究早于区域社会研究。在早期的村落研究中，村落既被视作具有观念与文化边界的自然实在，也被看成结构完整的基本单元，因而它成为人类学研究的方法论起点。

中国社会的村落研究由来已久，但真正对中国乡村社会展开实证研究则始于19世纪末20世纪初中国帝制崩塌、民族国家建构时期。当时在政府的主导下，吴文藻、费孝通、吴泽霖、林耀华等老一辈学者以村落调查为起点，引入结构功能主义理论和社区研究方法，展开了对中国乡村汉人社区的研究，并取得了丰硕的成果，他们的研究奠定了中国乡村社会研究的理论与知识基础。

尽管中国乡村社会的研究成果卓著，但也遭到国内外一些学者的质疑和批评。批评者指出，将村落作为研究中国乡村社会的基本单位难以解释中国的全貌。对此，费孝通提出"类型"比较的研究方法试图弥补单个村落研究在方法和认识上带来的缺陷，进而重新认识中国社会。可是，费孝通等倡导的社区研究与类型比较的方法并未消除学界的批评之声。如利奇就曾质疑费孝通的社区研究及其类型化的比较也难以真正认识中国社会。他认为中国社会的人群、文化、政治特性差别很大，一个村庄代表不了另外一个村庄的文化事实。对此，费孝通也做出了回应。[1] 其回应的重点在于他只

---

[1] 费孝通认为将一个农村看作全国农村的典型，用它来代表所有的中国农村，是错误的。但是将一个农村看成一切都与众不同，自成一格，也是不对的。"我学人类学是想学习一些认识中国社会的观点和方法，用我学到的知识去推动中国社会的进步，所以是有所作为的。"费孝通：《人的研究在中国》，《学术自述与反思：费孝通学术文集》，三联书店，1996，第132页。

是将村落作为理解中国社会的一种可能方式，而不是唯一方式。

对村落研究的反思成为中国区域社会研究的起点。当然，区域研究并非村落研究的空间扩大版，而是以问题为导向，注重区域机制运作的一种研究取向。其代表人物当属弗里德曼（Maurice Freedman）和施坚雅（G. William Skinner）。弗里德曼认为要真正理解中国，就要有一个以中国文明的本土特征为主线，超越村庄民族志为模式的新人类学。"其用意就是要将人类学与汉学联系起来，对中国做出一个宏观的表达，从而造就一种新式的区域人类学传统。"① 为此，他以中国东南地区福建和广东两省的宗族组织为研究对象，重视中国东南地区稻作经济与区域商业发展、共有族产的社会事实等，进而对宗族组织进行了新的界定。

他的研究结论指出，中国东南地区的宗族组织是超越血缘和地缘而存在的社会组织，该组织具有国家性的功能与作用。施坚雅认为，"如果要获得对一个文明历史的整体认识，我们必须全面理解它的各个组成部分的独特而又相互作用的历史"。② 为此，他在中国四川成都平原乡镇地区做了一项实证研究，在此基础上提出了市场体系的层级理论。③ 该理论强调一个事实，即中心市镇市场体系界定了人们的交往范畴、区域边界及其社会的等级秩序。弗里德曼和施坚雅的研究范式无疑对理解中国传统乡村社会结构意义重大。

此外，我国台湾地区和日本的一些人类学学者也提出了理解中国乡村社会的几种有益模式。如日本的石田浩（Ishida Hiroshi）等学者提出了"祭祀圈"的概念，此概念被台湾学者施振民重新界定，用于解释汉人移民的社会结构和信仰空间；林美容则以台湾草

---

① 胡鸿保：《中国人类学史》，中国人民大学出版社，2006，第210页。
② 〔美〕施坚雅：《中华帝国晚期的城市》，叶光庭等译，中华书局，2000，第3～4页。
③ 〔美〕萧凤霞：《廿载华南研究之旅》，程美宝译，《清华社会学评论》2001年第1期，第181～190页。

屯镇为中心，探讨了草屯镇的祭祀圈与地方组织形成的关系，并在此基础上提出与祭祀圈不同的模式。

从上述村落研究转向区域研究的过程来看，尽管在方法和研究对象上有了重要突破，但受限于结构功能主义的解释框架和问题意识，既有研究重视的依然是横向的结构性分析，纵向的历时性研究并没有得到足够重视。若缺失历史性的关怀，那么我们对中国乡村社会的研究就缺乏深度和广度。从某种意义来说，对历史的观照才是与传统人类学研究相区别的重要标志。

柯文（Paul A. Cohen）在《在中国发现历史——中国中心观在美国的兴起》一书中指出，要研究中国，就要从中国内部结构的变化动力及其历史关系展开，并倡导多学科的协作。为此他提出研究中国的四个策略：第一，从中国而不是从西方着手来研究中国历史，并尽量采取内部的（即中国的）而不是外部的（即西方的）准绳来决定中国历史中哪些现象具有历史重要性；第二，把中国按"横向"分解为区域、省、州、县与城市来展开区域性与地方性历史的研究；第三，把中国社会再按"纵向"分解为若干不同阶层，推动较下层社会历史（包括民间与非民间历史）的撰写；第四，热情欢迎历史学以外诸学科中已经形成的理论、方法与技巧，并力求把它们和历史分析结合起来。①

同时他强调，中国中心观本来就不是一套完整的理论，它"只是一组趋向，而不是某种单一的、界限分明的取向（尽管为了方便起见我仍然称之为取向）"。② 细究柯文这一段表述，他实质上揭示出三点：一是必须从中国内部的视角来研究中国社会；二是必须结合历史才能理解中国的乡村为什么是今天这个样子；三是转向

---

① 〔美〕柯文：《在中国发现历史——中国中心观在美国的兴起》，林同奇译，中华书局，1989，第 165 页。

② 〔美〕柯文：《在中国发现历史——中国中心观在美国的兴起》，第 135 页。

历史的研究务必以跨学科研究为手段。

　　事实上，以上研究强调历史性研究之重要的背后想要表明的是，中国无论是乡村还是区域，都与更宏观的社会体系存在密切关联。要考察中国乡村或少数民族社会，首先就要对乡村与中央王朝（国家）之间的关系做出说明，只有在此基础上才能对中国乡村社会做出新的解释，并有力回应传统人类学研究的方法和理论。职是之故，我们必须将村落和区域同时置于更大的社会体系中予以考察。如历史学家陈春声所理解的那样，对区域的研究，必须要认识到"区域历史的内在脉络可视为国家意识形态在地域社会的具有特色的表达。区域社会的历史脉络，蕴涵于对国家制度和国家'话语'的深刻理解之中"，[1] 所以"就要尽量通过区域的、个案的、具体事件的研究表达出对历史整体的理解"。[2]

　　在这样的认识下，陈春声注重从市场与制度史的角度领悟中国自上而下与自下而上相互交织发生的中国乡村社会的基本事实。而萧凤霞从文化视野的立场，认为"在帝国的边缘，国家作为一个组织化的机器几乎不着痕迹，但它作为一种文化观念却无远弗届。具体的文化实践可能有异，但人们对中央的认同却积极而强烈，这主要是由于本地的民众自有他们自己一套方法运用帝国的隐喻，去确立他们在地方上的成员身份"。[3]

　　进入 20 世纪中后期的中国乡村社会研究，受法国年鉴学派、意大利微观史学、福柯（Michel Foucault）知识权力考古及微观权力运作等研究理论的影响，人类学与历史学开始走向合作。列维－

---

① 张应强：《木材之流动——清代清水江下游地区的市场、权力与社会》，三联书店，2006，第 5 页。

② 张应强：《木材之流动——清代清水江下游地区的市场、权力与社会》，第 1 页。

③ 〔美〕萧凤霞：《廿载华南研究之旅》，程美宝译，《清华社会学评论》2001 年第 1 期。

斯特劳斯认为，历史学与人类学的合作是因为双方的研究殊途同归。人类学对共识性结构的分析必须求助于历史学，只有历史学，通过展示处于转变过程中的各种制度，使人们有可能将隐含在许多现象背后并始终存在于事件联系过程中的结构抽离出来。① 而历史学借鉴人类学的做法可以得到更为微观的关于人及其社会的整体理解。萨林斯（Marshall Sahlins）通过对库克船长在夏威夷前后两种不同的遭遇，以及对其遭遇的一系列事件分析，提出了一个深刻的洞见："人类学家所称的'结构'——文化秩序的象征关系——乃是一种历史事物。""文化的图示也是以历史的方式进行安排的，因为它们在实践展演的过程中，其意义或多或少地受到重新估价。"② 因此，可以这样认为，文化在行动的过程中以历史的方式被再生产出来。萨林斯的文化界定历史为人类学本位的历史人类学研究奠定了基调。

无疑，历史学与人类学合作已成为一种趋势，此种趋势生成历史人类学的研究取向。此研究取向以"人的行为"为研究起点，以问题和历史为导向，强调跨学科性，注重材料多维度性的运用和整合。在此种研究取向下，村落和区域空间不再是作为一个研究边界，而是作为理解一个问题的基本要素而被重新认识。其强调的是大历史与小历史、国家制度与地方文化机制、上层精英和下层平民百姓相结合的路子。通过走向历史现场，聚焦联结地方与国家的社会机制，来考察王朝国家的一套意识形态和文化资源是如何渗透到地方的历史进程，以及地方社会在这个过程中如何因应外在力量并加以创造，以解决其观念意识与现实生活的差异。

在这一研究方法、视野和问题意识影响之下，历史人类学开始

---

① 〔法〕克洛德·列维－斯特劳斯：《结构人类学》，张祖建译，中国人民大学出版社，2006，第26页。
② 〔美〕马歇尔·萨林斯：《历史之岛》，蓝达居等译，上海人民出版社，2003，第3~4页。

从村庄如何反映中国转到对地方社会与国家互动这一历史过程的分析上。如刘志伟秉承梁方仲先生的社会经济史研究主题和视野，将户籍制度作为明清王朝与地方社会交汇的场域来探讨地方社会与国家之间的互动，并展现在这个互动过程中王朝国家正统文化如何落地生根和地方根据自身的社会脉络如何将户籍制度进行创造的历史景象。① 科大卫在《皇帝和祖宗》一书中也以类似方法通过分析"礼仪"制度在地方社会的接受和创造过程，来理解区域社会的文化与王朝国家之间的关系。

张应强聚焦于清水江流域的市场机制，通过对清水江流域木材之流动的考察进而探究国家制度、礼仪、地权、伦理等诸多复杂因素在地方社会落地生根的过程。② 他对清水江流域木材之流动所带出来的人群互动、家族社会的博弈与纠葛、社会变迁、地权观念的描述与分析，不但为我们呈现了清水江整个流域社会的纷繁复杂、各种人群权力博弈、社会结构变迁的历史情境，而且揭示出了市场作为王朝国家与地方社会互动的重要机制，对整个清水江，乃至黔东南苗侗社会进入王朝国家的历史进程产生了深远影响。温春来以制度史为历史线索，兼顾经济开发与文化认同的研究路径，对黔西北彝族社会自宋至清政权的制度变迁与王朝国家之关系做了精彩的分析，从而展现了黔西北彝族社会是如何从制度、认同等层面整合进传统中国大一统历史进程的。③

关于国家大一统的实现，土司制度也是理解国家与地方社会极其重要的制度。凌纯声在《中国边政之土司制度》④ 一文中就明代

① 刘志伟：《在国家与社会之间：明清广东地区里甲赋役制度与乡村社会》，中国人民大学出版社，2010。
② 参见张应强《木材之流动——清代清水江下游地区的市场、权力与社会》。
③ 温春来：《从"异域"到"旧疆"：宋至清贵州西北部地区的制度、开发与认同》，三联书店，2008。
④ 凌纯声：《中国边政之土司制度》，《边政公论》第 2 卷第 11、12 期合刊，1943 年。

土司与边民关系的互动和连接问题做了分析，并指出学者在研究土司制度的时候应该关注整个王朝国家边政的历史背景。黄开华在讨论土司制度时引入文化因素的分析视角，注意土司身份来历对地方社会的影响，他尤其关注贵州新设长官司，"其诸长官司仅部分授其原有土酋，其余往往以从军官立司授职，而予以世袭"，奠定了下层社会的"向化基础"。①

约翰·E. 赫尔曼（Johann E. Hermann）通过对明清两朝中央势力在地方的渗透与土著的应对关系研究指出，中央政府与土司势力及其土著之间的关系并非控制和被控制的关系，两者是互动和相互关涉的。② 珍妮弗·图克（Jennifer Took）以广西安平傣族土司地区为例，指出土司房族作为朝廷代理人和地方统治者的双重身份是存在的，它深刻影响了当地的人群分类、村落组织和收税系统。③ 萧凤霞以广东香山县小榄镇两百年连续举办的菊花会为考察对象，分析当地各种人群包括官府、地方精英、平民百姓是如何通过举办菊花会而将彼此的力量整合在一起，从而实现中国乡村社会是一体而多样的阐释。④

综上所述，早期的村落抑或区域研究虽奠定了人类学的研究基础，可是，无论是人类学还是历史学，受限于各自的研究"脾性"、立场和理论方法，对中国乡村社会的研究难以在周全二字上自圆其说。由历史学与人类学及其他学科相遇而生成的历史人类学，作为一种理解社会整体性的方法论，在某种意义上弥补了既有研究的不足。在历史人类学的研究中，人类学的空间与历史学的时

---

① 黄开华：《明代土司制度设施与西南开发》，《新亚学报》第 6 卷第 1、2 期，1946 年。
② 参见陈贤波《土司政治与族群历史》，三联书店，2011。
③ Jennifer Took, *A Natve Chieftaincy in Southwest China : Franchising a Tai Chieftaincy under the Tusi System of Late Imperial China*, Leiden / Boston : Brill, 2005.
④ 〔美〕萧凤霞：《传统的循环再造》，《历史人类学学刊》2003 年第 1 期，第 99～131 页。

间得到很好结合，资料得到最大限度的利用，主客位视角被普遍尊重，这些方法上的革新使"人"这一核心主题凸显出来，得到整体观照。于是，空间与时间不再是界定村落、区域与文化事实的边界，而成为认识社会事实的一种变量因素，并将以问题为导向的研究意识置入历史人类学研究的起点和终点。

本书就将采取这一研究取向对清水江流域的婚俗改革与社会变迁展开研究。与既有研究不同的是，本书将通过婚俗改革事件来透视和解释苗疆社会变迁和权力阶序的生成过程，这既是对历史人类学研究路径的补充，也是人类学关于婚姻功能及其意义的有益解释。[①]

**（二）婚姻在人类学研究中的位置**

社会何以可能？就在于如何理解婚姻，以及婚姻与社会的总体性关系。婚姻作为社会结构内生性的基质，是两性关系、家族关系、姻亲关系等诸多关系的综合体。它是一个历史性范畴，随着社会结构及其文化变迁而发生改变，抑或因不同的地域、民族、历史遭遇而具有差异。于人类学来说，理解此种差异便成为我们理解一种社会结构及其权力关系的关键所在。

婚姻作为亲属制度关系的重要组成部分，其含义经历了一个历史演变的过程。在古代中国，对婚姻的解释极其丰富。如："婚姻者何谓也，昏时行礼，故谓之婚也，妇人因夫而成，故曰姻。"[②]"婿之父为姻，妇之父为婚。妇之父母、婿之父母相谓为婚姻。"[③]"婚礼者，将合两姓之好，上以事宗庙，而下以继后世也。"[④] 古人

---

① 张应强在《木材之流动——清代清水江下游地区的市场、权力与社会》一书及相关的学术论文中，已经洞察到清水江流域的婚姻对地方社会权力格局的重建及其变化有着独特的重要意义，并就婚姻研究给出了自己的一些独特见解。如他认为婚俗改革是地方社会试图改变既有社会结构，拉近与王朝国家关系的一种重要方式和精明策略。

② 班固：《白虎通义（外十三种）》，上海古籍出版社，1992，第850页。

③ 郑樵注《尔雅郑注》，中华书局，1991，第50页。

④ 阮元：《礼记正义·婚义第四十四》，中华书局，1980，第1680页。

的解释揭示出婚姻是男女两姓、两个家族之间的结合,而此种结合的主要目的是传宗接代,延续香火,祭以宗庙,这才是婚姻和婚姻的价值。

至今,对婚姻的理解也依然绕不开对这一核心关系的解释。如费孝通先生把婚姻看成对孩子进行抚育的一种社会责任,这种责任要求男女相约共同抚养其所生子女。因此,才会有婚姻。①

西方学者韦斯特马克(Edvard Alexander Westermarck)将婚姻定义为:"一种表示社会制度的术语……得到习俗或法律承认的一男或数男与一女或数女相结合的关系,并包括他们在婚配期间相互所具有的以及他们对所生子女所具有的一定的权利和义务。"② 穆道克(Murdock)对婚姻的解释是:"婚姻必需既包含性关系又包含经济关系:没有经济合作关系的性结合是常见的;同时也存在着男女之间劳动分工而不包括性的满足的关系……但是,只有当经济与性结合在同一种关系之时,婚姻才成立,而这种结合也出现在婚姻关系之中。"③ 凯瑟琳·高富(Kathleen E. Gough)则建议将婚姻视为"建立在一个女子与一名或几名其他人之间的一种关系,用以确立新生婴儿的合法性,并使其成为社会所接受的一分子"。④由此可见,婚姻是人类确定男女在性、孩子抚养,以及由此产生的经济、法律及政治关系的一种社会制度安排。

在人类学领域,婚姻作为一个单独的研究领域,是基于说明政治文明发展历史过程而发展起来的。1861 年,巴霍芬(Johann Jakob Bachofen)在《母权论:根据古代世界的宗教和法权本质对

---

① 费孝通:《乡土中国·生育制度·乡土重建》,商务印书馆,2011,第174页。
② 〔芬兰〕爱德华·韦斯特马克:《人类婚姻简史》,刘小幸等译,商务印书馆,1992,第1页。
③ 〔美〕乔治·彼得·穆道克:《社会结构》,许木柱、林舜宜等译,洪叶文化事业有限公司,1996,第7页。
④ 庄孔韶主编《人类学通论》,山西教育出版社,2002,第271~272页。

古代世界的妇女统治的研究》一书中提出，古代社会存在一个母权制，在这一阶段人类处在群婚阶段，其性关系较为混乱和无节制。麦克伦南（John Ferguson Mclennan）在《原始婚姻：关于婚姻中抢劫仪式的起源的研究》中讨论了婚姻制度的起源问题，他认为人类的原始婚姻在性关系方面属于杂交，且母权制先于父权制，并提出了内婚制与外婚制的对立假说。在其研究假说里，婚姻作为一种对性关系制约的制度得到一定程度的表达。

人类学大师泰勒（Edward Burnett Tylor）在对文化的定义和比较的研究中对姻亲的回避习俗、外婚制及抢婚也有简单的描述。美国学者摩尔根（Lewis Henry Morgan）以进化理论为基调，综合世界各地婚姻习俗的民族志材料提出了与社会形态发展相适应的婚姻制度，并认为"亲属制度与社会制度之间是相对应的一个关系"。[①]在摩尔根的亲属制度研究中，婚姻获得了政治和经济意义上的表达，其研究奠定了人类学亲属制度的基础。后来恩格斯在《家庭、私有制和国家的起源》一书中称赞摩尔根的研究，并进一步揭示出婚姻的经济基础，以及婚姻与社会结构的关联和历史性质的存在。[②]

可是，摩尔根等人的研究由于受限于西方的亲属观念、分类体系和进化论的解释路径，将世界各地族群的婚姻按照先进与落后的划分标准进行排序，以此对世界文化的发展阶段做普遍抽象的解释，而忽略了世界不同文化体系内部婚姻与政治演变的不同路径与方式。其研究结论又被西方殖民者利用来为自身的殖民扩张和帝国霸权进行服务和辩护，奠定了西方中心观、进步观、理性观在世界文化理念中的位置，深刻影响了非西方社会经济文化发展的向度。

20 世纪早期，继摩尔根之后，受结构功能主义的影响，亲属

---

① 参见〔美〕路易斯·亨利·摩尔根《古代社会》，杨东莼、马雍、马巨译，商务印书馆，1977。
② 转引自陈庆德、刘锋《婚姻的理论建构与遮蔽》，《吉林大学社会科学学报》2006 年第 5 期。

制度有了两种研究取向：一种是以英国结构功能主义大师拉德克利夫 – 布朗（Alfred Radcliffe-Brown）的"世系（单系）血统理论"为代表；一种是"交换理论"。前者从涂尔干（Émile Durkheim）①的功能理论获得启发，将婚姻纳入其不变的结构中，作为家庭和政治制度的功能性存在，使社会结构与婚姻、家庭、政治制度紧密结合在一起，形成一个牢不可破的社会实体。这一理论的论证和实践深刻影响了非洲和中国人类学的亲属关系研究，以及对他者社会的文化见解和政治观点的实践。后者主要在法国学界获得了长足发展。"交换理论"从两性间的社会交换关系出发，着重探讨不同群体和地域之间的连接关系。如莫斯（Marcel Mauss）和葛兰言（Marcel Granet）指出，"以社会性别为主的交往是社会构成的主要法则和重要机制"。②承袭"交换理论"，对婚姻具有开创性研究的莫过于结构主义大师列维 – 斯特劳斯，他将这一理论扩展到整个亲属制度、宇宙学、神话学，他认为亲属制度是整个社会秩序的基础。

从结构功能主义这一脉络来讲，主要以拉德克利夫 – 布朗和埃文斯 – 普里查德（Evans-Pritchard）等人为主。他们将亲属制度放入社会结构中进行功能性分析，但他们的亲属制度研究主要聚焦于父系继嗣之内。如布朗认为亲属制度的基础是继嗣，继嗣包括父系、母系或双边继嗣，但父系构成社会结构运行的基础和核心，婚姻通过亲属组织产生新的联系而对社会结构进行重新排序。③

亲属制度的继嗣理论为埃文斯 – 普里查德关于非洲政治制度的研究奠定了坚实基础。之后，亲属制度理论通过弗里德曼而拓

---

① 法国社会学家 Durkheim 在国内有多种译名，分别为涂尔干、迪尔凯姆、杜尔干、杜尔克姆等，以前两种较为普遍。本书正文行文时统一为涂尔干，引用文献时按照文献原使用方式使用。下文不赘。

② 王铭铭：《人类学是什么》，北京大学出版社，2002，第 72 页。

③ 〔美〕莱顿：《他者的眼光：人类学理论入门》，蒙养山人译，华夏出版社，2005，第 53～54 页。

展到对中国华南的汉人宗族组织研究。在弗里德曼这里，他看到了亲属制度中的姻亲关系及其背后的政治、经济、法律关系的重要性。他认为"婚姻为任何一个家庭或一个社区提供一种与其它社区的人们发生联系的可能性，男人与母方的亲属和姻亲保持联系，建立在此种基础上的关系显然成为政治、经济及宗教的重要基础"。①

可是，弗里德曼并未就此展开进一步讨论。原因有三：其一，他预先设定了东南的宗族组织与国家之间的对立关系；其二，他将父系看成亲属关系中的核心基础，主要聚焦于父系宗族组织的内部分析；其三，他的资料（主要是文献资料）并不足以使他对姻亲关系做更为细致的观察和描述。正如他所说，姻亲关系非常零碎、复杂，描述起来极为困难，因为姻亲关系并未制度化，而且提不出包括一切的规则供归纳之用。但他不可否认的是姻亲关系对社会结构功能分析的重大意义，如果遇到一些特别的个案，要极力加以分析。② 华若璧（Rubie S. Watson）试图从继嗣理论视角转移到对姻亲关系方面的探讨上，以此来探究婚姻如何维系社会结构或民族界限。③ 但他的研究也并未跳出继嗣理论的影响。

事实上，针对由姻亲产生的关于社会关系、政治体系、文化制度的研究，费孝通曾提出"差序格局"的分析框架。该分析框架根据生育和婚姻事实所发生的社会关系揭示出，由父方亲属和母方亲属共同结成的"差序格局"网络，就是中国乡村社会结构

---

① 参见 Maurice Freedman, "Ritual Aspects of Chinese Kinship and Marriage," in Maurice Freedman, *Family and Kinship in Chinese Society*, California : Stanford University Press, 1970, pp. 163 – 187。

② 〔美〕加林：《小龙村——蜕变中的台湾农村》，苏兆堂译，联经出版事业公司，1979，第 197 页。

③ 〔美〕华若璧：《南中国的阶级分野与姻亲关系》，华琛、华若璧：《乡土香港：新界政治、性别及礼仪》，张婉丽、盛思维译，香港中文大学出版社，2011。

的基础。① 遗憾的是，费孝通先生受既有亲属制度研究及中国汉人社会宗族组织这一现实的影响，并未对亲属关系体系中的姻亲关系展开深入的探究。

葛伯纳（Bernard Gallin）指出，造成这一结果主要有两个方面的原因：一方面是姻亲关系的反制度化，就像它没有类似宗族制度一样的族谱、祭祀仪式和相应的权利和义务关系；另一方面是汉学家受训于汉人组织原则，即将父系亲属放到首要地位进行考察，关注的是姻亲应该如何适应父系生活的安排。② 库珀（Kuper）的研究极为强调姻亲关系的重要性，在他看来，姻亲关系不仅仅表现在人的生命历程的整个过程之中，伴随着婚姻的种种交换，血亲的视角和姻亲的视角都构成了理解中国社会结构的内在基质。③

而真正将姻亲关系纳入亲属关系体系中进行理论革新的是列维－斯特劳斯。在他看来，姻亲构成了山地民族政治、经济、文化的总体事实，人们之间的社会关系都是围绕着姻亲之间的交换得以展开，并形成了一套联姻学说。他的联姻理论首先从重新界定亲属制度的构成、性质和范围开始。他提出，"一个真正最根本的亲属关系结构——即一个亲属关系的原子，假如可以这样叫的话——是由一个丈夫、一个妻子、一个子女和丈夫从中娶到妻子的那个群体的一个代表所构成"，也可以简单地将这四者衔接起来，即"血缘关系、姻亲关系、继嗣关系"，这些关系必定是永远存在，但词项有可能增加。④

列维－斯特劳斯进一步认为，"亲属制度永远蕴含着从一开始就

① 刁统菊：《亲属制度研究的另一路径——姻亲关系研究述评》，《西北民族研究》2009年第2期。参见费孝通《乡土中国》。
② 刁统菊：《亲属制度研究的另一路径——姻亲关系研究述评》，《西北民族研究》2009年第2期。
③ 刁统菊：《亲属制度研究的另一路径——姻亲关系研究述评》，《西北民族研究》2009年第2期。
④ 〔法〕克洛德·列维－斯特劳斯：《结构人类学》，第482页。

给定的一种联姻关系。这种关系来源于人类社会的一个普遍的事实：一个男人若想娶妻，就必须由另一个男人直接地或间接地把一个女人出让给他；在最简单的情形下，另一个男人所处的地位是那个女人的父亲或兄弟"。① 也就是说，当一个男人将他的姐妹给予另一个男人，因而建立姻亲关系时，社会才能形成。② 以此理路，群体之间的联姻联盟比人们之间的血缘关系更为根本，换句话说，列维－斯特劳斯认为的亲属关系是通过群体间交换妇女所建立的联盟，姻亲成为理解社会整合的一个通用要点。而既有研究中被认为是家庭关系的最小建筑单元的核心家庭，成为这一框架内的次级结构。③

由此可见，列维－斯特劳斯的联姻理论不但突破了原有亲属体系只是建立于血缘关系之上的狭隘研究，而且将亲属关系进一步扩展到姻亲以及由姻亲所形成的联盟关系之中，注重"交换"这一动态性结构，从而改变了亲属关系结构的静态分析模式和解释方式。不仅如此，他还提出政治与信任是通过亲属制度来运作的重要论断，④ 进而形成了他的社会联姻理论体系，为我们重新看待山地民族的政治文化体系带来新的研究视野与立场。

20世纪中后期，人类学开始对结构功能主义的理论与方法进行深刻反思，其中亲属制度和姻亲制度研究被置于反思的重要位置。利奇将联姻看作社会形成、运作和历史变迁模式的重要政治机制。他通过对缅甸高地克钦社会政治体系及其结构之变迁研究指出，婚姻不仅仅涉及性的关系，还涉及政治、经济、法律及历史等

① 〔法〕克洛德·列维－斯特劳斯：《结构人类学》，第481页。

② 〔挪威〕托马斯·许兰德·埃里克森：《小地方，大论题——社会文化人类学导论》，董薇译，周大鸣校，商务印书馆，2008，第151页。

③ 〔挪威〕托马斯·许兰德·埃里克森：《小地方，大论题——社会文化人类学导论》，第152页。

④ 何翠萍、魏捷兹、黄淑莉：《论James Scott高地东南亚新命名Zomia的意义与未来》，《历史人类学学刊》第9卷第1期，2011年，第77~100页。

因素。① 为了呈现一个具有历史的、变动的和各种政治性质相互交织的政治体系,他构建了掸邦、贡萨和贡劳三种不同性质的政治形态的解释模型。他认为掸邦是集权制,贡劳是平权制,游离于中间的是贡萨制度,克钦社会就是在这三种政治体系间摇摆,变迁就体现在这个"摇摆"的过程中。

在解释"摇摆"的动因时,利奇总结道:一是山地人群对权力的终极追求,二是山地社会联姻机制的内部驱使。② 但他又强调,山地社会的联姻机制又受制于外部的政治、经济及军事的变动。他说:"山地社区的经济在根本上是不平衡的,只有靠政治和军事的权宜之计才能得到暂时的稳定。"③ 社会变迁的终极"起因"几乎总是可以归结为外部政治和经济环境的变迁。④ 以此试图将"人"的能动性凸显出来,以期处理历史与结构在人类学中的困境,并进一步解决隐含在人类学中关于传统与现代、先进与落后、原始与现代的二元对立冲突的进退两难,从而实现他综合东西方关于共和制、集权制和处于无国家之外的平权制的政治理论构想。可以说,利奇对山地社会政治体系的研究持续性地影响了后来的研究者。

概而述之,继摩尔根的亲属制度研究之后,婚姻作为一种政治运作的重要机制获得了长足发展。在人类学领域,其研究分为两种研究取向:一是血缘继嗣理论;二是联姻交换理论。于前者,姻亲关系并未获得应有的关注和研究。于后者,列维-斯特劳斯通过对亲属制度的构成、性质和范围的重新界定,将姻亲关系纳入亲属体制的范围,从交换的视野提出联姻理论,为山地民族政治运作研究

---

① 北晨编译《当代文化人类学概要》,浙江人民出版社,1986,第 143 页。
② 黄应贵:《反景入深林:人类学的观照、理论与实践》,商务印书馆,2010,第113 页。
③ 〔英〕埃德蒙·R. 利奇:《缅甸高地诸政治体系——对克钦社会结构的一项研究》,杨春宇、周歆红译,商务印书馆,2010,第 28~29 页。
④ 〔英〕埃德蒙·R. 利奇:《缅甸高地诸政治体系——对克钦社会结构的一项研究》,第 202 页。

奠定了理论基础。但他因将联姻的动力看成由二元对立的心智结构决定，从而难以解释山地民族与更大社会体系的交往及人作为主体能动性的内在意义。

利奇试图避开列维－斯特劳斯的心智决定论，将影响山地社会的诸多外在权力因素纳入其分析，试图对联姻制度做出全新的解释。但令人遗憾的是，他在研究的过程中又重申，任何变迁得以体现的形式大部分取决于一个既定体系已有的内部结构，而此内部结构就是克钦社会不对称的联姻机制。当他对政治体系的探讨转向内部分析，那么他的联姻制度及其变迁的过程就难以解释周全，他所崇尚的追求权力的能动性主体被结构悬置，并没有得到应有的关注，从而又回到结构平衡论的论调之中，忽视了对山地民族社会权力结构主体性的讨论，以及促发联姻与社会变迁所暗含的多重复杂因素所形成的权力合力问题，及对历史结构变迁过程的深入探究，从而错失对山地民族与更大社会体系间交往的可能向度和互动的生动解释，这为本书留下了讨论的空间。

**（三）山地社会特殊人群研究**

本书对苗侗社会婚俗改革与社会变迁之探讨，还聚焦于"生鬼"这一特殊人群。当地人将"生鬼"看成"不干净""不纯洁"的家户或群体，与"干净"的非"生鬼"人群形成二元对立。由此，"洁"与"不洁"的群体分类构成了清水江流域苗侗区域社会人群边界实践的结构性基础。涂尔干和莫斯在《原始分类》一书中对"分类"下了这样一个定义："所谓分类，是指人们把事物、事件以及有关世界的事实划分成类和种，使之各有所属，并确定它们的包含关系或排斥的过程。"[①] 而事物的分类则再现了人的分类。[②]

---

① 〔法〕爱弥尔·涂尔干、〔法〕马塞尔·莫斯：《原始分类》，汲喆译，渠敬东校，商务印书馆，2012，第 7 页。
② 〔法〕爱弥尔·涂尔干、〔法〕马塞尔·莫斯：《原始分类》，第 11 页。

涂尔干认为，人类对社会事实、事物进行分类不是一个人群或一个人天生自然生成的，分类是一个历史的过程，这个过程与人类社会组织的进化有关。人类社会组织只有进化到一定的等级结构，分类才呈现它应有的秩序。"换句话说，分类不仅仅是进行归类，而且还意味着依据特定的关系对这些类别加以安排。"① "只有社会中的人和物被分到不同群体中，即被分成等级，并且这些群体本身也被分成等级，社会才有可能存在。因此，社会设想出一种具有自我意识的组织结构——分类。"②

无疑，"生鬼"的划分在结构与实践上表现了该区域社会秩序的内在排斥关系。基于巫蛊信仰对苗疆社会影响的深刻性，我将"洁"与"不洁"看成山地社会极具特色的"中心与边缘"区分实践的一套话语体系。

"生鬼"背后的"洁"与"不洁"隐含着社会人类学的经典命题，即"洁净观"问题的研究。在早期，涂尔干在宗教研究中就将"洁"与"不洁"纳入社会结构的功能性分析之中，探讨社会何以可能的命题。如在《宗教生活的初级形式》一书中，涂尔干将"洁"与"不洁"看作对立的二元结构，前者是有益的，可以维护物质和精神的秩序，施与人类以生命、健康以及他们所敬重的所有品格；后者是邪恶与不洁的力量，它们制造了混乱，引起了疾病和死亡，成为亵渎神灵的蛊惑者。同时这二者之间的界限也是模糊的，可以发生转变。③ 可以说，涂尔干的这套分析框架深刻影响了学界对世界各地"特殊人群"的研究。如路易·杜蒙（Louis Dumont）在《阶序人：卡斯特体系及其衍生现象》一书中通过"洁"与"不洁"的二元对立关系来探讨印度社会结构，他指出这

---

① 〔法〕爱弥尔·涂尔干、〔法〕马塞尔·莫斯：《原始分类》，第7页。

② 〔法〕杜尔干：《宗教生活的初级形式》，林宗锦、彭守义译，中央民族大学出版社，1999，第494页。

③ 〔法〕杜尔干：《宗教生活的初级形式》。

种二元对立是阶序的基础，整体乃是建立于这两个对比既是必要性又是阶序性的并存之上；哈泼（Harper）对哈维克婆罗门（Havik Brahmin）污染规则的研究划分出三种宗教洁净程度；雅尔曼（Yalman）从印度、锡兰（今斯里兰卡）女性的洁净观来透视卡斯特父系宗族的结构与女性的地位问题。

英国人类学家奥凯利（J. Okely）在 20 世纪 70 年代后期，对在英国哈福德郡旅行的吉普赛人进行了调查研究。她注意到吉普赛人是以洁净的边界保持着一种独特的认同，基于此，她从非吉普赛人与吉普赛人双方关于"肮脏"的看法和视角出发探讨吉普赛人群体边界的形成和建构的过程。她认为，正是"肮脏"规则和观念建构了吉普赛人与非吉普赛人的边界及其实践过程。①

Daniel A. Segal 在 1999 年发表的一篇论文中认为"民族边界是由重复传颂或者抄写'欧洲人'是洁净的种族的寓言构建起来的，由此将'欧洲人'看成是一个历史建构的过程"。② 丽贝卡·布莱恩（Rebecca Bryant）采用本尼迪克特·安德森（Benedict Anderson）"想象的共同体"理论，将民族"家庭"作为亲属关系的隐喻，使个人把自己想象成民族大家庭的成员。这当中有两个重要手段——精神洁净与血的力量。她认为民族灵魂的首要气质就是洁净。一方面，"洁净"是血亲的兄弟手足之情；另一方面，"洁净"是排斥的，是一条边界，把不是内部的人驱逐出去。③ 历史学者 Peter B. Villella 在回顾后殖民时代的墨西哥历史时，关注到本地精英运用修辞手法将自己定义为洁净的、高尚的、未被"低一级

---

①　Judith Okely, *The Traveler-gypsies*, Cambridge University Press, 1983.

②　Daniel A. Segal, "The Europeans': Allegories of Racial Purity," *Anthropology Today*, Vol. 7, No. 5 (Oct., 1991), pp. 7 - 9.

③　Rebecca Bryant, "The Purity of Spirit and the Power of Blood: A Comparative Perspective on Nation, Gender and Kinship in Cyprus," *The Journal of the Royal Anthropological Institute*, Vol. 8, No. 3 (Sep., 2002), pp. 509 - 530.

种族"（犹太人、混血儿、异教徒等）污染的人群。他们通过政治、宗教、社会乃至种族手段来宣称自己的血统是洁净的，以维护自己的合法性地位并争取更多的权力。

利奇在《缅甸高地诸政治体系》一书中提到过"琵琶鬼"（或叫"枇杷鬼"）这一隐藏的人群，不过遗憾的是，利奇并没有过多地去分析这一现象产生的过程，也并未呈现这一方面的更多细节。在他看来，这一"特殊人群"不过是表达结构的一种社会关系而已。王明珂在讨论羌、藏、汉之间的社会关系时，也关注到类似不洁的"毒药猫"现象，他认为"毒药猫"这一群体其实是当地社会塑造出来用以缓解社会外部对社会内部造成的紧张和压力的结果。他们作为"代罪羔羊"而成为社会内部依存的重要组成部分。

在他看来，"毒药猫"现象的存在根源于人类的族群中心主义，只要人们还没有从族群中心主义的观念中觉醒，那么类似"毒药猫"这种"代罪羔羊"的内部想象就不可能得到消除。[1] 而族群中心主义是由资源竞争与分配体系之间的差异造成的。换句话说，"毒药猫"的存在以及汉藏边界的维持，最终根源于资源的竞争和分配的长期存在。因此，在他看来，"恰是毒药猫故事的不断变化表征出认同与区分体系以及资源竞争与分配体系的变迁，这一历史过程的特征正是通过此一话语的不断变化而展现的"。[2] 遗憾的是，他也没有具体考究这一社会现象的人群关系的实践、分化及其新结构的生成过程。

刘锋从文化建构的分析视角，对普遍存在于苗族社会中的巫蛊信仰与婚姻体系关系展开研究。他认为，巫蛊是苗族社会

---

[1]　王明珂：《羌在汉藏之间：川西羌族的历史人类学研究》，中华书局，2008，第136页。

[2]　哈光甜：《区分与变迁——简评王明珂〈羌在汉藏之间〉》，《社会学研究》2007年第1期。

秩序得以运行的重要信仰机制，人们围绕巫蛊信仰建构出不同的通婚圈和一套等亲婚姻制度（上、中、下）。如"上等亲无巫蛊，中等亲沾染巫蛊，下等亲是巫蛊之源"的普遍性社会观念。[①] "这种观念强化了婚姻的等级秩序，为不同的婚姻集团构筑起性资源交换的藩篱，区隔并固化着婚姻的范围和秩序。"[②]

他认为巫蛊信仰是人们借助古歌、神话、传说、故事与日常话语等叙事不断想象和解说，使其合理化、公理化和权威化而建构起来的。[③] 而建构巫蛊的动力和根源是黔东南苗族社会所信奉的平均共享机制。我们看到，王明珂与刘锋的研究有着异曲同工之妙。前者认为其根源于族群中心主义和资源竞争，而后者认为其根源于共享机制和对性资源等相关稀缺资源的争夺。

上述研究对我研究思路的确立和方法的选择都有重要影响。不过，既有研究由于没有关涉事件、结构与历史过程这一研究视角，为婚俗改革与社会变迁的复杂问题留下了可讨论的空间。本书从历史人类学的研究取向，以黔东南清水江九寨一个充满异质性文化的瑶白社会为考察对象，将婚俗改革、咸同兵燹、"生鬼"建构、文化"摆古"等重要事件置入更大的社会体系中，讨论苗疆社会的婚俗改革与社会演变之过程，进而解释文化大一统的多种表现方式。

## 三　研究视点与概念说明

### （一）小地点与大问题

本书最初想要探究的是清水江流域九寨大"款"组织与王朝国家互动所产生的变迁问题。可发生在这一区域社会的婚俗改革却

---

① 刘锋：《巫蛊与婚姻：黔东南苗族婚姻中的巫蛊禁忌》，博士学位论文，云南大学，2005，第4页。

② 刘锋：《巫蛊与婚姻：黔东南苗族婚姻中的巫蛊禁忌》，第4页。

③ 刘锋：《巫蛊与婚姻：黔东南苗族婚姻中的巫蛊禁忌》，第11页。

在很大程度上更能激发我的学术兴趣，由此转向以一个个相互关联的村落来考察地方社会与王朝国家互动所生成的权力阶序与社会变迁议题，理由有如下几点。

第一，九寨虽是由九个大寨、子寨及周边数十个小寨组成的相互关联、彼此竞争、互为区别、价值共意的大款组织，但九寨之下的九个大寨，却是一个个相对独立的公共体系。它们有各自的教育中心、庙宇、联姻圈、鼓楼议事中心，与更大社会体系之间也形成了双向的互动关系。换言之，每一款寨既能应对外在的复杂环境，也能自如地处理内部结构、人群关系的复杂矛盾。因而，通过一个村寨考察地方社会与王朝国家的互动及其历史进程，相关问题能够得到说明。但必须强调的是，此村并非一个封闭的边界，它随本书研究问题的延伸而发生转变。

第二，诚如玛丽莲·西佛曼（Marilyn Silverman）、P. H. 格里福（P. H. Gulliver）所言：首先，“对小范围密集的集中注意力，可以对所要分析的现象有深刻的了解，而这也是研究真正的目的。这让学者在探讨社会政治模式、经济情况和文化信仰的相依性时，可以将（真实的人们）也包括进去”；[1] 其次，选择一个小规模的地点，人类学家可以选择保持疆界的可渗透性，因为向外扩展是办得到的；[2] 最后，扎根于地方性单位，人类学家发现，不仅分析大规模的进程是可能、可取和必要的，而且可取得易控制和脉络化的地方层次专门知识，以此为基地，投射更大的空间和概念网络。[3]

---

[1] 〔加拿大〕玛丽莲·西佛曼、P. H. 格里福编《走进历史田野：历史人类学的爱尔兰史个案研究》，贾士蘅译，麦田出版股份有限公司，1999，第 33 页。

[2] 〔加拿大〕玛丽莲·西佛曼、P. H. 格里福编《走进历史田野：历史人类学的爱尔兰史个案研究》，第 33 页。

[3] 〔加拿大〕玛丽莲·西佛曼、P. H. 格里福编《走进历史田野：历史人类学的爱尔兰史个案研究》，第 35～36 页。

在他们看来，小地点形成了得以考察社会与文化大问题的脉络，通过地点的微观考察和分析，可以看见有意和无意的后果，为更大体系的政治、经济变化情况提供某种解释。为此，他们举了一个例子："婚姻和居住模式一直是许多历史研究的题材。可是，婚姻的选择发生地方的层次，不在可以辨认出一半模式的全国性或区域性层次；而这样的选择，不仅要看地方社会经济与人口情况而定，而且也有一大部分取决于之前的家户历史等等。"①

**（二）事件的界定**

本书以事件为组织框架，但历史学与人类学对事件的理解与运用各有不同，故此，需要对事件的界定与运用进行说明。

我对事件的界定与传统的历史学有所不同。在传统史学中，一定是对历史进程产生深远影响或是对一个社会产生重大作用的才为历史事件，抑或像早期年鉴学派认为的那样，事件是短暂的、漂浮在深层结构表面的泡沫，转瞬即逝，不对结构造成影响。

对事件的态度，我赞成萨林斯引述克里福德·格尔茨的见解："一个事件是一个普遍现象独一无二的现实化，是一种模式的偶然。"② "一个事件并非简简单单的一个现象性的发生物，尽管撇开任何给定的符号图示，一个事件成其为现象有其自身的理由和动力。"③ 既然事件被定位为一种研究视角、切入点和自身文化的意义，那么事件本身的范围也必定会极度扩展，并具有强大的包容性。在历史中发生过的一切事情，只要具有足够的可操作性，都可以作为事件被用于考察其背后的历史真实，而无须它自身具有多么

---

① 〔加拿大〕玛丽莲·西佛曼、P. H. 格里福编《走进历史田野：历史人类学的爱尔兰史个案研究》，第 35~36 页。
② 〔美〕马歇尔·萨林斯：《历史之岛》，第 3 页。
③ 〔美〕马歇尔·萨林斯：《历史之岛》，第 11 页。

深远的历史意义。[①] 我对事件的看法也在于此。

在对事件进行定义之后，我想对事件的运用进行说明。

第一，我以事件作为每一章主标题，其用意不仅在于组织本书框架，以便有一定逻辑性，还在于通过一连串的事件：一方面，突破对地方社会结构与深层机理的认识；另一方面，正如萨林斯所言，事件本身承载着独特的文化标识。[②] 将一连串事件与背后的文化总体事实联结在一起，丰富对既有研究社会结构总体关系的解释。

第二，我将事件作为一种方法使用，主要在于事件可以呈现社会结构与人互动的动态情景，人的行动和目的可被观看，人的主观能动性及在这个互动过程中的文化交汇及其结构变迁可以被解释。

### （三）苗疆概念的界定

历史上，"苗疆"有广义和狭义之分，广义苗疆主要指以云贵高原山区为中心，包括周边少数民族在内的西南山区社会；而狭义的苗疆主要指现在苗族聚居地区：一是在今贵州省黔东南苗族侗族自治州境内，称为"贵州苗疆"；二是黔东北与湘西交界地，即现贵州省松桃苗族自治县和湖南省湘西土家族苗族自治州一带，是为"湖南苗疆"。[③] 本书中所指涉的苗疆主要是狭义的"贵州苗疆"。现学术界虽不再将"苗疆"作为地域概念使用，但文化上的"苗疆"依然存在，所以对此概念的范围加以界定。

## 四　田野调查过程与资料的获取

就目前人类学本土研究方法来说，将田野调查与民间历史文献、正史档案文献等结合起来展开研究是当下人类学研究的新趋

---

① 李里峰：《从"事件史"到"事件路径"的历史——兼论〈历史研究〉两组义和团研究论文》，《历史研究》2003 年第 4 期。

② 〔美〕马歇尔·萨林斯：《历史之岛》，第 10 页。

③ 杨志强：《苗疆："国家化"视域下的西南少数民族社会》，《中国民族报》2018 年第 1 期。

势。这一新趋势既关注当地社会的日常生活、重要礼仪、社会活动等不被正统历史记载的平民历史，又注重从宏观的历史脉络反思和推进既往的精英史、事件史研究。通过这样的一种研究取向来探讨地方社会的人群边界实践、权力性质及其结构变迁无疑是一条可行之路。

本书研究的基础材料主要由三部分构成：第一是田野调查笔记、访谈资料和视频资料；第二是地方政府报告文件、相关统计数据、村规民约；第三是地方志、档案材料、碑文、族谱、小说、人物传记等。

就我的田野调查而言，田野过程可分为两个阶段：第一阶段为2013 年 7 月至 11 月；第二阶段为 2014 年 2 月至 9 月，总共为期11 个月。当然，人类学的田野调查既没有终点也没有起点，它是一个走向无尽过去及与未来交互的双向过程。"我们不是在田野就是在田野的路上"已成为人类学者最好的宣言和诠释。因而，11个月的田野调查只是本书观察与写作的一个旅程。

田野调查作为人类学的命脉所在，植根于我者与他者世界的差异性，以及研究者个体性差异与他者世界相遇的磨合范畴。我们需要揭示这样的差异性以寻求人类社会的共识。故而，走进他者，并呈现个体与他者世界的遭遇、磨合及思考的过程便构成了人类学经验研究的灵魂部分。

2013 年 7 月 6 日，在导师带领下，我和同门师兄弟们来到了"革命老根据地"——锦屏。在锦屏县城，导师帮我打理好各种错综复杂的人际关系之后，就将我送到田野点——九寨之一的瑶白。

在来瑶白之前，锦屏县党史办公室主任王老师一再嘱咐我，"进入田野点，千万不要问及有关当地宗教与'生鬼'的问题"。我知道这是一位局内人对一位外来者最衷心的告诫和建议。这样的告诫间接透露出地方社会人群关系及其社会结构的高度复杂与极度敏感性。我将他的忠告牢记在心里，可我并未遵照他的告诫，放弃对该问题的追问。凭借对人类学的敏感度，我意识到这里面有非常重要的东西，重要到它有可能将成为我研究的核心问题。

进入瑶白之后，村委会的文书（我通常叫他明焰哥）将我安排在他的大伯家住。他跟我说，大伯家非常干净，吃住也比较方便。在生活和住行上没有特殊要求的我，就听从他的安排，安心地在这位大伯家住了下来。

在田野调查的前期阶段，或许每一个调查者与当地人之间并非一见如故，侃侃而谈，而是互相观望与试探。因为研究者与被研究者之间总有一道文化差异的鸿沟难以跨越，需要花一些时日才能进入研究正题。于当地人而言，由于他们是处在自身惯性的生活世界，尽可静观其变。但作为研究者，由于时间有限，须亟待出击打破陌生的环境，积极主动融入并设身处地为他者思考，以促使自己在一定程度上像当地人一样处事和表达，进而提出有益的研究问题。可是，这一静一动尴尬的互动关系及其情形颇使研究者为难。在处理研究者与当地人关系上，马林诺夫斯基（Malinowski）曾采用"移情"的办法来解决。但到底"移情"到多大程度，我们方可对他者社会知根知底呢？这一直是学界争议的问题。当然，这一问题因为涉及认识论、本体论及知识论等费思的哲学问题，每位学者都有各自的言说和见解。不过，于我而言，主位也好，客位也罢，所谓"移情"，实则就是中国人所讲的"磨合"。此种磨合过程既是性情和生活习惯的磨合，也是文化差异的磨合。当磨合达到双方有默契的时候，彼此之间的信任关系才得以建立并发挥作用。

刚在大伯大妈家住下的日子，我们无论在饮食上还是在生活作息上都互不适应。他们一日两餐，而我一日三餐。有些时候他们不在家里吃饭，被寨子里的亲朋好友请去吃了。一吃可能就是好几天，因为轮庄吃，这家请了接着就是下一家请。一旦发生这种情况，我只好自己做饭吃。琐碎之事时不时地打乱我的田野进度，加之作息上他们睡得晚，起得早，更是不习惯。简言之，田野初期的我既要犯柴米油盐之愁，又要受田野调查研究进展之累，这个磨合的过程很是尴尬。

为了改变此种状态和困境，尽快融入当地社会，我决定厚着脸皮参与他们家的各种活动，无论是上山干活，还是下地插秧割稻；无论是家族间的红白喜事、日常的请客吃饭，还是村寨间的交流互动，我一样都不放过。经过这些努力，我发现大妈及寨子里的人开始主动与我攀谈起来。大妈还索性不要我的吃住费，当我问起为什么，大妈告诉我："要你的钱干什么，你又不像其他以前来我家住的人，待个把儿星期，啥事情都不干就走人的那种。你在我家住的这些天，还帮忙干活，像自家人。自家人要什么钱呢。"

从那以后，大妈仿佛换了一个人，喜欢跟我聊寨子里的新鲜事。我问她的一些问题或事情，如果她不懂或不知道，就白天出去帮我打听，晚上回来告诉我，或者将知道内情的人请到家里，跟我聊天。当我再把问题抛出去，一个圈子的亲戚朋友会迅速将此散发出去，然后传达回来。这一来一回像把整个村子激活了一样，纷纷喜欢讨论我的问题，似乎我的问题就是他们的问题一样。久而久之，我与当地人建立了一种集体性的关联，这一关联让我的田野不再是我一个人的事情，而是整个房族抑或一个村寨的事情。

正是经历了这样的过程，他们接受了我，只要村里有啥大小事情，他们都主动把我叫上看个热闹，看个究竟。比如家族之间的红白喜事、寨与寨之间的互动交往、村委会开会、农忙时的劳作，甚至家族红白喜事记账和管账的事情都会让我参与等。可以说，在这个参与的过程中，我大抵了解了瑶白房族内外、村寨之间通婚的基本情况，对该区域社会的历史、村寨组织、社会礼仪、空间结构、地理环境及生计活动等均有了基本的了解和判断，对隐藏在瑶白社会内部所谓"净"与"不净"家户间的种种禁忌和交往规则也有了一些眉目。至此，我田野的第一阶段告一段落。

2014 年 2 月初，我再次回到田野，继续深化和反思我的研究问题。此次田野点由瑶白转向与其联姻的彦洞。在历史上，彦洞是中林验洞长官司杨氏土司的治所。自清初瑶白"破姓开亲"与其建立姻亲关系以来，两寨便以联姻的名义限制女性婚配的自由，以联盟的权力强制两寨互担的权利和义务。因此，若要真正理解该区域社会的婚俗改革，就必然超越一个村的边界，从联姻事实出发对其展开研究。因而，理解瑶白，必先了解彦洞。要了解彦洞，必先了解杨氏土司在该地方开发和治理的历史，以及在此背景之下，九寨之外的彦洞与九寨"款组织"之间如何展开互动、博弈和对抗，瑶白又是如何与其联姻，该联姻及其建构起来的姑舅表婚又是如何界定他们的权力关系及其性质，此种权力又将以何种文化表征向外展示等诸多内容。

在彦洞调查的 4 个月里，我依凭瑶白与彦洞的亲戚关系之便基本摸清了彦洞杨氏土司房族发展历史过程、各个房族之间的关系及其与瑶白的总体关系。据当地人说，留在彦洞的杨氏后人只是杨氏土司一支不被重视的后裔，他们对自身的房族历史也不甚了解。于是为了更为全面地掌握杨氏土司发展的兴衰过程和更多历史细节，我又追踪至杨氏土司的第二治所，钟灵乡（原为中林）展开调查。

在去之前，锦屏县党史办公室主任王宗勋老师得知我要去钟灵，为了我调查方便，给我介绍了熟悉钟灵乡，曾是锦屏县县志编委、钟灵乡乡志主编的焦作芳老师。焦老师十分热情，当他知道我要去钟灵了解杨氏土司及钟灵乡历史文化后，十分爽快地答应了要和我及勤美师妹一起去钟灵。2014 年 5 月 27 日，在焦老师的带领下，我们来到了杨氏土司家族所在地——钟灵。在这里，我们走访了杨氏土司的后人，采访了当地几位寨老，考察了土司遗址。

唯一遗憾的是，原本打算好好研究一下杨氏土司的族谱，但掌管族谱的长房大哥说，他们家的族谱是正统的族谱，里面涉及很多房族的信息，怕我们泄露出去，对杨氏一族产生不利影响，就只给我们粗略地看一下以示尊重。我们只好作罢。但通过这几日短暂的考察和焦老师耐心的讲解，我对钟灵与彦洞、九寨之间的一些基本情况有了更深入的了解，也算不枉此行。离开钟灵后，我们又辗转至锦屏县内的隆里、启蒙、铜鼓、亮司进行了多点调查。我发现，这些地方的人对远在九寨的各个寨子也有一些通婚的历史记忆，由此让我对这一区域社会的通婚历史及其背后的政治、经济等联系有了更多的了解。在进行了钟灵、隆里、新化、亮司的追踪调查之后，又重返了彦洞和瑶白。

2014年7月中旬，当得知凯里学院的老师（师兄弟）将要带着一批学生前往剑河小广等地开展为期15天左右的田野调查后，我兴奋不已，因为小广、化敖与瑶白、彦洞关系十分密切，是必须加以了解的地方。因此，我借此机会跟随他们一起前往小广等地展开调查。10天后，我对该地区有了大致的了解之后，又前往锦屏县档案局收集九寨各个村寨的档案文献，最终于2014年8月下旬结束了我的田野调查。

通过这两个阶段的田野调查，我对我所研究的田野对象有了切身的体察、体验和思考，整体性地理解了该区域社会与更大社会体系之间的关系。

田野观察过程、自身的亲身体验是人类学民族志文本撰写的内在要义，当然，通过更加具象化的文本分析来对一个社会研究进行互证和解释也是必然之路。故此，为了能够弄清楚九寨等这一区域社会变迁与人群互动的复杂历史过程，地方志书、名人传记和碑刻就成为我理解此区域的另一重要资料。

尽管苗疆进入王朝国家的文化体系较为晚近，正史对该地方的历史记载也甚少，但我们依然可以通过州县发生的历史事件来了解小地方发展与通婚的历史脉络。因为小地方总是依凭于更大的社会生活与发展。尤其是在清水江流域，历经明清王朝的木材贸易开发、商业体系的冲击与教化政策的推行，该地方社会早已与王朝国家产生了紧密的关联。因此，我参考了《锦屏县志》《黎平府志》《剑河县志》《黄平县志》《锦屏人物介绍》《贵州通志》《平苗纪略》等地方历史文献。新中国成立之后，为确定中国境内的少数民族身份归属，赋予其基本权利，国家民委成立了中国少数民族调查组，展开对中国少数民族历史语言文化长达十余年的大调查，形成了"民族问题五种丛书"之《侗族社会历史调查》《苗族社会历史调查》等历史珍贵文献，以及与此相关的各类研究报告、文集，如吴泽霖先生的《民族研究文集》，芮逸夫、凌纯声、石启贵等先生的调查报告等。这些都成为我了解地方历史、婚俗、葬礼等社会生活层面的基础文献。

本书研究参考的另一种重要文献是地方社会的碑刻、族谱和村规民约。在当地将近一年的调查中，我收集到很多民间文献。如《瑶白记叙碑》《彦洞记述碑》《瑶白团练碑》《彦洞·瑶白定俗垂后碑》《黄门牛堂碑》《瑶白功德碑》《彦洞杨氏族谱》《钟灵新司杨氏族谱》及瑶白、彦洞陈规陋习改革民约等。这些碑文主要记载了明清以降苗疆苗民起义、婚俗改革、修路、修桥以及房族迁徙等诸多重大历史事件，内容十分丰富，尤其是婚俗改革，内容涉及大量该地方自清以来婚姻习俗的历史细节，成为我透视和分析该地区婚姻及其社会变迁的最佳材料。姚炽昌先生选辑点校的《锦屏碑文选辑》收录了锦屏境内各种涉及婚俗、战争、功德等的碑文94篇，也成为我研究的重要文献。

此外，本书研究的另一辅助性文献是地方性的档案资料、各个房族的账单礼簿、乡政府的统计资料及村委宣传的各种通知文告。档案文献主要是新中国成立以来，地方开展的土地改革、婚姻纠纷案件、边界纠纷案件以及地方乡镇市场建设、村寨合并析分等相关文献；礼簿主要包括当地婚丧嫁娶、乔迁新居、建房、毕业升学等酒席礼单，三十多份。这些辅助性材料对我分析当地的社会机制运作、社会结构、人群关系起了关键性的作用。

## 五　基本思路与研究内容

本书主要从历史人类学的研究取向，以国家与地方社会互动为叙述框架，以清代以降清水江北岸发生在瑶白、彦洞的一系列婚俗改革事件为切入点，力图在具体的现实与历史背景中，对清水江流域社会的权力阶序及其区域结构之变迁展开探讨。

明清以降，一个身处苗疆腹地，被置于王朝国家"王化之外"的九寨区域社会，在苗疆历史风云变幻、跌宕起伏的历史背景下，为求得自身的生存与发展，利用各种方式应对周遭社会结构、经济体系及多元人群的变化：面对来自王朝国家的权威力量，他们以"纳粮附籍"的方式获取汉人姓氏，以诉正统，并通过联姻和婚俗改革的方式与之进一步对话和深度交流。与此同时，利用内部多元化的族群身份应对外部世界的挑战和威胁：面对来自周边村寨的力量，他们以"吃牯脏"的仪式方式与周边侗家结盟为"款"，以应对区域间的权力博弈及扩张；于村寨内部，建构同质性的结构框架和严密的分类体系以抵御外敌的侵犯，保证其生存安全。这些应对方式创造了这一区域社会极富风格和特点的寨子，将黔东南清水江北岸苗侗人群的生存智慧和姿态体现得淋漓尽致。

由历史所形塑的瑶白村寨结构、人群分类、婚姻形式、文化表征在当下的瑶白社会依然清晰可见，进而使瑶白、彦洞两寨通婚及其权力结构演变的历史事件可被分析。由此，探讨这些历史改革事件与地方社会的权力阶序生成及其结构之变迁就成了我理解苗疆社会的历史、权力与认同的内在理路之一，也成为我理解地方社会与王朝国家之间相互共进的重要脉络。基于此，本书思路的展开和具体的章节内容安排如下：

除了绪论和结论之外，本书主要分为五章。

绪论部分主要就本研究的选题缘由、文献综述、研究视点、方法、资料获取、研究的基本思路和主要内容进行说明。

第一章主要对清水江九寨及瑶白寨的地理生态、生计方式、社会组织、历史沿革做大概的介绍，并对瑶白和彦洞的人群分类、村落结构历史、通婚情况做大致的描述和分析。在此基础上，总结其特点和勾勒出基本框架，为下文婚俗改革与社会变迁分析奠定共时性基础。

第二章为本书的主旨部分，主要探讨清初瑶白与彦洞"破姓开亲"与权力阶序的重建问题，并对姑舅表婚重建的目的、正统性诉求及其性质进行新的阐释。主要内容包括呈现清初"破姓开亲"的历史背景、婚俗改革的缘由、过程，阐释"破姓开亲"的文化创造。通过这些内容的分析和解读，力图呈现地方社会与王朝国家的互动、村寨间权力的博弈情形，进而对苗疆社会的"姑舅表婚"和所谓"平权性质"的社会结构进行反思。

第三章以清中期"咸同兵燹"与光绪年间的"定俗垂后"事件为讨论起点，探讨瑶白与彦洞两寨在"苗民"起义失败之后，面对来自中央王朝与周边侗家、汉人的压力，他们做出何种反应，又如何通过婚俗改革调整既有的权力阶序及其人群关系。主要内容包括"咸同兵燹"发生的过程、原因，瑶、彦两寨联盟应对的策略，婚俗改革的内容、过程及其发生的转变。通过这次事件，本章试图揭示：一方面，地方社会的权力阶序及其人群边界实践在这次事件中发生了怎样的变迁，其"舅公礼""还娘头"的种种新限定带来何种后果；另一方面，王朝国家的儒家伦理通过对"舅公礼"及"还娘头"婚俗礼仪的界定如何见缝插针影响地方社会的结构运作及其文化表达，并成为地方社会权力关系变动的一种重要力量。

第四章主要探讨的是巫蛊信仰中的"生鬼"及其建构问题。"生鬼"是该区域社会的历史与现实的结构性存在，它以结构的方式不断言说历史。主要内容包括"生鬼"与苗疆社会的鬼魂世界、历史与"生鬼"建构、房族内部的区隔、日常生活的微观权力、"生鬼"内部网络的建构与影响等。本章试图探究的是，地方社会通过对婚姻范畴的重新限定与执行如何生产出"生鬼"话语，其人群分类边界发生了怎样的转变；王朝国家的象征权力如何在"生鬼"建构过程中介入地方社会并实施影响，在此基础上讨论王朝国家权力进入苗疆的限度问题；瑶白等地方社会的权力阶序又呈现何种新的权力特点和结构层次，从而赋予这个社会结构多重的社会关联。

第五章主要以瑶白"摆古"这一重要仪式为分析对象。主要内容包括"摆古"的历史渊源及时代背景、"摆古"的外在表征与文化蕴含、"摆古"秩序的争议、"摆古"展演与历史。本章试图探究的是瑶白、彦洞等婚俗改革及其生产的历史文化是如何进入当下，并影响当下苗疆社会对历史观念的界定、文化互动及其认同问题。具体言之，在当地人群强化认同、追忆历史的"摆古"节庆中，地方社会如何利用婚俗改革的相关事项及其文化习俗进行意义的操演，仪式话语如何确认和强化着因清代以来婚俗改革而生产出的权力格局、人群区界和具体的互动方式。制度化的婚俗和人群分类如何以历史记忆和社会记忆的形式得以延续，并深刻影响了当地人对历史的界定、认知与表述，及他们的日常生活实践与社会活动的原则与意义，进而影响当下人们的实践活动、行动及其文化象征的意义安排，人们又在此过程中建构出何种新的文化意义并认同于此。

# 第一章　清水江北岸的地理生态与瑶白苗寨

　　位于黔东南清水江的九寨是一个充满人文魅力的地方。在历史上，它是由九个大寨及数十个附属子寨组成的著名大"款"组织。在历史风云激荡与变迁的过程中，九寨像久经沙场的英雄将这里的勇敢、智慧与朴实以山川河流的宏伟姿态展现给世界（见图1-1），并以独特的联姻方式及"吃牯脏"的联盟形式诉说它的情怀、生活与纠葛。

**图1-1　清水江一景**

图片来源：作者拍摄。

　　明清之前，九寨一直被视为"不沾教化"的蛮夷之地，正史对它的记载甚少。随着清水江流域木材贸易的开发及地方经济商业体系的建立，九寨等地方社会才零星地出现在地方历史文献的记载中，揭开它美丽的面纱，逐渐被世人知晓，并被赋予了新的文化与政治经济内涵。长期以来，它作为中央王朝与地方社会互动的历史平台为区域间的权力关系调整、社会经济发展和社会稳定做出了重要贡献。

## 第一节　生态与历史：清水江的九寨

### 一　九寨的自然生态与村寨形态

清水江流域的九寨，原为"久寨"，取"长久"之意，后改称为"九寨"。隶属于黔东南锦屏县，分为平秋镇和彦洞乡，东接三江镇，南临锦屏县的河口乡、平略镇，西接剑河县的南加镇、蟠溪乡，北隔小江与天柱县高酿镇和石洞镇相望。土地总面积约 210 平方公里。

坐落在蜿蜒崎岖山梁上的九寨，位于苗岭腹地，海拔 600 ~ 1100 米，由清水江与其支流小江切割而成。其境内的主要溪流圭叶溪由西至东穿流而过，将其切割成两大块，九个大寨由东至西坐落其间。按照一到九的顺序为王寨、小江、魁胆、平秋、石引、高坝、皮锁、黄门、瑶白等九个大寨。无论你站在九寨的哪个方位，都能将九寨的山川河流、人群居住格局看得一清二楚（见图 1 - 2）。

**图 1 - 2　小广等寨的自然生态**

图片来源：作者拍摄。

九寨属于亚热带季风气候，年降水量 1350 毫米，雨量充足，水系发达，水流湍急，形成颇为复杂而又奇特的溪流景观。庞杂的溪水体系将九寨切割得七零八碎，沟壑纵横，与悬崖峭壁等赋予了其极具魅力的地形景观。其间，山地和坝子交错分布，各大寨子坐落腰间，俨然一副不可多得的水墨画。

基于这一独特的地理形貌和自然生态环境，当地人将其形象地描绘为"龙"，而九个大寨分别是龙身各个部位的重要组成部分；当地的风水先生更是将九寨看成由小四方加大四方和中宫而构成的五行八卦图，九个大寨分别占据一个方位，以此隐喻九寨为"九五之尊"。因此，当地人喜欢用"九"而非十、十一或十二来称呼之。可以说，几乎在每一个九寨人眼里，都有一个关于九寨的想象。

由于地势原因，山地与坝子之间的距离相距较远，村民从山间走到坝子种地多则一两个小时，少则四十分钟左右的路程不等；且道路狭窄，坡度陡峭，弯道多，以致上坡下坎极为不易，由此种地形造成的诸多不便，确实给当地的社会经济带来发展上的困难。但该地形也有先天的优势：植被好，水源充裕，阳光充足，适合种植各种杉木、楠木、樟木等上等的木材。这一优势在明清时期得到了充分利用和大力开发，促使当地社会的经济、文化得到最大而富有层次的发展，一个名不见经传的"化外之地"——九寨被渐次地纳入王朝国家统治的版图，并受到极高的重视。

当地村民依据九寨特殊的地理地形，创造了极富个性的居住格局、种植模式和生存方式。在居住格局上，由于九寨坝子少，山地多，当地人就将坝子腾挪出来，选择在较陡的山间居住，以充分利用坝子求得生存，达致对生态地形的合理利用。当然也有基于家族、村寨间势力的强弱，形成了人为的穷人住山间、富人住坝子的居住格局和人群分类景观。

在生计与生活上，得益于气候、地形条件，山间的动物、能食的野菜品种极为丰富，村民大可不必老远地跑到集市上购买昂贵的商品或其他蔬菜之类的副产品。只要他们愿意付出些许劳力，便可从田间地里、山间河流两岸获取各种野生蔬菜，以备生存所需，如蕨菜、水麻菜、山竹、白瓜、洋火姜；动物包括野猪、蛇、山鼠、野鸡、兔子、鱼等。一年四季，每个季节都有相应的野生植物生长。比如四月、五月、六月、七月，有水蕨菜、水麻菜、竹笋、洋火姜等。一到这个时节，男女老少自带布袋、背篓上山采摘，多的就拿去卖给那些在村里或集市路口早早等待的商贩，其价格比人工栽种的还要贵，少的话就拿回家自己吃。这些山货不但可补一日三餐，而且可经过加工腌制，到农历的正月、二月食用。或许这是当地市场上较少有各类蔬菜产品买卖的原因之一。总而言之，正是这里良好的植被因素，使村寨能够相对有自给自足的资本。

此种相对自足的资本及其特殊的地理生态造就了九寨寨与寨之间的相对独立性：各自说着带有本寨口音的土语，并以制度化的婚姻形式将其进行区分；每寨寨中设有办学机构、鼓楼议会中心、东西南北庙。稍微阔气一点的寨子会建设大庙，以形成以它为中心的信仰、市场和政治圈。各大寨之间相隔距离适中，四到五公里，坐车八到十分钟，步行四十分钟左右。一般情况下，没有重大事件发生，或不是赶集的时间，日常间的相互交流甚少。但这并不说是当地人不喜欢交流，人们会创造机会交往，比如"吃牯脏"这一重大活动。这一仪式活动每隔几年轮流举办一次，其间举办各种小型活动。例如斗牛、祭祀、"摆古"、篮球赛等，活动内容丰富多彩。

届时，九寨之间人潮涌动，走亲戚的走亲戚，比赛的比赛，看热闹的看热闹，场面十分壮观。各大寨之间试图通过该活动达成一种在情感、政治、经济与文化上的交流，并在这样的平台上展示实力、权力与智慧。但因"吃牯脏"消耗过大，易引起纠纷，民国时期就将其取缔了。新中国成立后,随着社会经济文化的发展,瑶白的"摆古节"、彦洞的"民族文化节"、高坝的"七月二十"歌节、石引的"桃源节"、黄门的"尝新节"在改革开放之后逐渐复兴,这些都充分体现了九寨等地方相对独立且互为竞争、补充的村寨实态。

## 二 九寨历史沿革

晚清民国之前,苗疆一直被视为"蛮荒之地""化外之地",而作为其偏远地区的九寨更是如此,因而正史对其记载甚少,要想从正史中全面了解九寨之历史发展的微观细节有些困难。故而,关于这一区域的历史演变除以正史为依据外,还要依凭当地的地理景观、口述、历史记忆、地方大族的族谱等材料,方可对其进行大致的勾勒和描述。

在当地人的历史记忆中,九寨等地自元朝伊始就有土司在此设衙管控,其区域范围包括今锦屏的九寨及剑河部分小寨。杨氏族谱记载:平秋、石引、黄门、瑶白等地发生"苗乱",元朝派遣杨氏祖先杨华率众前来征讨,招抚九寨等地,并授世袭承直郎一职,杨氏从此在九寨定居下来。据传,起先杨氏土司定居在九寨的石引,但随着杨氏家族人口的增加和地盘的扩张,石引狭小的地盘及缺水等难以满足其需求,故将治所迁至彦洞,并领印卜居验洞(彦洞)。

彦洞是侗人、苗人的边界所在地,视野开阔,水源充足,坝子多,土地较为肥沃,也是苗侗人群出入的中心地带。故因其战略位置险要,风水极佳,杨氏土司在此建立司衙,招抚地方,领验洞(彦洞)、黄阅(黄门)、苗北(瑶白)、平秋、石隐(石引)、高坝、皮锁(皮所)等地。据说,当时今剑河谢寨苗人等地又发生"苗乱",杨华带领长子杨聪龙带兵前往谢寨平定,因看重谢寨是一块风水宝地,加之该地苗民常叛服无常,战略位置十分紧要,遂留长子杨聪龙在此驻军把守，又将其辖地扩展到今大广和小广（今剑河县境内）等。

元末明初，明王朝为了彻底摧毁元朝在云贵等地的残余势力，强力用兵苗疆，并推进对苗疆社会经济的大开发。在苗疆的开发过程中，一方面在重要交通要道和平坝地区进行汉人移民，开垦荒地；另一方面在此地进行军屯与民屯，并在元朝统治基础上因地制宜地增设土司、卫所与府衙，以形成相互牵制、互为监督的管理体系，对地方社会施行多管道、多层次的管制。

在今天锦屏范围内的胡耳、亮寨、新化、欧阳、龙里（隆里）、中林验洞（钟灵和彦洞）等六大长官司多半是在这样的情势下设置的。当时杨氏土司因应明王朝的统治需要，将治所从彦洞迁至中林（钟灵）。但九寨等地方社会依旧在明王朝的管控范围内，为杨氏土司辖制。这一点在敦寨镇九南村陆宏林家收藏的关于明朝前期派民夫修筑古州（今榕江）城垣的一本小册子中有记载。

这本小册子按中林、新化、欧阳、胡耳、永安、亮寨、龙里、古州、潭溪、永安、三郎等13个长官司的分类，分别记载了当时九寨等地参与修筑古州（今榕江）城垣的事实。其中，洪州副司中提到：平秋三名、黄冈（黄门）三名、高坝二名、苗白（瑶白）二名、小江四名、皮锁（皮所）一名、魁胆二名、石引二名等。由此便有了中林验洞长官司的称呼。但杨氏土司前往中林后，只在彦洞留下一支后裔，这为九寨等地方社会的自治发展预留了广阔的伸展空间。

清初，清王朝对苗疆的开发和统治比明朝有过之而无不及。在军事上，凡不服从清王朝管制和招抚的，便实施大规模的军事征伐，以镇压促改土归流。在经济与文化上，一方面致力于对苗疆木材贸易的开发和商业贸易体系的建设，将互不相属的山地村寨社会以各种权利与义务紧密地联系起来；另一方面，在苗疆地区密集地开办书院、义学,以教促统。在多重复杂因素的交织下,九寨各村寨头人组织集体向黎平府"输粮附籍",使之成为黎平府东北路,联合承担官府摊派的钱粮夫役。但九寨不归属任何县和土司辖制,[①] 享有高度的自治权。这种自治性充分体现在寨与寨之间的联合上。

据传,清初瑶白与王寨、小江、魁胆、平秋、石引、黄门、高坝、皮所等八寨联谊为九寨,实行自治。内部有"款"首、"款"军,人们通过"吃牯脏"、定"款"、讲"款"约的形式强化各小"款"之间的权利和义务。对外抵御外敌,对内处理小"款"与"款"之间的社会边界纠纷。九寨成立之后,其管辖的范围不仅包括今锦屏县内瑶白、黄门、石引、平秋、魁胆、小江、王寨、高坝、皮所等九寨等地,甚至连今剑河的蟠溪乡、南加镇等一些小寨都包括在内。[②]

清末,九寨属于黎平府北第一区王寨汛太和团统辖。民国元年至2年属黎平北八区,民国3年(1914),废黎平府,改编县制,拨老锦屏县署于王寨,入锦屏县九寨乡直辖地。锦屏县恢复后,将清末的团练和总甲改为团防总局和团防分局,九寨分局设于平秋,属于三江九寨团防总局,至此,九寨始有行政建制。民国15年(1926),区域设自治乡镇,百户以上的村寨设乡,九寨设有黄门、瑶白、石引、高坝、

---

① 贵州省锦屏县志编纂委员会编《锦屏县志》,贵州人民出版社,1995,第64页。

② 关于九寨联盟,正史中缺乏相应的记载,但在民间的记忆中却有不同的说法:有的说是在明朝,有的说是在清顺治元年。本书综合相关历史材料来看,九寨联盟大致在清初成立起来。如在明中后期,虽说有九寨之中各个寨子的名称,但并未以九寨作为统称。九寨作为一个整体频繁出现是在清初"三江制度与夫役制度的设置及各联盟争江当值"的这段历史时期。因此可以推测,九寨大致是在明末清初清水江木材贸易制度建设与完善之下才成立的。而九寨变为九寨大"款"组织是一个相当长的历史过程,它是地方社会与王朝国家互动的结果,而非九寨内部自然生成。参见张应强《木材之流动——清代清水江下游地区的市场、权力与社会》,第28页。

平秋五个小乡，瑶白为第一区之瑶白乡，辖彦洞、救民、登尼、仁里，属于锦屏县第一区。

民国 24 年（1935）将五个小乡合并成九寨联保，联保下设保，瑶白属于联保之第九保，辖瑶白、采芹、登尼、罗乃等共十三甲，仍属于锦屏县第一区。民国 31 年（1942）撤区，改九寨联保为九寨乡。

新中国成立后，1950 年锦屏解放，锦屏沿旧制保留九寨乡建置，隶属锦屏县第一区，瑶白为锦屏县第一区九寨乡第九村，仍然辖采芹、登尼、罗乃。1959 年从第一区析出九寨区（时称九寨大公社，1961 年改为区），治地设在平略，管辖平略、偶里、皎云、彰化、寨早、平秋、高岑、高坝、黄门、彦洞 10 个公社。1981 年，九寨区析出平略区，九寨区移治平秋，管辖平秋、魁胆、高坝、黄门、彦洞五个乡。1992 年初，撤销九寨区，将原平秋、魁胆、高坝三乡镇合并成平秋镇，将原黄门乡和彦洞乡合并成彦洞乡，形成如今的行政建置。至此，九寨于国家的"游离"状态终于尘埃落定。

# 第二节　瑶白社会的基本情况

## 一　瑶白的地域、历史与现实

从清水江与小江重要交汇之地锦屏县城王寨向西出发，一路经过皇封、魁胆、桥问、平秋、石引、黄门、彦洞，大致 41 公里，行车一个半小时左右，便至我的田野点——瑶白。瑶白隶属于锦屏县彦洞乡，坐落在清水江下游与支流小江上游，深处苗岭支脉侗乡腹地。东与彦洞乡仁丰、采芹接壤，南临登尼，西与彦洞相连，北与九勺相接。在历史上，瑶白是九寨大"款"之一，处于九寨之西，为九寨第九寨。

　　瑶白由多条溪水汇集而成的两条主干河流切割环绕而成，群山叠翠，沟深坡陡，峡谷形态各异，溪水清澈，田舍芬芳，房屋错落有致，村四周古树参天，树种繁多，绿叶成荫；清晨的雾色、午间的阳光与晚末的彩霞，将身处其中的瑶白装饰成待嫁的姑娘（见图1-3）。如此美丽、安静的村庄，因为独特的风景、多元的文化而被外来人乃至他们自己称为"深闺里的玫瑰"。

**图1-3　瑶白全景**

图片来源：作者拍摄。

　　正因地理与人文因素的相互辉映，瑶白曾有一段令今天的村民向往和追求的繁荣历史。在当地看来，这段显赫的历史就是"疆域"。在老人们的一些口述与历史记忆中，新中国成立之前，瑶白管辖的范围较大，其边界抵达今天锦屏县平秋镇的高坝、彦洞乡的黄门；附属小寨包括今锦屏县彦洞乡的登尼、采芹、罗乃等地。据传，由于瑶白在九寨等地势力较大，所辖村寨较多，为方便管理，清光绪年间黎平府专门为瑶白绘制了一幅地图交由瑶白寨老保管，以有效维持该地方的社会秩序。遗憾的是，这份珍贵的地图于20世纪80年代被当地政府收走，最后不知所踪。幸运的是，瑶白寨中有一位德高望重的老人出于喜好，运用一套风水知识将这幅地图记录和描画了下来，大致内容如下：

> 由"彦洞"堂义山北面屈曲南行，折北过离龙过峡，始接太祖山（南陇），由太祖山分帐中脉，折转北行东下，蜿蜒屈曲二里许，过丁峡而结少宗（步登），由少宗分支，中脉蜿蜒东下，有如金线吊葫芦之地形而结为保址。由太祖山右脉五节而结一飞天彩凤阴地，祖荫千余棺，由少宗右脉而结一脿肚罗汉阴宅，四五十棺，由太祖山左脉分支而结一猛虎跳杆阴宅，九棺，再北带西行而结一菩萨坐莲台阴宅，二棺木及二十余棺不等，复东折行进寨后而结上玄明月公茔，百余棺，及保址脚球网阴宅，七八十棺，此乃随户保址结穴之地形。再由太祖山分帐，右气行脉，折转东南二里，过丙峡而结"登文"山之将军跨马形坟地，再分二支，左支行脉而结登文小市，再逶迤东下又结少宗，而入登尼结其保址。右支乃屈曲折东，行而结将军岭。再东之半里许，而结"采芹"保址。再由将军岭分支，南行折东之九重山，分支行脉伏断延绵，而东行五里许，乃结"罗乃"之燕窝保址。此斜而分行里余乃结"归便"，溪石杨二姓村址。然采芹另具小支南行或峡，而结林姓保址。此乃山脉分布构局之大概也。[①]

这段描述所涉及的地名、山名、姓氏大多在九寨的黄门、彦洞、瑶白、仁丰等寨境内。通过这份文献，事实上，我们能在某种程度上窥见瑶白社会发展的某一历史侧面。另外，通过它我们可以

---

① 资料来源于瑶白杨昌泮老师的笔记。这份从风水角度勾画瑶白图景的笔记，呈现的是瑶白民国之前的地理范围，里面涉及的山川地名，有一些已不被使用。杨昌泮（1895～1967），男，黎平府参议员滚作兰长子，民国9年（1920）时为瑶白小学校长。

看到,黔东南清水江九寨地区的风水、家族、姓氏、立碑等一套社会象征机制和文化知识体系,以及这套知识体系在联结和组织当地社区的过程中所发挥的重要作用。历史上,九寨乃至这一区域社会的人群就是通过这一套社会机制达成了他们与当地社会各族群和各村落间的社会联盟。今天,这套知识体系仍然在当地人的生活中有着非凡的意义。

从某种意义上来说,历史上的社会文化渊源为今日彦洞、瑶白、登尼乃至九寨周边大寨之间的社会合作建立了另一份坚实的基础,提供了一条超越经济和政治的社会文化纽带;也使当地的风水观念在今日人群的头脑中得到普及与运用,甚至成为当地社会寻找身份归属和表达族群情感的一种工具。它被人们内化为对地形、社会生活及其审美观念的实践,成为凝聚一个房族、寨子、区域人群的关键所在,并可清晰地看到当地苗、侗、汉等多族群间交往互动的微妙过程。

为了维持自身的边界,在每年三月万物开始复苏,边界可辨之际,瑶白的房族、瑶白寨老会、村委会等必组织寨内的青壮年上山勘察边界。村委会勘察的边界主要是与其他村寨交界或常与其发生纠纷的地方;房族是在每年清明之时,由族长组织族内男性勘察土地,是时,在外的房族成员,尤其是男性成员须回来参与家族的边界勘察活动。以此让后人清楚村寨、各房族的边界,以免被外族占有或是发生纠纷时,有理有据地争取。无疑,瑶白人这一勘察山田林界的仪式行为隐含着地方社会村寨间权力博弈与社会治理的内在逻辑与规则。

改革开放后,家庭联产承包责任制以及西部人才东部输出计划,促使该地方大量青壮年外出打工。而青壮年外出打工和外来观念对地方社会的影响,在很大程度上导致了村寨人口结构的失调和文化习俗的淡化。显然,当地人通过一代又一代相传勘察边界的仪式习俗也逐渐变淡,以致这一预防边界纠纷的仪式及其习俗已渐次失去了它的规则效力。加之各种复杂的原因，导致地方社会村寨之间的边界纠纷实难解决，这一悬而未决的边界地带又成为村寨或房族间权力扩张的张力地带。可以说，历史遗留的边界问题与房族、村寨间势力的博弈给该地区社会边界纠纷的处理带来极大的困难。这可从人们将模糊边界的争夺作为考察一个村领导或一个族长政绩的隐性之内在要求而得以窥见。

当下，瑶白辖一个自然村九个村民小组，分上、下两寨。原有的属寨——采芹、罗乃、归便、登尼等寨已从瑶白析出，独立成寨。

## 二 人口、生计与市场

据 2009 年彦洞乡政府统计报告，瑶白辖一个自然村九个村民小组。人口 323 户 1438 人，其中男性 778 人，女性 660 人。[①] 有滚、龙、杨、龚、耿、范、彭、宋、万等九姓。[②] 从人口总数和居住密集程度来说，属彦洞乡第二大寨。其山林田地总面积 11145 亩，其中田地面积 807.17 亩。[③]

历史上，瑶白主要以木材贸易为生。正如上文所述，瑶白地处清水江下游，也就是清水江支流小江的源头，其水系发达，阳光充足，气候适中，适宜种植各种上等的楠木、杉木、樟木等。其木材质地是锦屏县最好的之一。明清时期，中央王朝就曾派人到锦屏征伐皇木，瑶白作为质地最好的木材集聚地之一，凭借便利的交通而成为征派皇木的大寨之一，几乎年年征派，定期纳取。正是得益于木材贸易，苗疆大大小小的村落社会与中国的华南、北方的商业网络紧密地联系在一起，促使各种生活便利品从四面八方汇集于此。

---

① 资料来源于彦洞乡 2009 年政府统计报告。
② 资料是我于 2013～2014 年在瑶白田野调查访谈所得。
③ 资料来源于瑶白村委会山林统计报告。

如来自粤、川、滇的食盐,江浙一带的布、小货品等。这些市场交易的货物品不但增长了寨民的见识,繁荣了地方的经济,厚实了村民的生计,丰富了人们的日常生活,还使其与外界建立起了多重的社会关系网络,形成了稳定的社会共同体。

新中国成立后至改革开放,国家为保护长江中上游的自然生态,实施了长江中上游生态林保护工程。受其影响,以木材贸易为主要生计形态的清水江流域社会在经济结构上发生了重大转型,由木材贸易转向以外出打工为主。可以说,在当下外出务工已成为每个个体、家庭、房族的生活来源。据不完全统计,瑶白外出打工者有700多人,主要去往广东、浙江、福建、广西、上海等地,其中以广东居多。

打工潮的兴起使人们对那些没有走出家门,在家乡老老实实种地的庄稼人存有一种成见,即"'懒惰'或'不务正业',嫁女都不会嫁给这样的人"。所以很多年轻人即便在外找不到工作,情愿"出去混",也不愿意回家种庄稼。由此可见,"打工"不仅成为他们生活来源的基础,而且成为一种文化与身份象征,是区分懒惰与勤奋、乡土与城市的内在标示。

由此种现象所带来的乡村空巢化,促使各级政府重新审视城乡发展的可能路径。鉴于黔东南独特的地理环境、历史人文资源,贵州省从省、州、县至乡村等各级政府开始重视当地旅游资源的开发和基础设施建设,并以文化产业为着眼点,注重打造丰富且独具一格的特色村寨文化。在从国家到地方各级政府的支持和努力之下,该区域社会的经济得到一定的发展,人们的经济观念和发展意识逐渐增强,生计方式也开始多样化。如很多家庭承包荒山土地搞种植业和养殖业,有些做药材生意,有的跑面包车,有的开起了小卖部,有的专门做水果、药材生意,等等。

但从总体上来看,这些多样化的生计方式在很大程度上只是权宜之计，很难维持家庭各个方面的开销。尽管地方社会文化产业打造得热火朝天，如瑶白的"摆古节"、彦洞的"民族文化节"、高坝的歌节等。可是，在地方社会现行体制、经济及文化制度不太健全的情况下，盲目举行这些节庆活动存在极大的风险。因为它激活了传统的以消耗为目的的竞争机制，但没有相应的社会机制予以应对。虽说打造村寨旅游在一定程度上改善了当地的基础设施，丰富了寨民的文化生活，但很难全方位地调动起村民的积极性，其结果是村寨的社会发展只能成为当地政府的一厢情愿。

## 三　社会组织

### （一）"款"

在苗疆，"款"① 有南侗"款"与北侗"款"的区分。但事实上，南北"款"都是侗族一族独有，"款"作为一种社会组织，是苗侗社会共有的一种区域性社会制度安排，自宋代起就已有相关的文字记载，并一直为历代王朝延续下来。在既有历史文献的记载中，"款"是一种社会化组织形式，普遍存在于苗疆社会。它可从一个村寨发展到成百上千个村寨，通过小、中、大、超大四个层级进行区分，每个层级涵盖不同数量的村寨。"款"组织内部有"款首"、"款兵"和制定的"款约"，并有最高议事会；"款"组织依凭内部这一枢纽实现了苗侗社会的相对自治，对外抵御外敌，对内

---

① "款"，在西南官话中是聊天、说话或闲聊一下的意思。比如说，大家没有事的话，可以过来"款"一下。在侗族言语中，一般称作 kuan（宽）。作为名词，最初有"情人""朋友"之意；动词是聊天、讲话；形容词为一片的、一带、一起。但"款"具有联盟、连片等意思，可能是经过一段历史时期的发展才形成的。在一些学者的研究中，将联盟、一片视作"款"的最初含义，而认为说话、讲话是在此基础上发展起来的。参见石开忠《侗族"款"组织及其变迁研究》，民族出版社，2009；邓敏文、吴浩《没有国王的王国——侗"款"研究》，中国社会科学出版社，1995。

处理村寨边界纠纷。①

　　历史上，瑶白是“九寨大款”之下的小“款”，每小“款”设有一“款首”，他们为“九寨大款”议事的最高组织领导；最高会议之下设有“款兵”，并以“吃牯脏”的形式将其联系起来。可是，大“款”最高议事会并不是一个固定或者长久的制度化议事制度，只有在“吃牯脏”或是遭遇外来侵犯之时，才有可能召开。大“款”组织的功能及其权责有限，一般而言，它只能处理寨与寨之间的边界纠纷与联盟问题，对大“款”之下小“款”内部的社会事务并没有干预的权力，每个小“款”都是一个相对独立的社会运作单位，这些都反映了当地社会组织的复杂特性与流变的政治特点。至今，“款”的社会组织观念和运作方式依然是当地社会处理社会纠纷的一种隐性规则，是村寨社会实现自治的基本框架。

　　**（二）“梨园太和班”**

　　之所以将“梨园太和班”看成瑶白社会的一种非正式组织，主要在于其不仅深刻影响了当地人的组织思想和宗教观念，还成为村干部选举的隐性条件，这一点可从历任村委会领导的履历和经历中看出来。在瑶白村委会每一届的任职中，我发现，大部分是太和班的成员。

　　据当地人口述，“梨园太和班”的形成发展与瑶白下寨龚家老祖龚文昌密切相关。清光绪年间，龚文昌和下寨杨路贵一起去湖南学习大戏，学成归来后，便在瑶白组建大戏班，即“梨园太和班”，招收弟子，将大戏传授给这些在寨中比较有能力、好学的人。因“梨园太和班”主要唱汉戏，所以所有的曲调、说

---

① 孙旭：《“款”与区域社会——黔东南南江河流域多族群视角下的社会结构研究》，硕士学位论文，中山大学，2010；同时参见杨昌嗣《侗族社会的款组织及其特点》，《民族研究》1990年第4期。

词都是汉文。据老人回忆，那些参加太和班的人每天都要先学习汉文，练唱腔，再编排戏曲和曲调，直到把大戏的全部内容学会为止。

村中老人讲述，汉戏（又称"大戏"或"侗戏"）展演只在村寨发生重大事件时才能举行，一般情况下不能随意唱大戏，因为它是有神性的。大戏的这一神性，体现在表演的时间设定、表演的角色、服饰、内容、道具等方面。比如女性不可触摸大戏的服饰和道具，否则会发生某种不幸。可以说，大戏在某种意义上契合了当地人对外界的想象和政治宗教诉求，以至于人们会以"梨园太和班"的名义讨论寨中发展大事、解决社会纠纷及对外交流，它俨然成为基层社会组织的决策单位，无形中也变为村委会领导选举的隐性条件。但凡要竞选村领导的中青年都会试图接触和学习大戏，不然，他们会觉得不够懂得寨中事务的真谛。由此可见，"梨园太和班"对瑶白社会的组织运作起着很大的作用，它将不同年龄层次的人和不同性质的组织融合在一起，对瑶白乃至周边的村寨实施影响。

**（三）村委会与青年组织**

瑶白村委会，人们习惯称"村两委"，主要由两部分组成：一是党支部，一是村民委。瑶白党支部负责村内党的政策宣传和培养新的党员。其成员有支部书记一名，副书记一名，委员六名；而村民委是主任一名，副主任一名，文书一名，计生干部一名，调解和治安委员一名。村委会下设治安、调解、消防、经济等四个机构，主要负责生产组织、治安、计划生育、科技及环境卫生等相关工作。其中村委会下设的治安联防队是比较重要的一个部门，在日常生活中并未看其发挥作用，但在村寨有重要事情发生时，它的作用就能全方位地体现出来。这一重要部门与地方社会以年龄作为社会结构划分的青年组织紧密相连。

"年龄群体是一种社会性的非亲属人群聚合，在小至村寨大至区域的传统乡村社会的集体活动中，能够超越血缘和地缘联系有效实现集体动员，而不同年龄群体所对应的社会化的权力义务和彼此间的阶序关系，也影响着其所在社会运作的秩序。"① 在该区域社会，年龄群体构成了人群分类与社会秩序运作的重要基础。

一般而言，一般 15 岁到 36 岁这个年龄阶段的男性青年自然而然成为一个重要群体，其界定并没有特殊的过渡仪式，他们只是通过对成熟男性成员行为的模仿和担当来表明自己已成为一个独立的个体。如公共事务参与、自发维护村庄的社会秩序、参与村庄大事的讨论和集体行动等。孙旭对该问题有过讨论，在他看来，在侗族社会中，侗人成年后便因其年龄的递增而归属于不同的群体，并拥有和承担相应的权利与义务，他们不仅形成了对自身归属的认同，也以此去理解和看待其他侗人。这一文化观念影响着他们的言行举止、行事之道，也成为村寨集体活动行之有序的基础。②

瑶白青年年龄组织由两个部分组成：一部分是村委会治安联防队；另一部分是在村寨中达到一定年龄（15 岁以上）的男性青年。于前者，其成员有 20 名左右，主要由村小组推荐产生。为了尊重个体的意愿，参加治安队一般采取自愿原则和村委邀请两种方式。而一旦成为村委会治安机构成员，村中发生任何意外情况，如外来人进寨闹事或者行窃，他们将义不容辞地执行保村行动。但治安队没有专门的行政职位和津贴，他们执行任务的经费来自罚款，罚款所得的三分之二归治安队所有，至于怎么用很是随意，剩下的才交给村委会。

于后者而言，他们也是保护寨子安全的重要力量。其组织性虽

---

① 孙旭：《侗族社会年龄群体关系转型——以黔东南岑吾侗寨起鼓楼为例》，《原生态民族文化学刊》2014 年第 1 期。

② 孙旭：《侗族社会年龄群体关系转型——以黔东南岑吾侗寨起鼓楼为例》，《原生态民族文化学刊》2014 年第 1 期。

弱，但行动力强。如当村寨遭遇外村人侵犯时，他们将会搁置房族、姻亲或是个体间的恩怨，一致对外，其行动之快，有时超出治安队或村委会的决策行动。按照他们的说法，只要村寨有难，他们就有先发制人的权利，之后才交由村委会处理；若村委会对某件事情处理不当，他们有权质疑并提出建议。

2013年10月9日晚上，几个外村人悄悄至瑶白村所辖境内的一条小溪偷鱼，被瑶白的青年发现后，才几分钟的时间，寨中便迅速集聚众多的青年，大家拿着家伙（铁棍、镰刀、木棒）迅速冲向事发地点将偷鱼者擒拿住。[①] 之后，他们将偷鱼者交由村委会处理，但村委会对此事的处理并没有让他们满意，于是寨中年轻人就向村委会提出异议。无奈之下，村两委只好重新处理此事，才使该事获得较为圆满的解决。由此可见，年龄群体组织虽不是正式的组织，但他们具有结构的功能，如保护寨子的责任与义务强烈，并有处理村寨事务的发言权和监督权。正是这些层面的实践促使个体与群体间社会价值与意义的实现。

## 第三节 瑶白村寨结构和人群关系

瑶白，其寨名得自他称音译，自称"正押金"，意为两个山间的寨子，也意为"第二寨"。[②] 周边侗家称"苗北"，"苗"是"苗人"，"北"是"一支"的意思，意为"苗人居住的地方"。

瑶白地理形态较为特殊，由剑河境内而下的归应溪、村寨境内的归琼溪、地密溪与彦洞乡登尼境内而下的下教溪、佳郎溪、涌羊

---

① 按照当地规矩，无论哪一个寨子抓到小偷，一般都事先通知小偷所属寨子的村委会领导，由两寨村委会领导来处理此事。而在处理此事的过程中，村委会领导也要征询寨中寨老的处理意见，最后综合意见择优处理。若村委会一级协调不成功，方可将嫌疑人交给政府和警察来处理。

② 第二寨，相对于土司寨彦洞而言。

溪、冲横溪汇集切割而成，其地势呈西东走向，西高东低。清初，瑶白"破姓开亲"以地势的走向将瑶白划分为上、下两寨进行联姻。上为"舅"与"姑"，下寨为"岳父岳母"。由此，"上"与"下"在地方文化中就被赋予了超越地理含义而具有等级意义的文化意义。至今，上下两寨联姻的边界实践构成了当下瑶白人的处事主张。

## 一　上寨

上寨有龙、滚、宋三姓。龙姓是瑶白的开寨先祖，人口发展至今天的10多户。从龙氏老人的口述得知，龙姓原籍天柱柳寨，为避战乱，其先祖才从"归抗"（侗名地名）迁徙到瑶白寨中小山顶布富冈定居。房族号为"闷宁龙"，"闷"，侗语为"井"，"宁"为"银"，"闷宁"含木本水源之意。"闷宁"是当地人对当家族长的尊称。由于龙姓是瑶白的开寨先祖，且在苗疆还未被直接纳入王朝国家的统治范围时，开寨先祖享有土地的所有权和使用权，并有对村寨事务发展的话语权，后来者是无权将其占有的，他们只有征求或者以某种方式与开寨者交换方可获得，所以人们对开寨先祖十分敬重。

龙家虽是瑶白的开寨先祖，但人口较少。据龙家老人说，龙氏自明朝永乐年间入住瑶白至今，其房族人口一直保持在10多户，既不增，也不减。对此，当地人将其归结为天命所致，常以"客发主不发，来得早不如来得好"这一句俗语加以解释；也有一些人认为，龙氏人丁不旺，是其人为作法所致，为何呢？原因是"龙"具有两面性：一方面，它是凶残之物，一旦凶暴起来，便会伤人性命，威胁到全寨人的生命安全；另一方面，"龙"又是高贵、善良之神物，能够保护村寨的生存和安全。基于"龙"的这一内在矛盾属性，当地人出于对村寨命运的考虑，认为只有通过作法仪式将其人数控制在一定范围之内，既不能让它发展太快，也不能让其灭亡，才能保证村寨的安全。这两种解释虽都带有某种想象的成分，没有具体的史料加以佐证，但该说法背后折射出了瑶白人群关系与社会结构之间的张力，及地方社会对汉人文化认同的复杂感情与内在冲突。

龙姓之后是滚姓。关于"滚"姓，在宋《百家姓》和《千家姓》中并无相关记载。但据民间人士所收集的一些资料，滚姓①来源有三。其一是蚩尤的后裔。这一说法主要因蚩尤后裔"因为战争失利，滚到了山上"而得名，此种说法带有明显的贬义。其二，滚姓鲜有，疑为汉文记苗语音"鯀"之近音而成，因其难写，简为"滚"字。而"鯀"，《苗族通史》载：三苗为主管宗教的大臣。苗语中的"鯀"即汉语的"神"或"鬼"之意。② 其三，滚姓为"衮"氏所改。③

另据一些学者的研究，苗族获取汉姓的方式多种多样："第一，登记户口的差役、兵丁按照自己的姓氏给苗民取姓；第二，苗民根据自己姓氏的音译登记户口；第三，'苗乱'被镇压之后，有的苗民为了避祸，改随当地军事长官的姓氏，以利于保护自己；第四，为了参加科举考试，或者苗民出于对汉文化的仰慕与攀附，改随附近熟悉的汉民姓氏。"④ 至于"滚"姓到底是如何而来的，虽说法不一，又没有直接的材料加以证实和解释，但这至少可以说

---

① 外出务工人员因文化隔阂，其姓氏常会带来一些烦恼。为此，有些人还改过姓氏。改姓已成为他们在一个新的时代和社会背景下处理人际关系的重要策略。

② 参见杨秀源《锦屏姓氏史话》，中国戏剧出版社，2013。瑶白"生鬼"一词的来源不知是否从此处而来，因为瑶白"生鬼"的原型大部分是"滚"姓。不过，需要更多资料的考证。

③ 杨秀源：《锦屏姓氏史话》，第483～485页。目前，滚姓在以下几个省份有分布：贵州锦屏县城的瑶白村、九勺村、新化所村、城关；贵州从江、榕江、黎平县、天柱县和三穗县；广西融水县的红水洞头等几个乡镇；甘肃也有分布等。参见杨秀源《锦屏姓氏史话》。

④ 张中奎：《改土归流与苗疆再造：清代"新疆六厅"的王化进程及其社会文化变迁》，中国社会科学出版社，2012，第171页。

明，苗侗姓氏的出现与王朝国家开辟苗疆和对苗疆实施教化紧密相关，并折射出苗侗人群姓氏来源的多重可能性及表现出来的复杂性。

瑶白滚姓分为上寨滚和下寨滚。上寨滚氏房号为"四父富仁"，"四父"指滚氏的四支公，分别为长房包灵、二房练灵、三房扶灵、四房救灵。前三房居瑶白风水宝地"高龙岗"（侗语地名），第四房择居旺地冲而发展。而"富仁"是瑶白境内滚氏先祖曾居住的地名。地名与人名相连命名，是当地人占有土地的一种策略和记忆方式。据上寨滚氏老人讲述，滚氏四支公最先从广西三江来到剑河芳武，后因战乱、瘟疫从剑河芳武搬迁到此，自称"苗人"。滚氏对自身为苗人的自我认同即便在民族被识别为侗人的情况下，依然保持自身为"苗人"的强烈信念。比如，他们虽说侗语，但仍夹杂苗语词汇，亲属称谓里，"母亲"依然为苗语。

上寨滚氏发展历来最快，人口最多，势力最强，有一百五十多户。现有四大支系，而四个支系中除第三支系单传外，其余三个支系都是人丁兴旺，分支较多，如长房裂变出龙潭、网潭、关潭，二房有海龙蛟、铜钱网、三包卷、绞时、绞来、富宁清和化头公等。

上寨除滚氏、龙氏两大房族外，还有宋氏。宋氏先祖于民国33年（1944）于剑河平岑村迁入瑶白，居住上寨。据当地老人讲述，宋氏入住瑶白且能够居住上寨，与上寨滚氏有关。民国时期，剑河等地发生荒灾，宋氏先祖逃荒至瑶白，由于宋家先祖会做木工，被滚家一支公看重，便下嫁女儿与他，给其土地，宋氏从此在瑶白定居下来，现有重孙三代。

上寨各姓氏之间关系甚密，尤其是龙氏和滚氏，双方以兄弟相称，互不通婚。龙氏遇有红白喜事或其他紧要事情，滚氏定大力相助，绝不袖手旁观。龙氏亦然。双方作为寨子的先来者，滚氏握有实权,而龙氏有象征性的文化权力,二者对瑶白的日常生活乃至重大事务都有较大影响。

## 二 下寨

瑶白下寨由滚、杨、龚、彭、万等五姓构成。滚氏是瑶白下寨入寨最早的姓氏,其房族号为"宁富你催"。"富"与"护"同音,"宁富"是银子、财富、珍贵之意,而"你催",滚氏并不知其意。据当地老人讲,下寨滚氏在入寨之前,曾在现瑶白地界"世佑"(侗名)东面居住,并与当时瑶白的曾、王、罗等姓合为一房。入寨之后,又与胡氏(现已迁离瑶白)两支同姓不同宗的姓氏合族,以先祖名字命名,定居于下寨"青岩岗",为下寨入寨之首。滚氏一房人口少,未裂变出新的支系,现只有17户。

下寨杨氏有两支,但同姓不同宗。一支为"汉宁公",一支为"杨胜文公的后人",但他们都自称为"杨再思"①的后人,并统一用"我甫金德"作为房号。"我"即"五"之意,"甫"为"父、父辈","金德"为侗语地名,以此将两支杨氏合为一族。杨胜文这一支比汉宁公人口多。

据杨家老人说,杨家先祖杨胜文公原本居住在现锦屏县隆里,后为避战乱,从隆里迁入九寨现仁丰的平圭仁定居,后又于康熙三十八年(1699)迁入瑶白下寨,只留下一支定居平圭仁寨。入住瑶白后,杨氏为寻求滚氏庇护,便改姓滚,杨胜文即改为滚龙宝。自此之后,杨氏全部改为滚姓。但杨氏对自身的姓氏从未遗忘,这可从杨家的神龛结构得以窥见。杨氏将神龛做成两层,里面一层写的是杨姓,外面一层为滚姓,逢年过节拜祖宗之时,一同烧香祭拜。而有些做不起神龛的杨姓家庭,往往将一块空木板放置在厨房(火灶)靠右角落当成神龛,祭拜祖宗的时候,口念

---

① 杨再思是湘黔桂地方的祖先神灵。

杨氏和滚氏以示尊重。杨胜文公这一支脉直到民国时期才恢复杨姓。其人口发展至今,裂变为四个支系,分别为通时、通宝、通虽、通岩,人口众多。

另一支杨姓,即汉宁公房族。这支原本姓"扬",入住瑶白后,出于生存的考虑,便改姓"杨"。据说汉宁公原籍是湖南湘西,于乾隆年间迁入瑶白下寨,与杨胜文公房族合为一个房族。其有三支,有两支于清嘉庆年间迁出瑶白,一支前往黎平佳所,一支前往今天的圣基,现大概有 10 户。

下寨龚氏,自称汉人,其原籍为江西。清道光二十年(1840),其先祖通过做盐生意沿着清水江支流小江而上进入瑶白定居。龚氏进入瑶白后,并未改姓,且为彰显自身与苗侗的差异,自称"汉人"。每逢端午,龚氏房族必定按照汉人的传统习俗过节。瑶白其他姓氏受其影响,也会在端午节这一天仪式性地过个小节。此外,为彰显汉人的文化,其先祖龚文昌还将湖南的汉人戏曲带入瑶白,组建瑶白"梨园太和班",以唱汉戏为主,其下发展了众多弟子,他成为祖师爷。如上文所述,汉戏的带入深刻地影响了瑶白人对宗教的看法。龚氏对汉文化的认同与实践,使龚家在瑶白享有某种特殊的文化地位,也造就了瑶白多样的村寨文化。龚氏一房发展至今有 20 多户,人数不多也不少。

万氏,是下寨户数最少的房族,至今只有 4 户。其先祖万荣茂于嘉庆十年(1805)只身沿途做木材生意进入瑶白,定居加隆冲。关于万氏是如何进入瑶白的,当地人也不甚清楚。

瑶白彭氏有两支,但同姓不同宗。两支都是于民国 33 年(1944)先后由剑河平岑、九寨皮所迁入瑶白的,居住在下寨加隆冲。据当地老人讲述,彭氏也是因为剑河等地闹饥荒逃至瑶白而被瑶白上寨滚氏收留而定居瑶白的。两姓虽同姓不同宗,但合为一房。现彭氏因多在城里工作,在瑶白生活的只有两户。

　　与上寨滚氏和龙氏一样，下寨杨、滚、龚三大姓关系紧密，以兄弟相称，互不通婚，以此应对村内外遭遇的社会风险及分享和承担日常生活中的权利与义务。例如日常生活中，若哪家发生重大事情或办红白喜事，相互间定责无旁贷，全力帮助。这种互帮虽说有亲疏远近之别，但并不影响相互间的互帮之责。

### 三　中寨

　　中寨从什么时候起有了这个叫法，人们不得而知。据中寨耿家和范家老人说，"上寨与下寨姓氏很多，人群比较复杂，况且我们与他们不是兄弟关系，又处在上寨与下寨的中间，为了区分，我们就叫了'中寨'"。我认为，中寨的崛起与耿、范两家势力崛起息息相关，这在下文中会进一步讨论。

　　中寨只有耿氏和范氏两姓。耿氏，是继杨氏之后迁入瑶白的第四大姓氏，居于上寨颖钟冈。据耿家老人说，耿氏原姓"王"，与采芹（以前为瑶白属寨）王氏属同寨同宗，原本居住在瑶白境内的"平架"，后于乾隆元年（1736）迁入瑶白颖钟冈才定居下来。入寨之后，为寻得滚氏的庇护，便将"王"姓改姓"滚"，与滚氏联为一个房族，直到20世纪90年代才恢复耿姓，自立为一个独立的房。

　　据耿氏老人讲，滚氏改回耿姓经历了一个曲折复杂的过程。20世纪50年代，耿家有位在外做大官的人，可能因为有条件和权力改回原姓，便向族人提出改回原姓的建议。但在当时，他的提议遭到族人们的一致反对。因为在耿氏一房看来，"他们与滚氏一族是兄弟关系，大家关系好，很团结，改姓不妥"。

　　20世纪90年代，耿家又出了一位大官。这位大官认为"滚"这一姓氏在外地很少见，且滚姓口风不好，不利升官发财，更经常被人调侃，于是他借助国家更换新一代身份证的契机，动员族人将滚姓改回"耿"姓，这一次族人同意了他的提议。但在更改姓氏这个问题上又出现了争议，即改为"王"还是"耿"。这位大官建议用"耿"姓，理由是："王"这个姓氏已久远，且历史不好，而用"耿"姓，其好处有二，一是"耿"与"滚"是谐音，都是汉字记音，这样大家都能够接受；二是耿姓代表一种新符号、新气象。最后族人便同意他改姓为"耿"。从耿家改姓这一过程我们可以看到，改姓作为地方社会应对内外社会变通的手段十分重要，从中可以揭示地方社会家族间权势变迁的一般过程，及国家力量地方化的社会影响。

耿氏恢复姓氏后，自立为一个房族，但由于人口较少，难以应付一些重大变故或红白喜事所需要的人力和物力，便与同是中寨的范家结为兄弟关系。范家，据范氏老人讲述，其先祖于清咸丰二年（1852）由现锦屏河口乡岩湾村加池苗寨迁入瑶白。范氏善于经营木材，家境富裕，曾置田产八百余担，在瑶白是第一家修建"银子屋"的家户。且族内还有任职于朝廷的官员，其权势并不亚于上下两寨的滚氏和杨氏。这一显赫背景让瑶白人多少有些羡慕，其被看作可以通婚的"干净"人家。显然，耿氏与范氏结为兄弟关系，互不通婚是权势联合的必然选择。

通过以上对上寨、中寨、下寨各姓氏及其结构的描述可以看到，一个村寨社会体系的运作内含着诸多社会机制的选择与运用，其中人们对血缘、拟制血缘及国家象征文化的操控并由此建构起来的社会生活与交往的重要框架，成为人们行事的基本准则。但对这一基本准则的深入理解需要放入联姻制度这一总体框架下方可实现。在当地，一个寨子能否被认可，与是不是一个联姻单位密切相关。正如列维－斯特劳斯所言，当一个男人将他的姐妹给予另一个男人，因而建立姻亲关系时，社会才能形成。[①] 以此理路，群体之

---

① 〔挪威〕托马斯·许兰德·埃里克森：《小地方，大论题——社会文化人类学导论》，第 151 页。

间的联姻联盟比人们之间共同的血缘关系更为根本，换句话说，人群之间的结构与权力关系隐藏在姻亲之间。

## 第四节　联姻：瑶白的社会结构与边界

联姻制度作为山地社会运行的政治性与经济性基础，既是人群联盟的最佳方式，也是人们展示和区分文化身份与社会地位的结构性制度存在。这一总体事实因不同的社会环境、历史遭遇、族群性质、宗教信仰及历史权力又会出现新的表现形式及结构特点。瑶白便是其中一例。

清初，瑶白应对区域社会局势的变动，是借助王朝国家的力量进行了意义重大的"破姓开亲"。这一重大历史事件将瑶白区界为上下两寨，并在亲属称谓上将上寨定为"舅和姑"，下寨为"岳父岳母"，从而开启了上寨具有优先娶下寨女人的权力阶序结构。这一社会结构深刻影响了瑶白人婚丧嫁娶的行事原则和对外的行事主张。人们在这一体系里践行各自的责任与义务，并牢守各自的边界。

上下两寨这条婚姻之边界既是性别之边界，也被赋予了文化、宗教与身份之边界的意义。就性别之边界而言，主要表现在上下两寨未确定关系的女性不能跨越边界独自去男方家，若是几个朋友晚上一起外出，那么晚上十二点之前必须回到家中，若非如此，房族的兄弟有权将他们的姐姐或妹妹从男方家劝回或强制拉回，以免引起别人误会而导致谣言非议，损房族之脸面，甚至房族的"干净"程度。时至今日，大家仍然遵守着这条边界。

从文化与宗教意义上来说，人们将上下两寨分别看作雄龙与雌龙或火龙与水龙。上寨与下寨所指涉的雄龙与雌龙暗含着瑶白婚姻的权力关系，这一点我将在下一章展开讨论。而将上下两寨暗喻为火龙与水龙便与当地频繁发生火灾有关。黔东南等地大部分是木质房子，容易发生火灾。据统计，从光绪年间算起，瑶白到现在总共发生过 17 次火灾，每次火灾由于居住密集，全寨几乎都会被付之一炬，损失惨重，以致很多人不得不外出讨饭。由于火灾所导致的讨饭现象，加之一些复杂因素的作用，周边寨子将瑶白视为不祥的寨子，避免与之接触。当地老人说，为消除火灾带来的灾难，人们将上寨与下寨看作火龙和水龙。火与水相生相克，可以避免瑶白发生上述情况。为牢固这条边界，瑶白人在两条龙的龙脉处（上下寨子边界处）竖立了龙碑，以供祭拜。毫无疑问，这一龙脉不可破坏，否则会招致公众的一致惩罚：

> 20 世纪 90 年代，瑶白某氏看龙碑旁边路段好，打算在此盖一间小卖部做小本生意。但在盖小卖部之前，他并没有与村寨的寨老及族长协商。因为在他看来，这块土地原本就是他们的祖业，不需要征询寨老们的同意，于是就自作主张挖地基，准备盖房。当他动土之时，一些老人还劝过他，叫他不要在这里盖房，会影响不好。他没有听，不料在他动工一天后，瑶白下寨便发生了一场严重的火灾。之后，人们将火灾的发生归咎为他为盖房子将瑶白水龙赶跑所致。于是，整个下寨便将他的新房子全部拆除，并按照习俗坚决要求他买一头白牛来踩堂，以此来化解灾难。在众压之下，他不得不去买了一头白牛来踩堂，并杀了这头白牛招待众人才平息了此事。①

这一事件不但彰显了上下两寨婚姻边界的稳定性，还揭示了背后人群关系的紧张与自然生态的脆弱性。

在瑶白，除上下两寨构成的联姻关系外，还有一层联姻边界，那就是围绕巫蛊信仰所建构起来的"生鬼"与非"生鬼"所形成

---

① 资料来源于 2013 年 8 月 10 日我与当地人的聊天记录。

的通婚圈边界。此边界构成了瑶白、彦洞、小广等地方社会结构、联姻制度运作与人群关系边界实践的另一重要层面。"生鬼"被地方社会看成"不洁""恶毒"的人鬼合体人群，但凡世间致使人畜生病的都可从该特殊人群身上找到发病根源。因而，人们避而远之，合而唾之。人们围绕"生鬼"建构起"纯洁"与"不洁"之社会边界与联姻禁忌。谁若破坏这条边界，将招致众人的一致惩戒。

处在此种境况中被边缘化与污名化的"生鬼"人群在与所谓"干净"人群的对抗中勇敢地生存了下来，且同样遵守这个社会建构起来的文化边界。为了求得生存与发展，他们也建构起属于自身的婚姻圈与社会交往网络。他们的婚姻圈不像非"生鬼"的婚姻圈那么牢固和稳定，极具流动性与灵活性，既可通过已建构起来的通婚圈完成内部的婚配，也可突破家族、村寨、族姓与不同的人群联姻，无论对方是贫穷还是富贵，只要双方愿意，便可喜结连理，完成一个家庭抑或一个家族的联姻使命。

"生鬼"婚姻圈与社会交往网络的存在，形成了与非"生鬼"对抗的强大社会群体，构成了该区域社会不可忽视的非制度性结构。人们围绕着"生鬼"这一人群不断重构、分化出新的社会关系和生产出新的文化事项，使瑶白、彦洞等村寨社会结构得以持续性的更新，保持着鲜活的社会活力。

# 小　结

对一个社会的整体认识和判断，对当下构成这个社会的结构性要素给予关注和描述是其要义之一。在我看来，瑶白、彦洞等九寨社会的地理生态环境赋予了该区域人群和山川朴素的内在气质，以及经济与生计上的生存理性。正是由于这样独特的生存处境，在历经明清王朝对苗疆社会的开拓与正统儒家文化对其有教无类的教化与融合之后，该区域社会被王朝国家与地方社会赋予了宏观与微观的双重历史话语表达。苗人社会使用这两种话语建构其适合地方生存的一套制度框架、婚姻模式及多重复杂的人群分类体系，且基于共同的遭遇和文化体验又赋予它丰富而又层次多变的文化象征表达。人们在这套结构、通婚规则和分类体系中找到了自己的位置、身份认同和生存意义，从中我们也看到了苗人社会应对不同环境和社会变动的方法和智慧，及对待历史和认知社会的方式。既然如此，瑶白、彦洞等村寨社会的结构及其权力阶序究竟是如何产生的？又对我们看待国家与地方的关系有着怎样的启示？下面本书将从"破姓开亲"、婚俗改革、"生鬼"建构等重大历史事件对瑶白、彦洞等地这一独特的权力结构、人群分类和通婚模式建构的历史过程展开分析。

# 第二章　清初的"破姓开亲"：人群共同体与村寨关系重构

　　清水江契约文书的分析研究表明，明清王朝在将苗疆从"异域""新疆"纳入"旧疆"的统治过程中，[①] 并非仅通过政治、军事及经济开发得以完成，其背后还隐含着王朝国家对苗疆的文化关切、观念想象与正统教化的执行；而苗疆在应对王朝国家及其区域社会变动之局势时，也致力于通过除对抗方式以外的文化机制去接触和交流。认识苗疆文化机制的基础，在于对血缘与姻亲关系的正确认识，以及在此基础上对分类体系的执行与利用，因为其社会认同力量抑或组织性力量来自联姻制度及其政治联动的实践。故而我们看到，明清王朝国家在推进对该区域社会的统治时，苗疆便采取变革婚姻制度的方式应对，反之亦然。

　　在这一章中，我主要以民间历史文献、传说故事和口述资料作为分析文本，以瑶白与彦洞"破姓开亲"这一重大历史事件作为论述的起点，试图勾勒出，在清水江木材贸易发展和清王朝大力开辟苗疆的过程中，清水江北岸九寨之瑶白与彦洞如何以"破姓开亲"来应对历史情境的变化，并进一步分析和阐释其婚俗改革的内在动因、过程及其建构的联姻权力关系、特点，揭示变革中地方社会与王朝国家之间的内在关联。

---

　　① "异域""旧疆"概念来自温春来的《从"异域"到"旧疆"：宋至清贵州西北部地区的制度、开发与认同》。

# 第一节 "破姓开亲"与共同体重建

## 一 清初以苗人滚氏为主导的瑶白社会

在苗疆社会，人群分类的重要方式是区分先来者与后来者，因为它蕴含着地方社会的话语主导权与文化身份的重要主张，且这一分类始终贯穿人们的日常生活并加以言说和实践。进一步说，这样的时间先后分类作为山地社会历史观的言说方式和观念表达，有着自身非常重要的功能，外来文化或权力的进入必然经由这一分类模式才得以转换为地方历史，人们对开寨先祖的崇拜与想象充分说明了这一点。因而，当我们回溯地方房族迁徙史之时，通过先来者与后来者的区分，就能大致勾勒出一个村寨及其房族历史发展的一般过程及其丰富的生活细节。

据当地人口述，先后来到瑶白的姓氏依次为龙、滚、杨、耿、范、彭、宋等几大房族。龙氏于明永乐元年（1403）从附近居住地"归抗"迁徙到瑶白寨中小山顶定居生活。在此之前，他们经历了几次大的迁徙：原定居在天柱柳寨，为避免战乱，搬至现剑河的"新达"；在新达居住不久，因人口少，势单力薄，长期受到周边人群欺负，才又搬至瑶白居住，成为瑶白的开寨先祖。随后而来的是上下寨滚氏，上寨滚家于明永乐三年（1405）迁入瑶白，原是广西三江的苗人，后不知是何缘故，从三江迁徙到现剑河柳霁芳武苗寨定居，但还没有扎稳脚跟，柳霁发生瘟疫，遂又举家迁到现瑶白地界的"重德"富仁居住。

"重德"是一狭长的盆地地形，四面环山，山林葱翠，中间地势平坦。坝子与山地缓冲相间，由彦洞而入小江的归应溪从坝子"心脏"穿过，将其分成匀称的月牙形，且整个地形"向阳而生"，极具特点。从当地人择居的条件来看，"重德"是一块不错的风水宝地，适合人群居住、耕种。早些时候，滚家便选择在这里定居。据滚家老人说，出于对子孙安全的考虑,就在富仁东西两侧各建了一座庙宇"环龙关山"和"观音塔"。这两座庙宇建立的确切时间已无法考证,但建庙这一历史事件反映了该地社会对王朝国家正统文化的认同与想象。这两座庙在"文化大革命"时期被毁坏,但遗址至今存在。

滚氏先祖在重德生了四子,人口逐渐增多,原本打算继续在重德择地盖房生存下去。但据说有一天,滚家的水牛跑到现龙氏居住地高龙岗吃草,许多天都不肯回去。当地有"祥牛踩堂"的说法,牛在当地的社会结构中扮演着重要角色,是吉祥之物,所以滚氏先祖认为这是家族兴旺的好兆头,于是将家重新搬至高龙岗长久定居下来。其房族命名为"四父富仁",以此宣誓他们对原有土地所有权的主张。

据下寨滚氏老人口述,与上寨滚氏同一时期,下寨滚氏迁到瑶白,定居于瑶白下寨"青岩岗"(侗语地名)。可是,下寨滚氏并不甚清楚是何时来到瑶白。清康熙三十八年(1699),自称为侗人的"杨再思"后人杨氏先祖杨胜文及其四子迁入瑶白。据杨氏老人口述,在入住瑶白之前,杨家先祖曾在现锦屏隆里居住(有的说是在天柱),后因战乱,才迁至现九寨仁丰村的平圭仁小寨。但该地人烟稀少,狼群出没频繁,为安全起见,才迁至现瑶白下寨定居。

从瑶白所唱的垒词得知,下寨杨氏入住瑶白经历了改姓的过程,即"杨"姓改为"滚"姓,从杨胜文改为"滚龙宝"。上文说到,滚家是瑶白人口最多的房族,势力大,且又是苗人身份。明清时期,作为"化外之地"的苗疆腹地,虽已被纳入王朝国家的版图,但事实上,在地方有实权并维持地方社会运转的基本单位仍是建立在族群之上的地方房族和村寨。房族的权力与实力体现在人口的数量上,进一步说,人口的数量在某种意义上决定了一个房族的农田、山地、山林等不动产资源的多寡,因而也必定影响地方社会的各个层面。可以想见的是,由于地理环境及其生态经济的限制,外来者要入住瑶白并获得一定的土地,必然要以某种方式依附于上寨滚氏。改姓无疑成为地方社会解决入住权,获得生存权,对外展现实力的重要手段。

杨氏入住瑶白后，便改姓为苗人滚氏。杨氏改姓既是现实条件所致，也是情理之为；而于大族而言，接纳外来人改为自己的姓，既是展示自身房族实力的标志，也是出于保护苗人滚氏血缘纯洁和婚姻纯正的重要方式。简而言之，对山地民族来说，小姓要靠大姓庇护，小族依附大族发展，小寨依靠大寨强势，层层附属是山地民族生存的理性选择，也是应对周遭环境的生存策略。

从瑶白人的口述历史及所唱的垒词得知，杨氏改姓后，全寨除了龙氏之外，全部姓滚，龙、滚、杨三姓构成了清初瑶白社会的基本人群。

## 二 "同姓不婚"还是另有隐情——权力抑或利益？

据老人口述，滚氏统一姓氏之后，全寨皆以兄弟姐妹相称，互不通婚。其婚姻的缔结依各自的通婚圈而定。据考察，当时瑶白各姓氏的通婚远至今天锦屏的隆里、启蒙，以及剑河的芳武、小广、化敖等地。在当下，这些地区仍有他们与所谓"高坡"九寨瑶白通婚的历史记忆。然而，远距离通婚遇到多重阻碍，促使瑶白、彦洞不得不将目光转向周边的九寨侗家。可是，九寨侗家并不愿与瑶白等寨通婚。迫于无奈，瑶白寨决定恢复原有姓氏，进行通婚，即以"破姓开亲"的方式解决他们的婚配问题。对于这一历史事件，我们可以从如下一段古歌中略见一二：

> 瑶白自称"正押金"，明朝就有人生息，又称"苗北村"，后经办学议，民国9年定名"瑶白村"。同为九寨"款"组织，议款借捐把誓盟，内惩奸盗外御侵，四邻村寨心连心。瑶白共有十个姓，龙滚杨范龚，耿万宋胡彭。祖先迁居到此地，盖房耕地来安身。龙家最早来这里，选址"龙宝"小山顶。四周风景美如画，这里正好寨中心。接着来的是滚姓，兄弟四人来自富仁，"四父富仁"因此称，三位高祖坐"高龙"，一

位开辟"网地"居，宁富滚氏后接入，首居青岩振家声。随之杨家迁下寨，"我甫金德"呼其名。范家龚家陆续迁来把居定，农业同耕五谷养万民。艰苦创业福子孙，子孙繁衍一代代，和睦相处同耕耘。共同生活若干年，滚家天天在强盛，寨子统一把姓改，全寨从此变为滚姓人。

姓氏统一时间久，造成许多的矛盾，全寨有主没有客，同村男女不通婚，结亲远到亮寨、镇婆、镇腊、镇化、新化、小广、大广、化敖。[①] 结亲路上重山重水重重困。道旁刺蓬那么深，男行钩断新衣裤，女走挂坏花兜巾。路途崎岖不打紧，路过深山怕虎侵，翻岭过坳怕贼人，行路独走心胆惊。寒冬腊月冰封山，冰天雪地路难行，春夏清水江涨水，水涨隔断相思人。玩山玩到平秋、平老、小岸和桥问，月圆月缺姑娘无踪影；吹木叶吹到高坝、皮所和黄门，木叶残破哨声打哑却听不到姑娘声，可怜我瑶白后生。竹子同根不同节，稻子共垄穗难齐，同为九寨"款"组织，邻近都嫌我"正押金"。结婚结亲关人丁，全寨共同齐商议，又把滚姓来旧分。[②]

---

① 亮寨、镇婆、镇腊、新化、小广等寨都在今锦屏县与剑河县境内，亮寨、新化在今敦寨镇亮寨村及新化乡等地区。元至治二年（1322）废除八万亮寨军民长官司，将其地析分为亮寨、胡耳、新化和欧阳4个长官司，亮寨长官司治于今敦寨镇亮司，新化属于新化所。明朝延续旧制，清代多有变动，清道光至民国，诸长官司被废除。镇婆，即婆洞，历史上辖于龙里同；镇腊，明清时期为腊洞，辖于中林彦洞长官司，现为启蒙镇的腊洞及周边地区。启蒙是南北方言区的重要分界线。历史上，这些寨子都是明清王朝治理苗疆的重要军事和行政要地。参见《锦屏县志》，第48~49页。小广、化敖均属于剑河县蟠溪乡，与九寨属于北侗方言区。小广是汉译名，侗名为"虽方寨"，唱歌时用"定岑昂"。在九寨，人们称小广为"灰蒙蒙的一片"，不知是否与小广内部的"生鬼"有关，还有待调查。

② 资料来源于我的访谈资料，并参考杨安亚主编《瑶白村志》及滚华的《锦屏县瑶白村侗寨婚俗变革史探》，本科学位论文，贵州民族大学，2011。

　　这首古歌虽是在当下所作，不能完全反映瑶白等寨当时的历史社会情境，但作为历史记忆的一种形式，它从侧面揭示了当时瑶白人群结构及区域社会变动所导致的婚姻困境：第一，统一姓氏，同姓不婚；第二，远距离通婚受阻；第三，被九寨"款"所"嫌弃"。以上三点构成了瑶白寨民理解自身通婚困境的基本原因，以此为他们的"破姓开亲"寻找合理合情的说法。

　　但在本书看来，上述垒词所反映的瑶白通婚困境，其背后隐含着该区域社会结构及其联姻制度变迁的基本事实。换句话说，"同姓不婚"、距离远、周边侗家所"嫌弃"等，这只是瑶白婚俗改革的表面原因。故此，我们需要对其展开进一步的分析，方可解释清初为什么苗疆社会会有大规模的"破姓开亲"，其动力是什么？目的是什么？如此才能揭示过去的这段历史与当下瑶白、彦洞的社会结构、人群关系及其婚姻事实复杂的内在关联。故而，关于这三点缘由仍需放在具体的历史脉络中展开分析和解读。

　　首先，滚氏统一姓氏是否导致同姓不婚。关于这一点，要区分两种姓氏，即苗姓和汉姓。在苗侗地区，苗人采用的是父子连名制，这意味着同一苗姓为同宗，而同宗不婚。但若使用的是汉姓，则存在两个层面的差异。从理想层面，即王朝国家正统的观念与伦理孝道这一文化礼制层面来看，同姓不婚是为儒家文化观念所限定；但从实际操作层面而言，汉姓同姓只要不同宗，没有血缘关系，同姓通婚一般是被世俗所包容和理解的，并在法律上没有任何瑕疵，这一点无论在汉人社会，还是在少数民族社会亦是如此。

　　这一点还可从杨氏自"破姓开亲"之后依然沿用"滚"姓，并与滚氏通婚，及下寨滚氏和上寨滚氏在当下还保持着通婚的事实来看，同姓不婚并非瑶白"破姓开亲"的主要缘由。况且，明末清初苗人是否有汉姓尚且存疑，也未有具体而翔实的史料可考证其滚氏姓氏从何而来，何时启用。① 因此，同姓不婚导致"破姓开亲"的事实需另做分析。是以，如果说"同姓不婚"表达的是作为"化外之民"向化于王朝国家的一种努力，那么"破姓开亲"从一个历史侧面揭示出地方社会对王朝国家正统文化的想象、实践和创造。可以想见的是，对这一正统文化的娴熟利用必与瑶白各姓氏之间权力博弈及其权力结构之变动有关。

如上文所述，上寨滚氏苗人从剑河芳武进入瑶白后，依凭人口、山林、田土等各方面优势，及出于保护自身族性的纯洁性的目的，以拟制血缘的方式将外来入住瑶白的姓氏统一于其下，形成滚氏主导瑶白的村寨格局。滚氏统一姓氏虽掩盖了瑶白的多种人群类别，但事实上改姓隐含着滚氏与其他姓氏之间权力的不平等。随着下寨杨氏、滚氏势力的崛起，他们必会对此种不平等之权力产生不满。这一点我们可从下寨杨家自"破姓开亲"之后的诸多事实窥见一二。

第一，努力争取功名，提升自身的政治资本。乾隆十八年（1753），杨家定岩公一房有一人在朝廷做官，朝廷钦命五品花翎顶戴。对于远离正统文化中心的苗疆腹地寨民来说，能够在朝廷获得一官半职无疑是整个房族的荣耀，这无形中增加了该房在瑶白社会的政治资本。

第二，强调祖源与族源的差异性，赋予自身文化优越感。杨氏自称是湘黔贵区域社会的保护神飞山公杨再思的后人。飞山公杨再思是唐末五代时期"飞山蛮"的首领。宋神宗时，"熙宁九年（1076）收其地，杨氏以二十三州洞归附，因置靖州"。杨再思及

---

① 据考察，滚氏真正使用姓氏可能在清初康熙或是雍正年间，因为在这一时期，九寨等地集体向黎平府纳粮附籍。纳粮附籍要登记户口，而登记户口就意味着要使用汉姓，滚姓可能由此而来。

其族人便经营以靖州飞山为中心的溪洞地方。[①] 长期以来，"飞山公杨再思由杨姓祖先及地方社会代言人逐步演变为地方神明，并超越其他民间神，被以靖州为中心愈来愈广泛的地域内的人们所信奉和祭祀"。[②] 下寨杨家将祖源追溯至飞山公杨再思，无论是附会还是确之事实，都说明杨家试图改变自身的文化地位。

第三，为凸显杨氏的地位，杨氏还曾与外来平息"苗乱"的杨国瑞商议将"苗北"寨名更改为"尧佰"。当时，这一寨名虽未被寨里的多数人接受，但更改寨名之举已透露出杨氏及一些小姓房族对既有权力格局的不满。民国 3 年（1914），杨氏后人杨昌泮倡设九寨第六国民小学于本保，并与汉人教师张子撂商量，通过瑶白各姓氏的一致决定，再一次更改寨名，由"苗北"改为"瑶白"。民国 33 年（1944），定名为"瑶白"。

上文已述，瑶白，原为"苗北"，意为"苗人"的一支或是苗人居住的地方，此种称呼是对苗人权力的认可。显然，将"苗北"改为"瑶白"背后隐含着杨家对既有不平等之权力的不满，当然也有瑶白整个村寨人群对正统文化的隐性认同。由此可见，这次婚俗变革的实质是地方社会借用王朝国家正统文化之名试图解决隐藏其后的各房族权力之不平等的一种努力。

其次，瑶白将其通婚受阻归结为距离远与地形阻碍，这一点仍需做进一步分析。毫无疑问，复杂的地理地形的确会给地方社会相互间的交往带来一定困难。苗疆是山地丘陵地形，所谓"地无三里平"便是对该地形的真实写照，但这些仅是表面现象。所谓距离远阻碍通婚这一原因应放在苗疆整个区域社会大的历史背景下展开讨论，方可理解这一区域社会到底发生了什么。

---

[①] 张应强：《湘黔界邻地区飞山公信仰的形成与流播》，《思想战线》2010 年第 6 期。

[②] 张应强：《湘黔界邻地区飞山公信仰的形成与流播》，《思想战线》2010 年第 6 期。

明末清初,西南尤其是苗疆作为"不服教化之地"便成为明清两朝拓展版图,实现大一统的重要目标。于清王朝而言更是如此,因为征服苗疆蕴含着清王朝确立中国历史正统的内在诉求和必要性。清代有专论黔省"开辟"者,曰:"黔处万山中,土不厚于西北,财不富于东南,而其地则在所必开。"① 其理由为"历代所为,羁縻蓄之。前明百战辟之,我朝礼乐征伐,多方定之"。其大意可以理解为:历朝历代多以羁縻间接统治,有武无文,导致蛮夷不化,四处不宁,直到大清礼乐并用,天下方才安定。② 贵州巡抚罗绕典在《黔南职方纪略》中强调:由于黔地"高寒而贫瘠,赋税所入,不足以供官廉兵饷",若从经济利益考虑,"不有黔可也";但若从帝国政治与文化着想,则"黔不可不有",所谓"王者之仁,覆无外,不使一隅终处于汶暗"。③ 由此可见苗疆对于清王朝统治的重要意义。

正因这一重要性,清王朝甚至将开辟苗疆上升为基本国策。在苗疆设置"新疆六厅"便说明了这一点。正是出于对内在正统性的宏大诉求和急于将苗疆从政治、军事、经济与文化纳入清王朝的直接统治,起初,对苗疆的开发与统治多是以武力镇压和杀戮完成的。④ 据不完全统计,雍乾年间朝廷对黔省苗民起义的镇压,就致

---

① 乾隆《贵州志稿》卷一《黔省开辟考》,贵州省图书馆 1965 年 1 月复制油印本。

② 参见张中奎《改土归流与苗疆再造:清代"新疆六厅"的王化进程及其社会文化变迁》,序一,第 2 页。

③ 罗绕典:《黔南职方纪略》卷一,《黔南识略·黔南职方纪略》,杜文铎等点校,贵州人民出版社,1992,第 274 页。

④ 清王朝对于苗疆的"苗乱",采取的是一旦招抚不成,就采取剿杀的手段来解决。据不完全统计,迄至乾隆元年(1736)十月,清王朝在开辟"新疆六厅"的过程中,对当地不从的苗民,在清水江流域就共剿杀一千二百二十四寨,内查"系倡谋党恶素称顽固者,共三十六寨,悉经剿毁"等。参见中国第一历史档案馆、中国人民大学清史研究所、贵州省档案馆合编《清代前期苗民起义档案史料汇编》上册,贵州人民出版社、光明日报出版社,1987,第 210 页。

使苗寨被毁 1224 座，死亡 17600 余人。被俘苗民 25000 余人，其中 11000 余人惨遭杀害，被俘者家属被"充赏为奴"者计 13600 余人。还有因清军围寨，被迫投崖自尽及饿死山林者，"实不下万人"。① 从某种程度上来说，清王朝对苗疆的武力镇压及地方社会混乱的局势势必改变地方社会的社会网络、人口结构，以及既有通婚圈的缔结及其权力关系，这是其一。

其二，还需指出的是，促使瑶白、彦洞等寨"破姓开亲"的另一动因与清水江木材贸易导致这一区域政治经济文化中心的转移有着重要关联。古歌中唱道，他们以前通婚都是至今清水江对岸锦屏境内的启蒙、亮寨、新化等地（见图 2-1）。

**图 2-1　九寨人记忆中的通婚地域**

资料来源：谭其骧主编《中国历史地图集》第 7 册《元·明时期》，中国地图出版社，1982，第 80~81 页。

新化、亮寨等地原是明清王朝军屯、民屯及土司衙门的重镇，皆处重要水路交通要道，是重要的政治、经济、军事与文化中心。瑶白古歌作为一种历史记忆，从某种意义上揭示出山地与坝区之间存在广泛的联姻关系，以及山地人群对王朝国家的种种依赖和对权

———————————

① 《清代前期苗民起义档案史料汇编》上册，第 210 页。

力的诉求。但随着清水江流域木材贸易的兴起和三江市场体系的建立和完善,① 作为清水江木材贸易基地的九寨在社会、经济、政治、文化等领域得到迅速发展，并渐次成为该地区人群聚散与文化交流的中心。

这一中心的崛起，势必推进两种外来力量的不断深入：一是王朝国家的制度力量与文化分类；二是外来人群尤其是汉人势力在苗疆地域的崛起。在苗疆，血亲与姻亲是一个人获得入住权并展示文化身份的重要标志。在这样的社会中，要么成为兄弟关系（包括拟制血缘关系），要么成为姻亲，非此即彼，且此两种关系的构建，其目的就是控制资源和分配资源。而汉人无论是通过购买土地，还是以通婚的手段进入苗疆，都势必与地方人群争夺稀缺性资源，尤其是女性，加之一些无赖及不法之徒专以拐卖妇女为行当，更加剧了苗疆社会联姻交换的困境。清王朝订立汉人不得入“生苗”之地开采木材和与苗人通婚的诸多禁例便充分说明了这一点。

概而言之，正是苗疆山地与坝子中心的转换、苗疆多重权力力量的介入，促使该区域社会的结构发生改变，进而打破了苗侗人群的通婚法则与范畴，迫使瑶白、彦洞乃至这一区域人群不得不主动做出调适，重新审视和重建他们的婚姻制度，以保证他们在木材贸易、山林占有、婚姻交换等诸多方面的权力。而要改变既有的通婚关系，瑶白就不得不处理好与坝区通婚的既有事实。职是之故，这场以“破姓开亲”为名的改革的另一目的，便是地方社会借用王朝国家正统文化权解除瑶白与坝区通婚，以重建他们的婚姻圈。由此可见，瑶白、彦洞等寨的“破姓开亲”事实上根源于这一区域的社会结构断裂、中心转换与权力博弈。只有如此，方能解释为何锦屏、镇远、天柱、黎平等地也相继出现大规模的婚俗改革事件，

---

① 参见张应强《木材之流动——清代清水江下游地区的市场、权力与社会》。

时至今日还在不断改革。

复次，该垒词中还提到同为九寨其他八寨侗家的"嫌弃"。瑶白与九寨其他八寨之间的关系极其复杂。既有通婚圈的不同、族性的差异，又有因各寨势力的强弱所造成的寨与寨之间的利益之争。

其一，就通婚圈来看，在该区域社会，每个寨子、房族都有相对固定的通婚圈，而通婚圈决定了人群联姻的范畴、权利与义务，甚至等级秩序。正如刘锋所言，婚姻圈具有等亲制度，但不同等亲之间互不搭界，也相互瞧不起。一般而言，不同通婚圈之间互不通婚。若跨越通婚圈与其他通婚圈通婚，则被视为对原有婚姻圈不敬，必会遭到血亲与姻亲的一致反对，甚至带来较为严重的后果。[①] 我们看到，在九寨，要么同一个寨子是一个通婚圈，要么每两个相邻的寨子是一个通婚圈。比如高坝与皮所、石引与平秋等为通婚圈，黄门、魁胆等又各自为一个通婚圈。所以，九寨其他八寨"嫌弃"瑶白便可理解。

其二，利益纠葛，瑶白与九寨其他八寨之间存在切身的利益之争。据老人口述，九寨等地原本是侗人的地盘，长期以来一直是侗人在此居住。而瑶白苗人的到来，因其人口众多，势力强大，不断与周边寨子争夺地盘，打破了九寨侗家既有的势力范围，导致纠纷不断，甚至引发了村寨之间的房族械斗。而这些过节又累积成世代恩怨，成为一个家族、村寨跨不过去的坎儿，影响瑶白与九寨其他八寨之间的信任关系。如清中后期，瑶白与仁丰张家的山林纠纷案至今都还没得到妥善的解决。瑶白邻寨人常说"每一次打官司，瑶白人都是仗着人多势众，以武力威胁"，因而，瑶白常被周边侗家看成"霸道、鲁莽、不讲道理的苗人"。在当下，瑶白人还时常感叹"瑶白的势力不如从前了，人心不齐，势力不强。要是从前

---

① 参见刘锋《巫蛊与婚姻：黔东南苗族婚姻中的巫蛊禁忌》。

的话，谁敢说不"，这些都表明了这一事实。

其三，瑶白与九寨之间的复杂关系，还与"苗"这一族性不无关联。苗族作为南方较大的一个民族，在历史上，虽未建立过真正的政权，但在文化上却是左右苗疆人群关系的重要力量，这对于清王朝推进对苗疆的统治来说，存在一定的阻力。而在王朝国家看来，稳定和管制苗疆的制度策略就是分化苗人，并赋予不同人群以文化上的优劣。如在其分类中，清王朝依据苗人对中央王朝的依附及其经济发展程度，将苗人划分为"生苗"与"熟苗"。

"生苗"被描述和想象为野蛮、顽固不化、彪悍、不讲礼俗的人群，这套歧视之词在王朝国家的正史、官员杂记、野史等相关历史文献中俯拾皆是，且通过言说与制度化的形式被固化，成为苗疆人群关系边界实践的运作机制，贯穿苗疆人群互动与身份选择的整个过程，产生了如王明珂所言的，西南地方社会的民族关系是"一截骂一截"这样一种独特的文化现象。瑶白虽为九寨"款"中的一个小"款"，但其他八寨大多数是侗人、汉人，这一人群身份差异也在一定程度上影响了九寨其他八寨与瑶白的通婚。

最后，瑶白采取"破姓开亲"的方式实行寨内通婚，除可以从王朝国家与区域社会局势变动的因素及瑶白各姓氏的经济、政治权力博弈关系获得解释外，另一值得重视的是，瑶白不同姓氏之间可能在"破姓开亲"之前就已普遍发生了通婚现象。但遭遇到"同姓不婚"所带来的尴尬，便以"破姓开亲"之名赋予其合法、合俗性，以破除内部与外部文化相互冲突的困境。

事实上，从整个大历史背景来看，瑶白、彦洞两寨"破姓开亲"与清王朝一直致力于苗疆教化政策思想的执行有着密切关联。清初，清王朝以武力开发苗疆，使苗疆人群叛服不定，动乱不已，且代价极大，以至于引发要不要开发苗疆的大争论。如雍正六年（1728），广西巡抚祖秉圭主张："黎平府古州里、八万

'生苗'……量其地方,即增纳钱粮,断不敷所需兵饷之费。……开取古州之事,似可不必举行。"[1] 对开辟苗疆所付出的代价,乾隆皇帝无不悲观地说:"每一番勘定,必议设汛添营;有一番剿捕,必致征兵糜饷。国家安得有如此之兵力,如许之经费,尽用于苗地乎?"[2]

鉴于此,清王朝极力寻求武力之外的教化政策以化苗人,且教化政策正是清王朝尽力区别于前代经营苗疆之所不同的地方。如改装、剃发、改姓、赐姓、通婚礼仪等。但凡地方苗侗有按照王朝国家的政策或命令行事,朝廷将给予一定的奖励,以资鼓励。正是这样的历史背景推动了瑶白与彦洞的"破姓开亲"。

## 三 从"破姓"到"开亲":人群共同体重建

"破姓开亲"意味着"破"和"立",其背后关涉婚姻交换的权力、经济利益、原则、文化地位等诸多复杂问题。鉴于此,瑶白与彦洞两寨寨老联名就如何改革婚俗一事请示黎平府,据说,当黎平府知悉此事之后,专门派参议员至瑶白,与当地寨老们共商"破姓开亲"事宜。至于黎平府是否参与瑶白"破姓开亲"一事,由于缺乏具体的史料,难以证实。但这段历史记忆至少说明,黎平府作为王朝国家的权力象征和文化正统已被地方社会所认可。

据口述资料得知,黎平府和当地寨老们商定,这次"破姓开亲"根据瑶白各姓氏既有居住格局和耕种情况,以"顿阿琼"(侗语地名)为界,将瑶白划分为上下两寨。上寨以东的山林田地归上寨所有;下寨以西的所有山林田地归下寨所有,两寨不得跨越既

---

[1] 《鄂尔泰奏剿平丹江苗寨折》,雍正六年十月十二日,《清代前期苗民起义档案史料汇编》上册,第17页。

[2] 中国科学院民族研究所贵州少数民族社会历史调查组、中国科学院贵州分院民族研究所编《〈清实录〉贵州资料辑要》,贵州人民出版社,1964,第650页。

有规定的空间边界建房、开荒种地和砍伐森林。① 而其余事项，可从瑶白所唱的"款约"或垒词中呈现出来：

> 瑶白寨人商议杀猪定"款"以"顿阿琼"为界，分上寨和下寨，先来的龙氏及滚氏房族按其既有的空间为上寨，其余姓氏居下寨，不得杂居。同时规定，原则上滚氏、龙氏为瑶白寨之主人（xup ning），下寨各姓除了滚氏房族之外，全为寨之客人（aep）。下寨人称上寨大自己一辈的人，男为舅（juc），女为姑（us）。上寨人称下寨大自己一辈的人，男为"岳父"（dal），女为"岳母"（deel）。上寨下寨可通婚。②

这份垒词是瑶白人尤为喜欢的"摆古"③ 内容，也是地方社会对历史的一种记忆形式。这段垒词虽简明扼要，但蕴含着瑶白村寨人群权力博弈与社会结构变迁等诸多丰富内容。它不仅从一个侧面反映出瑶白婚俗改革的历史情境，还赋予了人们以历史与生活秩序之感。

从这份垒词来看，瑶白以先来后到和既有居住的空间形式将滚氏、龙氏与杨氏、另一支滚氏划分在上寨和下寨，并以"上"为"主"、"下"为"客"的主客关系确定了上为"舅""姑"，下为"岳父""岳母"的权力结构关系，这一结构将瑶白姑舅表婚的嫁娶等级权力关系、分类原则及其空间格局与社会秩序清晰地展现了出来。然对此规则，我们仍要做进一步分析。

---

① 资料来源于2013～2014年我在瑶白、彦洞与当地人的访谈笔录。
② 资料来源于2013年我与当地人的访谈笔录，并参考了杨安亚主编《瑶白村志》及滚华《锦屏县瑶白村侗寨婚俗变革史探》。
③ "摆古"属于民间说唱文学。说的部分，古侗语叫"腊耸"，"腊"是念、说之意，"耸"是话或文，这里特指韵文，即侗族的"垒词"或"款词"。唱的部分，古侗语叫"或板"，"或"是做、搞之意，"板"指能唱的韵文。

　　首先,瑶白"破姓开亲"所建构起来的通婚规则似乎恢复了原有不同来源人群的差别,解除了同姓、同房族名义之下掩盖的权力阶序。但在实际操作中,这一结构却以婚姻的名义建构起了一种新的权力阶序。按照苗侗社会的婚姻习俗,"舅权"为大,舅家享有娶姐姐或妹妹女儿的优先权。但此种优先权可随女人的交换相互转换,也就是说,给妻者与讨妻者之间的交换婚是平等的,其身份等级和权力可以实现某种程度的互换与流动。

　　显然,瑶白"破姓开亲"所建构的"姑舅表婚"并不是自然意义上发生的"舅"和"姑"的关系,而是由上寨与下寨各姓氏因权力强弱所确定的婚姻关系。当然,在历史上,所谓的"姑舅表婚"是怎么发生的,谁拥有娶妻的优先权,由于历史久远,实难考证。但此规则至少给我们带来重新审视苗侗"姑舅表婚"发生变革的起点和实质。

　　瑶白垒词中强调,下寨称呼上寨大一辈的男性为"舅"[①],女性为"姑"。上寨称呼下寨大一辈的男性为"岳父",女性为"岳母"。既然上寨被确定为"舅"和"姑",那么上寨龙姓与滚氏男性成员自然有资格娶下寨女人的"先在"权力,且这种先在权力有一种不可逆转性。因为上寨的"姑"依然在上寨。我们还可以这样表述,下寨是上寨女人的提供者,而不是相反。

　　这样规定的背后,实质上还有更深层次的含义。如果下寨娶上寨女人必须偿还女人于上寨的权利和义务,这谓为"还娘头"。在本书看来,这才是"姑舅表婚"的实质。不然,我们难以解释这一区域社会几百年来频繁发生以改变"舅权"为中心的社会、政治、经济、亲属远近关系的婚俗改革。

　　其次,从这一规定中,我们还看到"岳父""岳母"这一用词的含义。清初,这一对称谓是否已是苗侗社会的固有称谓,不得而

---

① "舅"在苗侗社会中享有崇高的地位,有优先娶姑家之女的权力。

知。或许这一对称谓也只是事后地方社会为这次"破姓开亲"赋予正统性的一种文化策略。但这一称谓在汉人与苗侗人群的婚姻语境中却有不同的含义。在汉文化的语境中,"岳父""岳母"这一称谓是郎家对女方父母的一种尊称,作为"岳父""岳母"这一方,地位相对较高。但在瑶白社会中,此意义却相反。

最后,通婚规则除了定义"舅""姑"与"岳父""岳母"之关系外,还同时强调"先来者"与"后来者"、"主家"与"客家"、"上寨"与"下寨"等这一复杂的文化分类。那么这样区分的背后,其用意何在?

杨庭硕先生曾将时间、空间、血亲、姻亲等分类看成苗族社会体系的基本框架,作为苗族社会认知外在社会的文化逻辑。①

其一,关于时间。在苗疆社会,对时间的操控是地方社会掌握话语权的重要法则,这主要体现在人们对开寨先祖的崇拜上。正如F. K. 莱曼对山地民族的研究所指出的那样,"建寨始祖崇拜"是山地民族社会分类的主要原则。② 林淑蓉对侗人社会的研究也强调以时间来确定先来者与后来者,构成了侗人社会分类体系的原则,也是侗人社会阶序形成的原则之一。③ 亦如黄应贵所言:"不同的时间观念与系统,往往涉及不同群体或文化之间的支配与被支配关系。"④ 由此可见,人群入寨时间的先后次序蕴含着一种文化象征权力与等级秩序,它规定着地方社会人群的行事主张。

其二,关于空间。在苗疆社会,空间对社会结构及其等级秩序

---

① 参见杨庭硕《苗族与水族传统历法之比较研究》,氏著《杨庭硕民族学研究论文集》,中央民族大学出版社,2012,第446页。

② 〔英〕F. K. 莱曼:《建寨始祖崇拜与东南亚北部及中国相邻地区各族的政治制度》,郭净译,王筑生主编《人类学与西南民族》,云南大学出版社,1998,第190~216页。

③ 林淑蓉:《"平权"社会的阶序与权力:以中国侗族的人群关系为例》,《台湾人类学刊》第4卷第1期,2006年。

④ 黄应贵:《时间、历史与记忆》,《广西民族学院学报》2002年第3期。

的建构有着特殊的意义。人们通过赋予不同空间以不同的文化内涵来区分和维持社会阶序。如上寨被看作雄龙、青龙、火龙,下寨被看作雌龙、白虎、水龙等,以此确定和区分上寨与下寨的阶序关系,且此种阶序观念在当地人红白喜事的来往中被加以实践和表达,如上寨与下寨互相送礼和还礼都是以"来一龙送一虎"来进行的。

其三,"主"与"客"的分类。"主"与"客"是在时间先后之基础上被建构出来的,它强化了先来者的话语权力与文化地位。这一分类原则意味着,作为先来者的"主"家在村寨事务中具有优先话语权,如果"客"要在村寨事务中做某种决定,必先询问或征求"主"家的意见后方能行事。这一点也表现在日常生活的节庆中,如"客"家杀猪宰牛时要分一些肉给"主"家以示尊重。因此,主客关系蕴含着话语优先权、决定权,它是一种文化权力象征。[1]

其四,关于上下寨的联姻。瑶白确定了"先来者"与"后来者"、"主"与"客"、"上"与"下"的权力阶序原则后,便以"姑舅表婚"的名义将这多重的分类原则纳入联姻这一总体框架之下,形成一种新的权力阶序,以维持社会的运转。我们看到,此种方式既能掩盖多重的人群阶序分类,又能体现一个村寨的团结。

由上分析可知,瑶白"破姓开亲"实则是地方社会应对区域内外社会变动所进行的一次文化改革。在这场婚姻变革中,瑶白虽将原以上寨滚氏、龙氏等房族为核心的权力格局,转变为"先来者"与"后来者"、"上寨"与"下寨"、"主"与"客"的多层次格局,并以"姑舅表婚"的制度形式将其统合,从而完成瑶白的"破姓开亲"。[2]但此次"破姓开亲",上寨滚氏、龙氏依然凭借人口及其经济优势,占据这次"破姓开亲"的主动权。当然,在这

---

① 刘彦:《国家与地方视野下的"破姓开亲"与婚俗改革》,《云南社会科学》
2015年第1期。

② 刘彦:《国家与地方视野下的"破姓开亲"与婚俗改革》,《云南社会科学》
2015年第1期。

场婚姻权力的角逐中，上寨滚氏也有所妥协。族内的血缘与文化边界被打破，语言渐次趋同于侗语，如苗语亲属称谓中只保留母亲、姐妹、姨等词。

由此次"破姓开亲"我们看到，一方面，它为我们重新理解苗疆姑舅表婚的实质带来另一种可能；另一方面，这一联姻制度将这一区域流动分散的人群聚合在一起，建构起新的社会秩序，开启了区域化的历史进程。与此同时，王朝国家的一套正统文化也经此过程见缝插针地深入地方，影响了地方社会的权力格局。

台湾学者林淑蓉曾对苗侗地区的婚姻结构展开研究，她将侗人社会看成阶序与平权共存的社会，阶序主要表现在父寨与子寨（附属小寨）、先来者与后来者等分类层面；而平权体现在侗人姑舅表婚的婚姻形式、合"款"、老人协会的政治形态等方面。[1] 林淑蓉对侗人社会结构及其运行机制的阐释和提炼极具启发性。可是，在她的研究逻辑中，似乎是将姑舅表婚看成静态不变的由给妻者和讨妻者构成，其可以通过女人的交换达成一种平权社会，所以在侗人社会，即便存在阶序也只是一种手段，并不能改变交表婚内在的稳定结构。

然而，本书通过瑶白"破姓开亲"的结构重建揭示出，苗侗社会姑舅表婚本质上就是一种不对等的权力阶序，这一不对等的权力关系又通过"先来者"与"后来者"、"主"与"客"、"上寨"与"下寨"这一多重的阶序分类，强化其不平等，最终形成了一个相对稳定的权力阶序结构。[2] 显然，林淑蓉关于姑舅表婚的探讨缺乏历史因素，使她的平权理论缺乏说服力。

---

① 林淑蓉：《"平权"社会的阶序与权力：以中国侗族的人群关系为例》，《台湾人类学刊》第 4 卷第 1 期，2006 年。

② 林淑蓉：《"平权"社会的阶序与权力：以中国侗族的人群关系为例》，《台湾人类学刊》第 4 卷第 1 期，2006 年。

# 第二节　瑶白"款"寨与土司属寨彦洞的联姻

瑶白"破姓开亲"是王朝国家教化、地方区域社会变动与村寨内部权力博弈共同促成的结果，故而，"破姓开亲"就不仅仅是瑶白本寨之事，在其背后有着跨越村寨、族群与区域之寨达成联盟的诉求与行动。这一点由瑶白"款"寨与中林验洞长官司杨氏土司之属寨的联姻可以看出。那么一个"款"寨与土司之寨的联姻是如何发生的？其影响又是什么？

## 一　杨氏土司在九寨

中林验洞长官司杨氏土司的历史足迹遍及锦屏、剑河等地，其招抚苗人、开发苗疆的历史故事与传说经由房族传世的族谱、民间历史记忆和地理山川把过去与现在勾连起来，将苗疆从"异域"到"旧疆"演变的历史轨迹与地方社会各房族之间博弈的历史景象展现在当下，让这一区域社会的早期历史富有生趣与灵动。

### （一）族谱中的杨氏土司

中林验洞长官司杨氏族谱记载，杨氏先祖是江西吉安府泰和县人，其祖上多是朝廷名士。自宋朝起，杨氏始祖淑玉因征武陵诸洞，招抚三百七十余寨有功，宋王朝授予杨淑玉承直郎[①]一职。自宋代受封，累代承袭。元至元二十八年（1291），杨氏一世祖杨华将宋印信"勒命赴总管刺史杨"呈缴，复受铜印一颗，准许承袭，卜居验洞。在此经营了83年，传至三代，即杨华、杨聪龙、杨盛贤等。元王朝灭亡后，杨氏土司第三代承袭者杨盛贤将元赐大印送

---

① 承直郎，在《宋史》《元史》中都有记载。宋徽宗崇宁初置，文散官二十九阶，以换留守、节度使、观察使的判官，正六品；元朝，文散官四十二阶，也是正六品；明为正六品初授之阶；清废除。

交明王朝思州宣慰司呈缴。明王朝当时由于处理北方的战乱无暇顾及南方,对西南各地主动归附的土司势力多授予前朝原职。如"洪武七年(1374),西南诸蛮夷朝贡,多因元官授之,稍与约束,定征徭差发之法。渐为宣慰司者十一,为招讨司者一,为宣抚司者十,为安抚司者十九,为长官司者百七十有三。其府州县正贰属官,或土或流,皆因其俗,使之附辑诸蛮,谨守疆土,修职贡,供征调,无相携贰。有相仇者,疏上听命于天子。又有番夷指挥使司三"。①

明洪武初年,今铜鼓等地潭溪司叛乱,杨氏土司带兵前往征剿有功,明王朝册封杨盛贤为长官司,并招抚包括今天钟灵(中林)治所所在地的官舟、稿炳、寨稿、寨力、寨足、羊艾、大寨、新寨、平寨、洞南、斗寨、腊洞、贡寨、下婆洞、丁达、晃寨、八佰、苗具、绞洞、八洋、甘乌、篓罗、验洞、平金等共24寨。②

这24寨分别在今平略、河口、钟林、启蒙等地,处于锦屏县钟灵河、清水江、亮江等流域两岸。

这样的分布格局揭示了当时明王朝以水路、坝子为中心开拓苗疆的战略部署与管制方略。

明洪武五年(1372),出于对苗疆社会管理与控制的需要,杨盛贤将治所从彦洞迁至中林。在中林(钟灵)又传至19代,至清咸

---

① 《明史》卷76《职官志》,中华书局,1974,第1876页。

② 资料来源于彦洞、八洋杨家《杨氏族谱》。有些历史文献记载为寨稿、官舟、寨足、稿炳、蜡洞、西六、寨五(今兴隆塝)、羊爱(今阳艾)、洞南(今高坪)、马鞍寨、新寨、平鳌、苗巨、丁达、缴洞(今皎云)、坪楼、张化、验洞、八羊、娄罗等,共23寨,这些寨子在敦寨镇九南村陆宏林家收藏的一本明朝前期派民夫修筑古州(今榕江)城垣的小册子中各长官司所辖寨子派夫修筑名单中有所记载。这24寨分别在彦洞、启蒙、平略、三江镇、钟灵等乡镇,其中钟灵乡大概十六寨、彦洞一寨、平略两寨、三江镇一寨、启蒙四寨。洞南包括斗寨、稿炳、平寨、干冲;娄江包括地娄、贡寨、八佰。苗具、下婆洞、晃寨等的地名已经不再使用。

丰七年（1857）清王朝改土归流，停止世袭。民国3年（1914），土司制被废除，杨氏就此结束其房族作为王朝国家地方代理人的历史，中林验洞长官司历任长官如下（见表2－1）。

表2－1　中林验洞长官司历任长官一览

| 姓名 | 受任时间 | 公元纪年 | 姓名 | 受任时间 | 公元纪年 |
|---|---|---|---|---|---|
| 杨　华 | 元朝（前）至元二十六年 | 1289 | 杨　相 | 嘉靖二十五年二月 | 1546 |
| 杨聪龙 | 泰定五年（致和元年） | 1328 | 杨应国 | 万历六年三月 | 1578 |
| 杨盛贤 | 至正十四年 | 1354 | 杨宇廷 | 万历三十七年正月 | 1609 |
| 杨秀高 | 明洪武二十年十一月 | 1387 | 杨应诏 | 崇祯十一年十一月 | 1638 |
| 杨秀通 | 永乐十四年三月 | 1416 | 杨士美 | 清康熙十九年八月 | 1680 |
| 杨　恕 | 正统六年七月 | 1441 | 杨其渭 | 康熙五十一年十二月 | 1712 |
| 杨愍聪 | 天顺二年七月 | 1458 | 杨　濯 | 乾隆二十七年 | 1762 |
| 杨廷贵 | 成化十八年正月 | 1482 | 杨大灿 | 乾隆三十四年五月 | 1769 |
| 杨　铭 | 正德五年正月 | 1510 | 杨　发 | 嘉庆二十四年 | 1819 |
| 杨　钊 | 正德十三年十一月 | 1518 | 杨之升 | 咸丰元年 | 1851 |
| 杨承祖 | 嘉靖元年十二月 | 1522 | 杨之英 | 咸丰五年 | 1855 |

资料来源：彦洞杨氏族谱。

现杨氏土司的后裔主要集中在锦屏的钟灵乡、河口的八洋、彦洞和剑河县的谢寨，从杨氏土司后裔的分布情况可以窥见当时杨氏土司的活动范围及其势力。

**（二）民间历史记忆中的杨氏土司与九寨**

中林验洞长官司杨氏与九寨之间的历史关系构成了该区域社会历史记忆的重要内容。故此，要了解九寨必先了解杨氏土司在此招抚苗人、经营苗地的历史过程。

地处苗疆的九寨，是"生苗"与"熟苗"、苗人与侗人的重要分界点，也是"北侗"与"南侗"区域的重要分界点。历史上，其因战略位置重要，常是兵家争夺之地。元朝时期，九寨等地苗人发生"叛乱"，元朝皇帝便派遣杨氏先祖前往苗疆九寨平息战乱。战后，杨氏土司便在此建司衙招抚九寨及剑河诸寨。其地域范围包括今彦洞及周边的平秋、石引、高坝、瑶白、皮所、黄门、剑河的小广、大广及化敖等寨。为了控制苗疆，元王朝命令杨氏在九寨择居驻守。起初，杨氏土司在今锦屏彦洞乡石引村择居而住，但随着杨氏土司势力的增强，而石引地盘狭小，水源不足，杨氏土司遂将驻所搬迁至九寨之外的彦洞，并在此设立司衙。①

彦洞坐落在九寨之西，北与剑河的南加、蟠溪接壤，南抵锦屏县河口乡，四面皆是山林屏障（见图2-2）。地处九寨区域相对较高的位置，东南西北各有一条向外拓展的古驿道，从军事防御来说，易守难攻，俨然是最佳的军事战略要地。此外，彦洞为盆地地形，气候变化极大，温差显著，冬春两季的气温最低；夏秋凉爽，适合居住。

**图2-2　彦洞**

图片来源：作者拍摄。

---

① 历史上，彦洞一直是中林验洞长官司杨氏土司的管辖范围，并不属于九寨之列。直到民国3年，土司制废除之后，原九寨之一的王寨成为县城而脱离九寨的范围，于是彦洞顺势填补王寨而成为九寨之一，也称为新九寨。不过，原九寨范围的寨子并不认同彦洞为九寨之一。

杨氏土司将其治所迁至彦洞定居下来不久,现剑河谢寨、小广一带再生"苗乱",杨华带着长子杨聪龙迅速前往平息。嗣后,杨华遣长子杨聪龙驻扎此地,并将谢寨改为"正杨松",意为杨聪龙住过的地方,以此将谢寨与彦洞联系起来,形成子寨与父寨的关系,方便管理和控制杨氏土司打下来的"天下"。这便是后来彦洞与谢寨关联的历史根源。①

几年之后,杨聪龙回到彦洞,世袭父亲杨华土司之职。就在这里,杨聪龙有了施展拳脚的广阔空间。他依照衙门体制,在彦洞建立土司衙门、市场、演武场。衙门空间不大,但气派,威严可势,足以震慑苗人。至今遗址还在,房前屋后青苔满地,古旧乌黑的良木黯然伤神,却无法抹去她饱含着的沧桑历史。衙门北面(背面)有一演武场。据传,杨氏土司开办的演武场热闹非凡。战时是排兵布阵的战场,平时是人们练武强身的广场。但凡是彦洞所辖之苗、汉、侗之民,都可来这里施展拳脚。据说,每年都会举行一次武术比赛,以壮寨威,鼓舞士气。武术比赛渐成习俗,深刻地影响着该地区人群尚武的民风,更重要的是还带动了当地铁器与农具制造业的发展。至今,彦洞的铁器在这一区域仍是最为出名的。如镰刀、菜刀、铲子等,种类繁多,品质良好,周边苗侗人民都喜从彦洞购买。

不仅如此,杨聪龙还在彦洞开市场以聚人流,筑路以通苗民,实行教化以聚人心,施礼仪以通道化。经过杨聪龙的努力,在远离中央王朝的苗疆腹地,建造起了属于他的"边陲之国":文治武功,礼仪科教都较为兴盛,使这一片被看成充满瘴气、敌意、危险的"化外之地"渐趋王朝国家的正统。周边九寨苗侗之民都

---

① 谢寨民众认为杨聪龙是首开寨的有功之人,所以在此建庙宇和杨氏祖茔,以此纪念杨聪隆。据说,杨聪龙就葬在此地,有石棺遗迹,如遇旱灾,人们就以水洗石棺,井中祈祷,天晴也能降雨,千秋灵爽。这些传说和遗址赋予了杨氏更多的文化意义。

羡慕之。彦洞作为治所中心,因这一景象渐生一种"傲气",威震四方。

据传,明洪武五年(1372),因朝廷统治需要,也兼杨氏土司未处理好与周边苗侗家的关系,杨氏土司将治所从山地彦洞迁往平坝的中林(现钟灵,见图2-3)。

图2-3 钟灵一景

图片来源:陆光明拍摄。

杨氏治所搬迁之后,留下一支后裔掌管彦洞,以控苗民。此后,彦洞作为行政、经济与文化中心因治所的搬迁也渐次没落,之后是九寨势力的崛起。

明清时期对清水江木材贸易的开发,为清水江乃至整个苗疆社会的文化、经济之发展带来了深远影响。尤其是清王朝主导下"三江制度"的确立和完善,将九寨等各寨渐次纳入清水江木材贸易市场体系结构之中,促使山地九寨之家族观念、地权意识、人群关系、政治观念、边界意识、中心观念等都发生了深刻变化。① 这种中心、地权与边界意识的凸显,在某种意义上促成了九寨,以及以河口、平略等为中心的青山界四十八寨联"款"组织的形成。

---

① 参见张应强《木材之流动——清代清水江下游的市场、社会与权力》。

无疑，九寨与青山界地方社会势力的崛起，将苗疆腹地的土司寨彦洞夹杂其中，左右受限。纵使有杨氏土司作为后盾，也免不了受九寨联盟的排挤和孤立。在此情势之下，作为土司寨的彦洞就不得不重新考虑与九寨建立起新的关系，和平相处。

**（三）摆脱"边缘"地位：彦洞与瑶白的抉择**

九寨联盟的形成意味着彦洞可能被边缘化。地处苗疆腹地，边缘化不仅影响婚配对象的选择、稀缺资源的争夺、土地山林的控制，还要面临其村寨未来在此地生存与发展的严峻问题。对此，彦洞有着深刻认识，这可以从杨氏土司及属寨彦洞为扭转这一情势所做的努力中略知一二。

首先，村寨内外联姻。杨氏土司将治所迁至中林之后，基于各方面考虑，又遣返一支后裔定居彦洞，主掌村寨事务。在杨氏后裔迁回来之后，罗家、王家便入住彦洞。罗家老人口述，罗家是从天柱逃难而来，其房有四个房支，人口最多，势力甚强，加之罗家人个个能说会道，甚有本事，在彦洞影响力极大。于是，杨氏便下嫁女儿于罗家，共同主寨彦洞。与此同时，杨氏土司要求入住彦洞的其他房族，定期向中林纳粮，并要求与中林及今天的启蒙等寨联姻，试图以联姻的方式加强对彦洞的控制，牵制九寨。

其次，更改寨名。杨氏土司为使彦洞永远记住杨家，以免被周边苗家同化，遂将彦洞改为"圣杨松"，意为"杨聪龙居住的地方"，侗语为"更念"，"更念"意为永远记住杨家。[1] 现在人们拿"更念"开玩笑说："彦洞为什么叫更念，意思是要永远记住瑶白给他们饭吃。"从这句玩笑话中，可以窥见彦洞与九寨间错综复杂的微妙关系。

---

[1] 彦洞，元末称为验溪。杨姓初到时，这里是一片沼泽丛莽，人被淤泥沾之生痱。当时，人们选在较高地方居住。后以溪流下洞处有神灵，民众遂立庙祭祀。至明初更名为验洞。

最后，刻碑名世。在彦洞寨的后龙山上"高谢"一处，还保留着清康熙年间彦洞寨老罗老党、王九保、龙老乔等21人为纪念杨聪隆而竖的碑。碑高四市尺[①]，宽一尺五寸，在石碑的正中刻有"一世祖承直郎杨公讳聪龙、二世祖杨公讳盛贤神位"21个字；石碑的右边刻有"中林验洞长官司承直郎儿孙杨士美、杨于位"等33个杨氏祖先名字，石碑的左边落款"（清）康熙辛未年（即1691年）孟冬月重立"10个字。[②] 无疑，彦洞刻碑的用意在于以象征化的形式彰显彦洞文化上的优越感和作为土司寨的正统性与合法性，以此与不服教化的苗人区别开来。

与此同时，杨氏土司也看到，以此方式维持彦洞的地位并间接牵制九寨是远远不够的。只有与九寨建立实实在在的关联，方可成势。而于该区域社会来说，比较稳固的关系无非有三种：兄弟关系、姻亲关系、主寨与附寨之关系。无疑，在这三种关系中，联姻才是彦洞的首要选择。而在九寨各大寨之中，无论是从地理距离，还是从战略重要性上来讲，瑶白都是彦洞最佳的联姻对象，理由有四。其一，瑶白苗人居多，与九寨的其他八寨素有利益纠葛，彦洞与瑶白联姻既可削弱瑶白对其形成的危险和隐患，也可借助瑶白的势力与其他八寨相抗衡。其二，瑶白地势较低、河流众多，彦洞可借助瑶白境内的水路交通扫除彦洞木材伐运过程中所存在的村寨边界之障碍。瑶白位于九寨等地伐木运木之水路要道上，通过瑶白可将木材运送至清水江之小江木材买卖中心。而河流的使用有其村界，所以彦洞与瑶白通婚，可借助这一便利实现木材转运。其三，瑶白地域广大，土地肥沃，粮食充足，而彦洞人口多，肥土少，粮食缺乏。瑶白作为九寨地区粮食丰足的寨子，可在很大程度上解彦洞粮食不足之危机。其四，两寨联姻，可解决两寨女人的来源问

---

[①] 1市尺＝0.3333米。

[②] 该碑文现收录于《彦洞乡志》，2009年，未刊。

题，形成政治、经济与文化共同体。

于瑶白而言，与彦洞联姻也有其重要意义：一是可借助彦洞作为土司治所、市场、陆地交通与人群聚散中心的优势，对外拓展交流；二是可借助彦洞的文化优势彰显自身的社会地位，缓解周边侗家给其带来的压力。总而言之，两寨联姻不仅可以解决两寨被孤立的局面，又能将瑶白及其周边子寨联合起来共同应对区域社会的结构变化。

彦洞与瑶白两寨的联姻对黎平府而言，其意义不言而喻。如上文所述，九寨等地与清江、台拱等苗疆腹地紧密相连，是通往两地的必经之地，也是"生苗"与"熟苗"的重要划分区，对清王朝推进对苗疆的进一步统治具有战略意义。如咸同兵燹时，清王朝依凭这一地缘优势成功堵截了张秀眉南下，避免黎平府惨遭兵燹之灾。但九寨同时又是区域自治性很高的政治联盟，其内部人群构成极其复杂，各寨之间又互不通婚，其复杂多样的人群结构对清王朝推进对苗疆的深入统治也带来一定困扰。显而易见，瑶白与彦洞的联姻作为稳固流动人群、实现社会稳定的重要制度方式是王朝国家所愿意看到的，借此既可以打通黎平府与九寨之间的对话，还可间接控制土司，方便管理。

因此，无论是对黎平府，还是对瑶白、彦洞两寨，联姻都是他们必然的一种选择。

## 二　新权力阶序的重建

关于两寨开亲的具体过程，正史缺乏记载，但民间口传和彦洞罗家保留的部分信息，为两寨开亲的历史事实提供了佐证。这份弥足珍贵的民间文书记载道：

> 彦洞原本与启蒙结亲，由于路途遥远，不方便，通过上直
> 司（黎平府）批准，中林彦洞长官司同意在雍正乙未年与瑶

白结亲。届时将举行盛大的欢庆仪式庆祝。①

　　这份民间文书虽只有寥寥数语,但从一个历史侧面印证了瑶白、彦洞两寨开亲的历史事实。据当地老人口传,这次两寨联姻,黎平府还亲自派中林彦洞长官司杨氏土司去瑶白、彦洞两寨安排婚姻改革事宜。在黎平府、杨氏土司和地方寨老三方共同协商之下,确定了如下几点。其一,彦洞杨氏土司的后裔及属民杨氏、罗氏、王氏与土民寨瑶白滚氏、龙氏、杨氏等大姓势力比较强的几大房族联姻。大族的婚配对象不足者,可以选择与周边小姓进行婚配。与此同时,小姓也可以加入某个大房,以大房的名义获得与其他强势大房的通婚权。其二,原则上,彦洞作为杨氏土司的属寨,有优先娶瑶白女人的权力,实行"还娘头"②的规定。其三,彦洞与瑶白分别为第一寨和第二寨。彦洞,自称"正杨松","正"为"寨",杨就是杨氏土司。按照当地人说法,"杨"与"一"谐音,意为第一寨。而瑶白,周边侗家称为"苗北",自称"正押金"。"押"在侗语里面是"二"的意思,以此强调彦、瑶两寨的先后顺序,强化权力阶序。在日常生活中,瑶白很少强调第二寨这一点。

　　为了将上述规则确定下来,彦、瑶两寨诉诸在地方上具有重大意义的定"款"仪式。据民间口传,定"款"仪式这一天,两寨歃血为盟,祭天地神灵,并举"借金"(即"吃牯脏"③),其间念

---

　　① 该材料原本珍藏在彦洞罗家,但其中有大部分内容在一场大火中被损毁。幸运的是,当时救火及时,一些关键内容被当时参与救火的王老人家目睹而被记录了下来。

　　② "还娘头"是指姑家之女必须嫁给舅家,如果姑家女因为某种原因而外嫁于人,那么郎家必须送女方舅家彩礼,称为"舅公礼"。"舅公礼",也称"娘头钱",是女子出阁前向母舅家馈送的礼钱。送"舅公礼",侗语称为"卡舅公",意为偿还母舅家的恩情,了结与母舅家的关系牵扯。王宗勋:《侗族"舅公礼"与婚姻制度的变革》,《中南民族学院学报》1992年第4期。

　　③ "吃牯脏",也称"吃牯藏"或"刺牛",它是黔东方言区苗族最为重要的祭祖仪式,每隔几年举行一次。

垒词、"款词"、"鞍瓦"（斗牛）等。① 通过定"款"这一地方性的重大仪式将这次通婚中的各种规定融入进地方社会的文化图示之中，从而获得当地人的认同，并成为一种结构性的存在。

由此可见，瑶白、彦洞两寨通婚虽说是为了解决通婚问题，实质上却以通婚形式确立了新的权力阶序。在这场联姻中，杨氏土司及所属彦洞以"还娘头"之规定，占据着这场婚姻交换的优先地位，而瑶白间接地屈从于杨氏土司及彦洞大寨。此外，此联姻制度将周边小寨也纳入该婚姻体系之中，结成了一个区域社会新的权力阶序关系格局，② 开启了苗疆社会区域化的历史进程。

## 第三节  "远交近防"：通婚之外

如上文所述，瑶白、彦洞等寨的"破姓开亲"既是破也是重建的过程。瑶白、彦洞等寨在"破姓开亲"之前，与今天锦屏的启蒙、新化、敦寨，剑河的化敖、小广、新化等寨有着广泛的联姻关系。而瑶白与彦洞的联姻宣告了与原有寨子之间联姻关系的破裂，那么彦洞与瑶白又是如何修复和重建与这些寨子的关系？小广、化敖等寨又是如何应对这一区域社会结构之变的？本书认为对这一问题展开进一步探讨，有助于更好地理解婚俗改革与苗疆区域社会变动之关系。

从相关民间历史文献来看，在瑶白与彦洞两寨"破姓开亲"的同时，小广、化敖、谢寨等寨也以婚俗改革之名重建自身的联姻制度及社会秩序，以应对清初苗疆社会的复杂情势。据传，清初剑河等地也发生了"苗乱"，导致化敖、小广等寨寨民死的死，逃的

---

① 该资料来源于 2013 年、2014 年我与当地人的访谈记录。

② 这就是为什么瑶白为了留住本寨女人，而有送"姑娘田"的习俗，以及后来彦洞以各种理由强要瑶白姑娘。

逃，妻离子散，家不像家，村不像村。"苗乱"平息之后，逃离外乡的寨民陆续回到村寨。可是，昔日繁荣的村寨已是一副残败不堪的模样，人烟凄凉，一片萧条。

为重建村寨以恢复正常的村寨秩序，据传，当时小广有两位德高望重的寨老①积极主张移风易俗，提倡只要男女不同姓、不同宗，上屋下舍皆可结亲，左邻右舍可嫁娶，以此重建婚姻圈。此提议得到了寨民们的一致同意，遂以定"款"的名义确定以十月头卯日天保大明吉日结亲。据说，这一天结婚的就有 72 对新人，至今小广等地还保留着"72 对"结婚的习俗。与此同时，"款"约相应地规定了与外寨通婚的禁例。由此可见，无论是瑶白、彦洞，还是剑河的小广、化敖等寨，在应对区域性结构变化这一局势时，都以婚俗改革之名重建村寨秩序。这再一次彰显了联姻制度作为山地民族的一种制度安排，在应对社会变迁、人群关系调整、政治联动中所起的重要作用。

瑶白、彦洞、小广、化敖等寨各自通婚圈的重建，意味着一个新的区域关系共同体形成，但彼此之间的关系并未因此隔断，彦、瑶两寨为加强与小广、化敖等寨的交流与联系，共同商定每十二年举行一次"牯脏节"。由于举办这一活动消耗巨大，一个钱粮不丰裕的寨子是难以承办的。因而，为使"牯脏节"顺利举行，小广、化敖、谢寨等三寨共同上书镇远府申请在大广开办市场，令人感到意外的是，他们的申请竟然得到了镇远府的批准。嗣后，遂将市场建在地形较为宽广、离三寨距离适中的大广寨。

大广市场确定之后，三寨以"定款"的形式制定了相关的市场管理规则，以确立他们在大广利益主体的地位。其规定如下：首先，确定三寨轮流当市制度，管理和收取地摊费；其次，来大广做生意的外来商人要交纳二三两定金，并按所售物种、摆摊地点交纳

---

① 　一位是柳霁县城因修城墙而立功的王尚方；一位是当地威望很高的告岳包。

一定的管理费；最后，收取的市场管理费与摆摊费只能用作每十二年举办一次的"牯脏节"之用。

瑶白与彦洞两寨也不甘示弱，据说也联合附属小寨向黎平府请求开办市场，这一请求也得到了黎平府的批准。市场名为"秋高市场"，位置在现彦洞乡登尼境内。<sup>①</sup> 至于秋高市场是在什么时候开办的，由于缺乏文献记载就不得而知了。但在民间的故事传说中往往将该市场的建立与一位来此平"苗乱"的将军联系起来。这位将军就是现登尼杨氏先祖杨国瑞。据杨国瑞的后人口述，杨国瑞是从天柱迁徙而来，原籍陕西省，其祖先官居仆射，后杨国瑞承袭父爵。清雍正至乾隆年间，随张广泗率军三十万溯江而来。军至彦洞登尼境内，觉得九寨山清水秀，风水好，就卸甲归隐在彦洞。为了方便这里的寨民互通有无，杨国瑞就与瑶白、彦洞等寨老商定在这里开办市场。

秋高市场建立之后，瑶白、彦洞两寨为确立相互间的权利与义务关系，也以"定款"形式决定两寨轮流当市，以五、十为交易日期，其余规定与大广市场的规约一致。虽说民间的这些口述历史有其夸大的成分，但从一个历史侧面折射出地方社会联姻、政治联动与地方社会市场形成发展的内在关联。这一内在逻辑表明，瑶白、彦洞及小广、化敖等寨各自之间的联姻背后并不只是联姻本身，还关涉深层次的政治、经济与文化的整体事实。人们借用市场的力量维持政治联盟、稳固联姻制度，赋予了"破姓开亲"以深远的意义。

施坚雅对中国四川一个乡镇市场体系的研究表明，中国乡村社会的婚姻交往范畴是由基层市场区域边界所决定的，婚姻受制于他

---

① 关于秋高市场，当地寨民称之为"十九头"（侗语），登文小市场是官方所命名的。

所设定的市场边界和层次,于是得出婚姻圈等同于市场圈的假定。① 施坚雅的研究对以清水江流域两岸因木材贸易体系而繁荣兴起的乡村社会研究有着重要的启发意义。但施坚雅的市场决定通婚圈的定论难以解释清水江流域村寨间的联姻与市场之间的复杂关系。

在该区域社会,人们的通婚并未因为市场的强大力量而形成以市场为中心及所界定的通婚圈,反而是地方社会根据自身社会的人群分类和力量强弱,建立起与市场经济体系有别的婚姻形式和圈子。换句话说,乡村市场的建立反而依据的是各寨通婚的范围、内在驱动力与相互间权力博弈所达成的势力结构,它是多重力量、区域背景交织的结果。因而可以说,在清水江流域社会,市场体系的形成与发展、联姻制度及其权力结构变迁,有着自身发展的逻辑和流动的区域特性。此外,在施坚雅的研究中,我们看不到人的主观能动性以及婚姻作为社会的一种重要组织方式对市场和政治制度的影响,进而也难以看到社会各种力量之间的互动和文化创见。正如巴特所言:婚姻组织一般是在政治条件下实现的,受政治事件和政治目的影响极大。② 因此,这再一次提醒我们,对区域社会史的研究一定要注重每个社会的具体环境、历史遭遇和人这一主体在理解区域社会整体事实中的重要性。

## 小 结

本章对清初瑶白"破姓开亲"这一重大历史事件与地方社会结构重建的内在关系之探讨认为,瑶白的"破姓开亲"并不是一

---

① 〔美〕施坚雅:《中国农村的市场和社会结构》,史建云、徐秀丽译,中国社会科学出版社,1998。

② 〔美〕弗雷德里克·巴特:《斯瓦特巴坦人的政治过程:一个社会人类学研究的范例》,黄建生译,上海人民出版社,2005,第50页。

个独立发生的过程,也不只是为解决瑶白婚姻面临的困境。事实上,它是在清王朝开辟苗疆、清水江木材贸易兴起以及区域社会结构变动的历史情境下,当地人群对自身社会文化的一次重新审视和重构。

瑶白与彦洞的"破姓开亲"打破了土司与土民之间,大寨与小寨之间,以及苗人、侗人与汉人之间的硬性边界,利用"先来者"与"后来者"、"主"与"客"、"上寨"与"下寨"这一阶序分类,以权力的大小和势力的强弱重新定义"舅权"和"还娘头",并以制度化的形式将不同身份的人群纳入一个统一的框架,建构了这一个较为稳定且具有权力阶序的社会文化共同体。

这一社会共同体因内含市场机制的运作,赋予了这一区域极具特色的政治形态和结构模式,对瑶白及这一区域社会的人群关系、生计方式、组织观念及政治行动均产生了持久而深远的影响。与此同时,我们看到,彦洞、瑶白、小广、化敖等寨通过这一婚姻形式和权力阶序,将王朝国家的正统文化和权力关系也纳入其中,使王朝国家的地方统治富有层次,转变了地方社会与王朝国家之间的交流方式与权力关系。这样的一种权力阶序同时规定了该区域社会文化变迁和社会人群关系调整所选择的方式,决定了未来两寨相处和解决困境的文化手段。光绪十四年(1888),瑶白、彦洞两寨的婚俗改革便是这一体现。

# 第三章　光绪年间的"定俗垂后"：婚俗改革与权力格局变迁

　　从既有的苗疆婚俗改革相关文书来看，光绪年间，整个苗疆地区发生了大规模的婚俗改革。可以想见的是，苗疆婚俗改革的发生与咸同兵燹这一重大历史事件及清王朝对苗疆社会教化政策的重新反思和评估紧密相关。咸同兵燹后，清王朝对自身的治苗政策进行了深刻反思，并重新强调教化的作用。如同治十一年（1872）四月，清王朝明确规定："无论'生苗'、'熟苗'，一律剃发缴械，且变其衣饰，杂服蓝白，不得仍用纯黑。"① 除了强调剃发、变革服饰外，还强行推广汉人社会的婚俗礼仪、纂辑族谱等措施。无疑，这一重大历史事件及其相关教化政策的推行，势必对苗疆社会的区域结构、组织形式、人群关系，甚至日常生活的交往形式和禁忌行为都产生深远影响。而瑶白、彦洞两寨婚俗改革便在此历史背景下再次发生。

　　从历时性来看，光绪年间瑶白、彦洞两寨的此次婚俗改革，是清康雍年间瑶白、彦洞两寨"破姓开亲"的继续。因为此次改革的重要议题依然是苗侗社会姑舅表婚中以"舅权"为权力核心格局及其背后社会关系的调整。然，光绪十四年（1888）的婚俗改革同样有其地方社会自身特殊的历史背景。因此，仍需要结合不同时代的史料，对此次两寨改革的历史背景、社会人群结构、过程及影响进行描述、分析和评估。

---

① 参见梁聚五《贵州苗族人民在反清斗争中跃进》，贵州省民族研究所编《民族研究参考资料》第一集，内部资料，1980，第94页。

## 第一节　咸同兵燹下的地方社会

咸同兵燹是继清中期乾嘉苗民起义之后，又一次具有重大意义的历史事件，它对地方社会的政治结构、人群关系、经济观念及社会文化都产生了深远的影响。人们将该事件作为历史记忆和书写的起点足以证明咸同兵燹对地方社会影响的深远性。

道光三十年（1850），洪秀全在广西金田起义，挥师北上沿长江流域上游进入湘黔桂苗侗区域，使与广西、湖南相间的黎平府成为军事要地。黎平府地处苗疆腹地，是曾国藩湘军驻所的重要屏障，苗民起义军攻打湘军老巢，必要先攻破黎平府所属厅县，方可与湘军决一死战，进而挥师北上，与清政府做最后的搏击。鉴于这一严峻形势，清政府对黎平府的政治军事进行了调整。咸丰元年（1851），曾国藩将胡林翼从镇远府调到黎平府担任知府。

胡林翼上任后，立即倡办团练和保甲。他认为“抵御外寇莫为团练，清内匪莫为保甲，保甲团练是救时之善政”。[1] 在倡办团练与保甲过程中，胡林翼充分有效地将团练与保甲制度融合进“款”这一苗疆地方性组织以实现清王朝与地方社会的自救。为了激励团练成员，胡林翼作为团练首领，亲自下乡，札各处建碉、设团防保甲事件。[2] 在巡游清水江沿岸苗侗村寨时，安排和饬令各村寨总理和总甲行团练，并设置碉堡，筑城墙。对那些立有战功者，胡林翼赏罚分明，破格擢升。与此同时，为解决军需问题，胡林翼

---

[1]　胡林翼：《胡林翼集》（二），咸丰元年六月二十九日，岳麓书社，1999，第58页。

[2]　姜海闻：《三营记》民间抄本，姜元卿光绪十九年增校。

借助清水江木材贸易这一优势，下令设立公局大办厘金，捐收客商，帮资聚练复卡、复寨，以助军资差。① 在胡林翼大刀阔斧的改革之下，黎平府属界、位处清水江核心地带的九寨、四十八寨"款"纷纷组织起来进行团练。

如上文所述，清水江九寨于清康雍年间就已向清王朝"纳粮附籍"，成为黎平府东北路，但不属于任何司衙，与土司平级。其地理位置北与清江（剑河）、台拱、天柱苗疆腹地相连，是张秀眉、姜映芳举兵南下攻打黎平府的必经之地。而青山界四十八寨所属地界皆在清水江沿岸，是相对重要的经济中心和水路交通要道，也是阻止张秀眉举兵南下进攻黎平府的重要屏障。这两处的防守成功与否，直接关系到清王朝的战局。因而，当时胡林翼以文斗为中心，将其一带分为上、中、下三营，三营各委任总理和总甲，操练团练。与此同时，三营北部重建联防，九寨是重点，而九寨之中尤以两大战略据点最为紧要：一为九寨之东，二为九寨之西。东以王寨、小江、魁胆、茅坪等寨为主；西以彦洞、瑶白、黄门、石引等寨为首。位于九寨之西的彦洞、瑶白等地，因战略位置重要，便在其境内设立"梨元坳卡"（又叫"彦洞大卡""梨元大坳"，又名黎平府东北路大卡，见图3-1）。

"梨元大坳"近苗疆，地势险要，为兵家必争之地。大致位于彦洞乡之西南方向，距乡所在地彦洞十余里，为彦洞与剑河之柳霁、南寨之孔道，是锦屏、剑河两县出入要隘之一。鉴于该地理位置的重要性，胡林翼任命彦洞罗家族长罗兴明为总甲在此组织团练，坚守大卡。罗氏接手守卡任务后，就立马召

---

① 资料来源于锦屏县九寨彦洞乡黄门村的《黄门牛堂碑》。此碑位于黄门村民族小学球场边，长约四尺，宽约两尺，厚约两寸，字为阴刻楷体，圆径2厘米，现收录于《彦洞乡志》。

**图 3 - 1　大卡战斗遗址**

图片来源：郑发林拍摄。

集各属寨年轻力壮的乡民组建民兵团，并以防卡之名倡联九寨。
《彦洞记述碑》中这样记载：

> 幸我黎平府主多札饬我寨罗兴明充当乡正，倡连九寨合为
> 一款，贫者出力，富者出资。各寨各招长勇十五名，公认卡守
> 杨积瑶，调户编棚，防堵黎元大凹卡名呼为验洞卡，团名号日
> 大和团。无事长勇堵御，有事一踊抵敌。[①]

碑文中的"黎元大凹卡"便是"梨元大坳"。据当地老人口
述，彦洞虽倡联九寨，但由于各种复杂原因，九寨与彦洞并未拧在

---

① 材料来源于《彦洞记述碑》，光绪二年（1876）巧月吉日立。碑存彦洞，共两
　块，高约四尺，宽二尺，厚三寸许，立在彦洞粮仓边，现收录于《彦洞乡志》。
　以下未标出处者，皆同。

一起一致防卡。① 其防守力量多依靠彦洞、瑶白、黄门及其附属小寨。于是在第一次作战中，因敌我力量悬殊，没过几日便被张秀眉部下攻破，《锦屏人物》记载：

> 咸丰初年，台拱张秀眉苗族起义部队东攻黎平府以图湖南，黎平府遂在其东北路彦洞凹设卡以作门户，饬令九寨组团防御。未几，即为苗军所破。②

咸丰五年（1855），姜映芳在织云关帝庙起义。随即，高酿（即锦屏彦洞乡的仁里）侗族起义军攻打银洞、锦屏等地，使整个战局对黎平府东北路的九寨、彦洞等寨十分不利，加之第一次作战失势，这些寨子已元气大伤，士气低落。为此，黎平府派中林人士杨积瑶③（时任黎平府议员）充任彦洞大卡卡首，以振人心。

杨积瑶到彦洞后，先到先祖"暮蒙"（意为"官家住的地方"）、先母墓前祭拜。嗣后，彦洞大族罗氏、王氏等各姓为杨积瑶举行简短的欢迎仪式，公认杨积瑶为彦洞大卡卡首，听从

---

① 王寨是九寨之第一寨，在清水江、小江、亮江三江的交汇处，是清水江木材贸易的经济与文化市场。东接天柱，西抵湖南，战略位置极为重要，是姜映芳和张秀眉起义军攻打黎平府和湘军的必经之地。至咸丰十年（1860），岔处"与汉寨、高酿、王寨（王寨和茅坪均属于赤溪司）"三团订盟，是为四大团，形成了清水江下游的地方武装力量相互联合增援的局面。同治元年（1862），姜映芳"合张秀眉从湳洞出礼里、黄桥、冷水等处，奸民多应之"。面临新形势，岔处"复与毛平王寨团、远口聚星团、牛场三和团"相结合为"四小团"，约定"守望相助、患难相椅"。参见张应强《木材之流动——清代清水江下游地区的市场、权力与社会》，第 88 页。
② 朱汉琴主编《锦屏人物》，南方文史出版社，2009，第 21 页。
③ 杨积瑶，字琼山，钟灵村人，生于清道光年间，少年寄居于剑河新柳堡。据传，他是中林验洞长官司杨氏土司的后人，这一点是否属实，虽未有直接相关的证据证实，但从杨氏族谱字辈一栏中有"积"字辈，且杨积瑶到彦洞后祭拜杨氏先人的事实来看，他是中林验洞长官司的后人有一定可信度。彦洞作为中林验洞长官司杨氏土司的属寨，他奉命到彦洞守卡也可证实这一点。

其调遣和命令。杨积瑶得到当地大姓房族的认可之后，遂整军备战。他在九寨安排了两个守卡处：一为彦洞卡，二为洞庭卡。这两处都是关键隘口。彦洞大卡在彦洞九龙山，它是清水江的重要渡口，为彦洞去往剑河南加的必经之路，此卡由彦洞罗氏带兵把守；洞庭卡是彦洞去往剑河柳霁（观音渡）的重要交界口，主要由杨积瑶及黎平府派兵镇守。

杨积瑶在此守卡多年，直到同治二年（1863）在张、姜两军的夹攻之下，孤立无援，卡破被俘而死。《锦屏人物》对其描述道：

> 咸丰初年，台拱张秀眉苗族起义部队东攻黎平府以图湖南，黎平府遂在其东北路彦洞凹设卡以作门户，饬令九寨组团防御。未几，即为苗军所破。咸丰五年（1855），黎平府令杨积瑶统带九寨团练守防该卡。时练饷奇缺，每练每月仅得米五斗。积瑶遂忍饥尽职，苗兵未能突破其卡。同治二年（1863），天柱姜映芳率其起义部队攻破天柱县城，而后与张秀眉苗军联手，取道九寨东攻黎平。起义军前后夹攻，积瑶孤兵无援，卡破被俘，大骂而死。①

杨积瑶战死，使黎平府东北路守卡军遭受重创。杨积瑶的知己彭应珠②为杨积瑶作了一首功绩诗：

---

① 朱汉琴主编《锦屏人物》，第 21 ~ 22 页。
② 彭应珠，黎平人，生于道光十二年（1832）。幼时家贫，欲读书而不得，遂寄于胡长新家，遍览其藏书，成学业。咸丰五年（1855），太平天国军和台拱张秀眉及天柱姜映芳部队频繁攻打黎平府属各地，黎平府及所属各县组织地方团练抵御，应珠入团充勇。因立有战功，同治五年（1866）获候补知县奖赏；八年以候补知县参加乡试，中举。不求仕，闭门著书，光绪十年（1884）出任黎阳书院山长。

子归啼彻声呜咽，旌旗影障天边月。

剑戟纵横热血飞，杨君慷慨成奇节。

妖气满地何猖狂，屠城下邑势莫当。

东北边防谁任使，杨君拔剑乘时起。

辞家讨贼心特雄，当关百战摧凶锋。

一人辛苦万人逸，斗米何足酬丰功。

清水河头一樽酒，此日与君初聚首。

客窗剪烛话时艰，慷慨激昂真我友。

别来今已三春秋，天柱不守为君忧。

前拥豺狼后猛虎，粮尽兵穷难御侮。

心枯力竭凡七年，名性不显谁为怜。

临危岂作偷生计，只识舍生能取义。

安得丈二青石碑，状我故人英烈姿。

上题积瑶姓杨氏，壬戌五月骂贼死。

大书深刻竖道旁，使贼见之魂魄裖，

怜君含愤无由伸，近涕为尔歌招魂。

九幽英灵若难灭，盍为厉鬼歼群贼。①

据当地老人口传，杨积瑶死后，原本打算将其葬在彦洞"暮蒙"处，但这一请求并未得到彦洞各房族同意，无奈只能将尸骨运回中林，此事说明杨氏土司在彦洞的权威已逐渐式微。

杨积瑶之死，使彦洞大卡陷入群龙无首的局面，这一情势迫使黎平府不得不重新寻找新的代理人重建黎平府东北路彦洞大卡。毫无疑问，这次接替杨积瑶守彦洞大卡的是彦洞罗家族长罗兴明。与此同时，瑶白下寨杨家也被委任为总甲，协助罗氏坚守大卡。

其饬令如下：

---

① 王宗勋选编《锦屏历代诗词选》，锦屏县地志办公室，2012，第127～128页。

黎平府札堂陈：

为札饬赶紧齐团防堵事明得，九寨地方时有贼匪出没扰乱，彦洞洞庭九龙三卡最为紧要，函应多派丁来乡，严加防守可无虑，合行札饬札到该乡团头人等遵照，即迅命团多派练丁，必须认真赴卡昼夜防堵，毋被贼匪窜越，保卫地方，该乡团等果能防守得力，本府定当奖赏，决不泯其勤劳也，禀之切特札。

札彦洞乡团罗兴明等遵照
同治四年十一月十五日①

这是黎平府下达给彦洞罗氏等人的一封信函。此外，黎平府还另敕罗、杨战旗各一面。可以想见，获得黎平府赐给的战旗、执照，于地方社会来说，是一份了不起的荣耀和权威。与此同时，黎平府还请"三营"首领姜注淋、李国果二人协助其防守黎平府东北路之西的彦洞大卡，如《彦洞记述碑》记载：

塘东姜注淋，韶霭李国果，协同我寨团首罗天德、王成福、杨占魁等，同恳黎平府主袁施帮口粮，于八月初五伏宪兵威，一鼓克服，倡约苗白（瑶白）二寨，按户抽田，共募长勇六十四名，议请卡首姜注淋仍赴原卡分扎团营二座，相机堵守，只冀永安。

瑶白《团练记》也有相应的记载：

即我黎郡开辟以来，干戈未振，突因逆苗四起，屡蒙各宪

---

① 该资料来源于2014年4月我在彦洞罗家所收集到的一份民间历史文献。

示谕，设卡堵守抵御，凡我子民敢不遵崇，现奉府主多札饬我等九寨，虽未经叛匪攻击，联络设城，其各上户给粮养练，轮流巡卡，贫富均平。令我苗伯寨贫民共计一百三十三户，同心协力共制枪炮子药，并造大小战旗，临阵出队踊跃同心，军务既整。

照清王朝保甲的规定，十户为一甲，十甲为一保。瑶白当时共有一百三十三户，可编为一保三甲左右，而总甲长为下寨杨家；编排保甲，需以战旗为面，彦洞、瑶白遂按照保甲数打造战旗数面。战旗名号以大族姓氏为名，小姓不足十户者可联合在一起，统一打造战旗。于瑶白而言，除协助彦洞坚守大卡之外，如何使瑶白免受外敌和贼匪侵扰也成为紧迫的任务。

据口述，为抵御外敌侵入，瑶白上下两寨在其东面"引龙古屯"挖战壕，筑城墙。从地理位置来看，引龙这个地方地势险要，易守难攻，有"一夫当关，万夫莫开"的优势。战壕之地设了三道门，分别是头门、中门、后门，这三道门同在一条中轴线上，且每个门的作用不一。头门和后门为寨民日常生活所用之道，中门是瞭望塔，三道门两边筑以高墙，防止敌人攻击。至今，"引龙古屯"遗址还在。

可是，瑶白、彦洞两寨抵抗外敌不足一年，便因粮食、弹药用尽而被迫放弃彦洞大卡，到文斗一带（三营核心地带）躲避。但因文斗口粮紧缺，难以救济，寨民们又返回寨里，复请府主委员夏天祥、小广文三党带练原卡堵御。但据当地人口传，夏天祥唯利是图，与商人相通，导致奸细混入，又致使九寨失陷。如《彦洞记述碑》记载：

> 不料夏天祥心生贪图，约通商以取，祸由此起，致遭奸细混入，未经一载，忽又失陷。同治四年五月二十一日被贼又烧

一次，尸骨充塞道路，血滴成渠。是以文三党转入大广、夏天祥府主撤回。

据说由于没有得到文三党等人的帮助，九寨无人力亦无物力支持彦洞、瑶白两寨坚守彦洞大卡。于是黎平府与彦洞、瑶白两寨商议，聘请黄门王再科前来守卡，并在清水江沿岸设立厘局，抽取木商银两，以资战事。《彦洞记述碑》记载道：

> 哀恳上下客商，抽收帮费，以图报复，蒙府主徐札我寨团首等设局定章，照货价值轻重，每百抽钱二文，招募塘流彭云飞、黄冈王再科各带练勇百余名赴卡堵御，以雇春耕，只异原匕抽数以助练食。

可是，虽有黄门带兵前来救援，并有客商捐助，但也是杯水车薪，难以久之。后，彦洞、瑶白两寨又复请小广文三党前来支援，《彦洞记述碑》言道：

> 不期秋收将成，客商又断，无款筹办，将练撤回。恳我府主路票，原乞丐四方，又蒙府主不忍百姓流离失所，故我等不避会稽之耻，回头又求文三党代进贼巢，暂作假投之计，养活残生之力，占拒原所，以待天时。

同治六年（1867），长达近二十年的咸同兵燹以苗侗起义军失败而告终。这二十年的咸同兵燹对地方社会结构、人群关系、人口结构产生了深远影响。

## 第二节　咸同兵燹的社会后果与行动策略

咸同兵燹的发生，促使清王朝重新审视苗疆政策的有效性和苗

110

疆对王朝国家的认同问题。与此同时，地方社会为获得王朝国家的信任，并消除自身社会的诸多压力，也积极做出应对之策。

## 一　地方人群的王朝国家认同及其表达

咸同兵燹是清朝苗疆社会发生的最大规模的一次农民起义，它产生的社会后果是极其深远的。因为战争不只是开始与结束这么简单，其背后既涉及王朝国家的正统性、合法性与正义性问题，亦关涉到村寨与村寨、房族与房族及个人与个人之间的恩怨与道义问题。然而，咸同兵燹的结束却是苗疆社会内部人群之间"战争"的开始。

如上文所述，彦洞、瑶白等寨在防守起义军攻打黎平府的过程中，因敌我力量悬殊及各种因素交织影响屡遭失败，致使许多村寨遭遇兵燹之祸，招致周边寨子及官府的诸多非议和指责。在他们看来，瑶白、彦洞等寨三番五次的失败是因其内部有奸细，或是为求自保所致。彦、瑶两寨也清楚，防守任务是一项十分艰巨且吃力不讨好的事情，一旦失败，就会招致村寨内外人群的责难。以苗人为主的瑶白，更是如此。

至于周边人群对瑶白、彦洞等寨的指责是否属实，这并非本书讨论的重点，因为这一事实实质上是整个区域与王朝国家交织促成的结果，无关某一村寨之对错。我们需要分析的是受责难的彦、瑶等寨在重重压力之下，将会做出何种反应，以什么方式去解决。

从现有彦洞、瑶白所保存下来的碑文内容来看，为消除周边侗汉人群及王朝国家带来的诸多压力，瑶白和彦洞两寨做出了积极的应对之策。除在重申自身的王朝国家政治立场，撇清与起义苗民的关系之外，还就在战争过程中遭遇的不幸及其内部出现的"倒戈"事件进行描述和说明。如《彦洞记述碑》开篇就描述道：

> 我验洞寨虽与清台连界，实为黎郡之边肇。自开国以来，先人朴守于此，迄今约数百余年矣。其寨本呼为洞寨，其人亦

相类汉人，年歌击壤，世乐雍熙，目不睹干戈之器，耳不闻战鼓之声，日出而作，日入而息，凿井而饮，凿耕而食。

《瑶白记叙碑》① 中也表达了同样的立场，且有过之而无不及，如：

> 窃我苗白寨，界虽距近苗疆，地固属乎黎阳。肇自先祖卜居以来，莫稽其始，久荷盛朝之荣，草木同沾，凡我黎民，践土食毛，固不识不知于何有矣……切我边民遭此惨祸，皆由清台苗性犬羊忽焉难驯，破城池，戕官吏，视为寻常，毁屯堡，踏乡村，将作戏耍。夺田土为己有，掳货物作生涯。

瑶白又一碑记《养练巡卡》② 首句：

> 窃思普天之下莫非王土，率土之滨莫非王臣。迄今圣朝雅化，市野咸歌，共沐豢养之恩，同享清平之世，百有余年未闻叛锋。不料乙卯之夏维苗作乱，涂炭生民。

于当地社会而言，只有对地方社会产生重大影响的事件才会以刻碑的形式加以记述，以此传世，明示后人。例如修路、修庙宇、建寨、建市场等。显然，无论是彦洞还是瑶白，对咸同兵燹这场战争的记录都充分说明了这一历史事件的重要性。

从如上两寨刻写的碑文观之，其有一个共同的叙述结构。首先，碑文开头就先表明自身的归属与认同问题；其次，从文化习俗

---

① 该碑文于光绪元年十月二十日立，现收录于《彦洞乡志》。

② 该碑于咸丰八年丁巳孟春立，现收录于《彦洞乡志》。

层面强调与汉人相似的内在属性；最后是他们与"苗人"的差异与区隔。从这样一种叙述结构来看，分明是以刻碑文的方式表达认同，正道义，诉正统。

在解释于抵御苗民起义军中所做出的投降举动时，《瑶白记叙碑》这样叙述道：

> 至同治三年，苗匪又破天柱……苗匪围山搜杀，又遭一次。哀鸿遍野，死臭难闻。贼气稍散，我等又奔府辕请兵救急。蒙府主徐批谕，筑屯暂保，大兵未曾就来，我等只得携眷属择险于引龙山以俟兵援……同治五年恳请归种章程，幸蒙黎平府主徐，不忍百姓滞他乡，招徕归里，不已饮忍含羞，暂作假投之计，以图报复之阶。

碑文指出，瑶白"暂作假投之计，以图报复之阶"，实乃万般无奈之下"饮忍含羞"之举，并强调黎平府也知晓此事，以此回应周边寨子的指责。类似的说法也出现在《彦洞记述碑》中：

> 我验洞寨虽与清台连界，实为黎郡之边肇。自开国以来，先人朴守于此，迄今约数百余年矣……逆苗乘危而害，团因灾而莫雇，卡练惊奔，被贼又烧一次，跑脱得命者他乡之客，被杀身死者无头之鬼，吁天撞地，惨莫可闻，幸哉我团首等仍恳府主之粮，暂济荒月之急，蒙黎平府主徐爱民如子，札往文斗一带，捐帮口粮，缮我复归之计。
>
> 恳我府主路票，原乞丐四方，又蒙府主不忍百姓流离失所，故我等不避会稽之耻，回头又求文三党代进贼巢，暂作假投之计，养活残生之力，占拒原所，以待天时。

以上两则碑文，彦、瑶寨在陈述他们遭遇的过程中除浓墨描绘自身惨状之外，还强调黎平府主政官员所给予的支持与同情，以此表明他们的失败情有可原。两寨希望获得同情和理解的意图显而易见。可以想见，两寨人欲通过这一套述辞表明态度以证周边寨子对他们的指责是毫无道理的。时至今日，他们仍在强调："那个时候，我们都是站在国家的这一边，什么时候都不会变，也不会与国家对抗。"

而剑河小广等寨对彦洞和瑶白在碑文中对先人文三党的描述和评价有些不满。在小广人看来，文三党身强力壮，武功盖世，智慧超群，主持公道，宣扬正义，是剑河一带赫赫有名的大英雄，不会做出有损道义之事。显然，彦洞、瑶白等寨对其描述不符合事实。他们反驳道：

> 小广与彦洞、瑶白两寨以前是兄弟寨子，关系很好。但就因为咸同年间的苗变，说我们小广文家做了对不起他们的事情，就说我们见利忘义，不顾情义，趁乱打劫，还投靠张秀眉，背叛他们。说说也就算了，彦洞、瑶白等寨还专门刻写碑文讲我们文家和杨家的不是。每一次看完他们的碑文，我就十分不愉快。我承认，我们文家文三党那一辈人是有对不起他们的地方。但没有错，因为我们是劫富济贫，不是抢劫。我们的祖辈说，当时去彦洞那边打仗，由于粮食不够，就跟彦洞罗家借了一点粮，他们就说是我们抢的，显然不对。让人气愤的是，他们认为我们投靠苗民，还有那样这样的事情。如果是这样的话，我们文家的祖坟（一位老母亲）还被苗人挖过，这怎么解释？这说明我们当时就是站在国家这一边的，所以才招致苗人来挖我们的祖坟的嘛。①

---

① 资料来源于 2014 年 7 月 15 日我与小广文家老人的访谈记录。

为证实他们讲的话真实可信，文家后人还特地带我们去看了一块墓碑：

## 万古不朽

生养死葬人事所当，为暴骨裸尸，孝心之不忍，是以掩骨之兴，周礼首重于孟春□□之修□，宋代更□于山野，二者果何心哉无非。没者，有乐土之安；生者，亦有安居之顺也。昔我先人效先朝之故事，照前代之规模，徘徊上原而察地利，陡彼高，罔而尊吉穴，顾夫此地之祖山，龙楼凤阁，侵云穿霄，察夫行龙之体格，芍药树枝，峰腰鹤膝，人行开帐，人字穿心，穴结虎形，面楼猪案，青龙左绕，白虎右环，对文峰而为向，乃天造魏然之盛，有慧星以销水宝地，成自然之龙，开立坟地莫安墓堂，我等得以共沐祖恩，同沾宗泽，子孙绵延，世代昌荣，以经二百余年矣。天朝咸丰己卯之年，苗匪猖乱，盗贼逞凶，攻劫我寨，烧杀淫掳，挖掘吾坟，破棺裸尸，以致阴阳两害。生□冤者老幼犀命，终于刀斧之前；豪杰英雄，身任于金革之上流，离湖糊于四方，逃生遁迹异域一十有余年矣，感朝廷之德化，蒙大宪之恩培，大举貔貅，扫除蝼蚁，官兵云集，苗寇永消，勘定苗疆，制服夷狄，寰守清宁，渐归故乡。观此坟堂之地坵，坟挖绝塚，圹凄凉墓碣尽掩于土壤，尸骸悉抛于荒郊，伤哉，皆不知父之何□，而母之何骸，顾安得起九原之枯骨而问之，于是，我等目擎心伤斜，约八牌之人，共捡枯骸而削平旧坟，划壤土而另葬新坟，将历代宗祖共埋于窆岁之内，男女众胳，同埋于夜台之中，则宗祖复安于乐土，子孙重拜于坟台。余等以划削之功，勒铭碣石，以示子子孙孙传颂，于万古不朽也，是为序。

外批，我等九牌有一半牌不在其内，永远碑记

八牌半人各开列于后，先年异地文正年乔德

首士文应明

一牌 文承先　二牌 文应周　三牌 文长保　四牌 文应隆

五牌 文应三　六牌 文路包年　七牌 文路卯　八牌 文朝克

半牌 文应宣

岑本 文包凤　文路受保

岑冈 文昌海　文满仔养　文名德　文宗明

光绪十五年己丑六月十一日　立①

　　虽然我们并未从这一碑文中得到关于咸同兵燹苗民起义的更多历史细节，但该墓碑的内容揭示了该区域社会在面临内外诸多压力之时，王朝国家的话语是如何成为他们解压的一种手段。如碑文中着墨最多处，还是对王朝国家正统文化的夸赞和宣扬，以此强调他们自始至终都是站在王朝国家正统的立场，维护的是王朝国家的利益，以表文家对王朝国家的忠诚。由此可见，当面对外界的猜忌和质疑时，王朝国家的正统话语俨然成为苗疆地方社会解决自身内外困局的重要手段。在某种意义上，王朝国家的话语体系正是经由这样的争相刻碑机制进入地方社会的权力结构，成为苗疆社会人群社会化的重要内容。而苗疆社会也借由王朝国家意识形态的文本叙述，达成人群之间的区隔与话语权力的重建。

## 二　地方社会"特殊群体"的产生

　　此部分所讨论的"特殊人群"，是九寨等地被称为"生鬼"人群的重要组成部分。"生鬼"的产生由来已久，其经历了一个很长

---

① 该碑文于光绪十五年（1889）六月十一日立，是文家一祖坟碑文，立于剑河小广"各周"（侗语地名），此山为猛虎下山。抄录人：谢景连、王健、刘彦，2014 年 7 月 17 日。

的历史过程。而咸同兵燹这一重大事件作为一个历史关键节点，在其背景下所产生的"特殊群体"不但壮大了"生鬼"人群的队伍，还赋予了"生鬼"群体以某种合理性，将"生鬼"置入历史的深度、广度与镜像中，成为地方社会人群区分的根本原则。

王明珂先生曾做过中国西南羌族地区"毒药猫"这一特殊人群的研究，他认为"毒药猫"事实上是地方社会为缓解自身社会压力而建构出来的"替罪羔羊"。无疑，苗疆"生鬼"与"毒药猫"也有着相同的社会境遇。但与王明珂所论述的"毒药猫"所不同的是，"生鬼"的产生和壮大有着特殊的历史背景，且可被分析。

如上文所述，在咸同兵燹中，彦、瑶等寨在防御张秀眉等起义军南下攻打黎平府时遭遇的多次失败，使周边人群对其多有指责和不满，怀疑是其内部出现"奸细"或"内应"所致。如《彦洞记述碑》提到："不料夏天祥心生贪图，约通商以取，祸由此起，致遭奸细混入，未经一载，忽又失陷……尸骨充塞道路，血滴成渠。"这样的指责让瑶白、彦洞等寨处于更加不利的境地。

为自证清白，瑶、彦等寨采取了集体行动，开始清理内部所谓的"内应"，整顿村寨秩序，消除外虑。于该地方社会而言，集体意识与集体行为是人们所坚守的，那些违背集体意愿而做出对村寨不利事情的人，必将遭到集体的孤立与惩罚，而此种惩罚是将其树为典型加以打击、孤立，以此重申集体意识的重要性。彦、瑶等寨是不愿被周边寨子孤立的，也不希望被周边人群冷眼相看和抱有对其能力与道义的怀疑。于是以联"款"的方式对所谓的"内应"房族采取了极为严厉的惩罚，如火焚。而那些被怀疑但尚未有证据证明是奸细的房族，包括亲戚在内的所有人群，则被诅咒为"生鬼"，不与之交往，尤其是通婚。这显然是将咸同兵燹带来的伤痛和无处发泄的仇恨转移到群体内部来进行宣泄，通过这样的宣泄表明与"苗人"的敌对立场，以此表示对"王化"的忠诚。久而久之，这些被区隔的群体在与另一群体的对抗中逐渐壮大起来，形成该区域社会的"特殊人群"和独特的文化表达。

从刻碑文以表正统到"特殊人群"的生产，均表明了咸同兵燹对地方社会影响的长远性。可以说，在咸同兵燹这一历史背景之下，无论是"特殊人群"的产生，还是以刻碑文的形式赞颂王朝国家的正统文化，都揭示了王朝国家与地方社会诸多层面的博弈与互动。而此种互动在婚俗改革这一重大历史事件中体现得更为明显，且随着苗疆婚俗改革运动的渐次深入，苗疆社会的权力结构又经历了一次变迁。

## 第三节　"定俗垂后"：王朝国家权力下渗与婚俗新立

历经咸同兵燹，苗疆竭尽全力应对清王朝对苗疆社会全方位的调整与改革，其中婚俗改革作为中央王朝与地方社会协商和对话的重要举措，再一次成为彦洞、瑶白等寨调整社会关系及权力阶序的合法、合俗性手段。下面将就光绪年间瑶白、彦洞及剑河小广等寨的婚俗改革展开分析。在分析婚俗改革之前，仍然有必要再次对瑶白、彦洞两寨的人群结构、两寨关系的变化及光绪年间清王朝推行的教化政策进行概述。

### 一　瑶白、彦洞两寨的人群结构

据当地老人口述，自清初瑶白"破姓开亲"后，又有一些外来姓氏相继进入瑶白。这些后来者以瑶白既有的村寨结构为依据，选择自己合意的寨子、姓氏和房族加入其中。其中"改姓"依然是许多后来者寻求庇护与生存的重要手段。如乾隆初年，耿氏先祖由"平架"（侗名）迁入瑶白，定居上寨"颖钟冈"，改姓"滚"，并与之联为一房。后瑶白另两支"扬"陆续迁入瑶白，以"汉公"

命名，改姓"杨"。曾、罗、王入住下寨"青岩岗"，与下寨滚氏房族联为一房。

咸丰年间，王氏、罗氏迁出瑶白。道光初年，张氏落户瑶白，居住下寨。大致同一时期，龚氏、万氏、易氏等先祖相继定居瑶白，后，易氏于咸丰年间迁出瑶白。在这三姓之中，龚氏为汉族，与下寨杨氏结为兄弟关系，互不通婚。咸丰二年（1852），胡氏和范氏迁入瑶白，定居"青岩岗"，与下寨滚氏联为一房；范家定居上寨颖钟冈，与耿氏结为兄弟关系，互不通婚。至此，这些姓氏构成了瑶白自清康雍年间至咸丰年间的主要人群。

与瑶白毗邻的彦洞，杨、周、黄、谌等外来姓氏也相继迁入，这些姓氏各自为一房。也有几个姓氏联为一房或结为兄弟关系，以确保各自房族的生存与发展。以上各姓氏构成了光绪年间彦洞人群的基本格局。

## 二　彦、瑶两寨的婚俗改革及其原因分析

彦、瑶两寨的婚俗改革作为地方性重大历史事件，其改革的核心内容及过程被当地人以碑文或口述历史的方式保存了下来。兹将碑文摘录如下①：

### 彦洞定俗垂后碑序

盖闻天伦之始，夫妇为先；王道之源，婚姻最重……旧相沿，世风日下……或舅霸姑亲，究非出于情愿；或弟留兄嫂，反自谓为现成过门。则宿不同房，隔三朝而即回娘屋。同姓本不求婚，周礼则然。非远讼于公堂，即操戈于私室。产荡家倾，半由子女；风伤俗败，贻诮蛮夷。

_____

① 为了分析方便，我将原碑文切分为两个部分，第一部分是彦、瑶两寨联名上书的基本内容，第二部分是黎平府的处理意见。

首等幡然思改革，故鼎新连名具禀于黄堂。叠沛悬纶于天下，里捧天批而甚籍，后以流传……无虑鸥毁室，用夏蛮夷盛其在斯乎。以牛马易马之羞，吾知免矣。是为序。[1]

## 瑶白定俗垂后碑文

盖闻嫁娶始于伏羲，然后有夫妇有父子，有父子然后有姑舅长幼之道也。娶妻如何，匪媒不得。惟有我彦瑶二寨。姑抚有女，非有行媒，舅公估要，女不欣意，舅公要银数十余金，富者售尽家业以得为室，贫者绝灭香烟不得为家，兼同姓缔婚，无义无别，此等亦非礼也。康熙在位时用毛银，舅礼要银九两，申扣纹银二八银以下……迫至光绪以来，得升平之世，普用宝银，女嫁男婚，不得六礼，舅仪勒要纹银数十余金，你贫我富，屡次上城具控，总是舅公估要姑家女之事。府主俞爱民如子，目睹恶俗，要首等上城当堂领示禁止，则可剔斯舅仪，方得仁里勒石垂后，永定乡风，遗存千古。是为序。

钦加盐运使衔补用道特授黎平府正堂铿鲁额巴图鲁加三级纪录十次。俞。为

出示严禁永远遵守事。示据案瑶伯总甲滚发保、滚天凤、滚必禄、范永昌等禀称。缘总甲等九寨地方，先辈甚朴……惟有总甲二寨，养女出室，舅公要郎家礼银二十余金，出室受穷，舅公反富。倘若郎家穷困，并无积蓄，势必告贷；告贷不成，势必售产；穷者益穷，富者益富，祖遗薄产尽归于人。此等之规剔除……至于天下婚姻本系大礼，总以凭媒撮合，年岁相当，愿亲作亲方成佳偶。惟有总甲等寨之风，周礼不成，六仪未备，年载不对……舅父要女匹配，

---

[1] 此碑文现收录在《彦洞乡志》，同时收录在锦屏县档案馆，命名为《彦洞瑶白定俗垂后碑文》，全宗号：13，案卷号：11。

或搕数十金，或以拐案呈控，或将屋宇拆毁。此等恶风恶俗，总甲等难以挽回，公同邀恩赏准出示严禁。嗣后愿亲作亲，免致舅公需索，依示遵行等情到府。据此，除批示据禀，该总甲等各寨地方，凡嫁女者必有舅公礼，需要银二十余金，并有女转娘头之俗，以致女家因此穷困及婚姻不和等情。查舅公礼系该寨遗风，然亦何得需此多金，自应酌定数目所称，分别下、中、上等户各色定以三至五两之数，例属酌中办理，自可照准。至于舅家之子必娶姑家之女，谓之转娘头，此事原干禁例，现虽听从民便，然亦须年岁相当，两相情愿方可办理。若不论年岁必须估娶，势必滋生事端，此等风俗均应极力挽回。

该总甲等所禀，自系为地方起见，侯即如禀出晓谕禁止可也。外合行示谕。为此示，仰该寨等人民知悉。自示之后，仰即遵照此批示，凡有所谓舅公礼者，必须分别上、中、下三等。只准自三两起至五两止，不得再勒索多金。至于姑舅开亲，现虽在所不禁，然亦须年岁相当，两家愿意方准婚配，不得再行前估娶。此系为地方风俗起见，该民等务各遵照办理，以挽颓风而免滋事。倘有不遵者，仍前勒索估娶，或经查出或被告发，定行提案严究不贷。其各禀遵毋违。特示。

## 右谕通知

牌长　滚玉宁　滚正魁　龚文举　滚昌文　滚玉乔　滚金珠　滚秀全　滚锦添　滚开计

告示　杨永清　滚万益

验洞寨共事总甲　罗天佑　王成福　罗观保　黄启德

牌长　周焕文　周三继　龙启贵

验洞　周启泰撰

师夫伍玉顺刊

光绪十四年十二月初五

实贴瑶伯晓谕①

从这两处碑文的内容、结构及现实境况等方面来看，都有较大差异和不同的境遇。

首先，从瑶白、彦洞两寨碑的现状来看。彦洞婚俗改革碑被弃一偏僻小庙旁边，长年累月遭受风吹雨打，再加上人为因素的无意损坏，差不多已被当地人遗忘（后被重新修复，见图3-2）；而瑶白"定俗垂后"碑则被小心翼翼地竖立在祭祀的神圣地方（见图3-3），每到重要节日，人们都会前来祭拜，香火不断。

**图3-2　彦洞定俗垂后碑**

图片来源：肖航拍摄。

---

① 此碑立于现瑶白村委会对面龙碑处，同时收录在锦屏县档案馆，命名为《瑶白定俗碑文》，全宗号：13，案卷号：40。

**图 3 - 3 瑶白定俗垂后碑**

图片来源：肖航拍摄。

其次，从瑶白和彦洞两碑文的结构框架和表述来看。彦洞碑文中只有序言部分，并未附有黎平府婚俗改革的批文。此外，在表述上，彦洞为了彰显其正统性，在碑文序言中以王朝国家的正统身份自居，而嫌弃地方既有的婚俗中"宿不同房，隔三朝而即回娘屋"；而瑶白，除碑文序言，还附有黎平府改革两寨姑舅表婚中"舅公礼"和"还娘头"的具体批文。

最后，从两碑文所强调的内容和用词色彩来看。彦洞碑文仅有序言，针对婚俗改革中所谓"舅公礼"和"还娘头"这一不合理习俗，只是轻描淡写了几句，其内容更多的是歌颂王朝国家正统文化的优越性；而瑶白的"定俗垂后"碑文，则分为三部分内容：开篇表达的是王朝国家规定婚俗礼仪的合理性；中间部分痛批姑舅表婚之"舅公礼"的不合理性，且为了证明"舅公礼"这一习俗不合理，碑文不但回顾了自康熙以来舅家索要"舅公礼"的过程，还对舅家强要姑家之女不成而索要彩礼之不当行为加以严厉控诉，如"舅公估要，女不欣意，舅公要银数十余金，富者售尽家业以得为室，贫者绝灭香烟不得为家"等；碑文结尾是感谢王朝国家恩泽苗疆社会之词。

为什么瑶白、彦洞两寨对婚俗改革这一历史事件的态度会如此不同呢？

上文已述，清初，瑶白与彦洞两寨通过"破姓开亲"以制度化的形式建立了两寨之间的权力阶序关系。但在这一权力阶序格局中，彦洞依凭中林验洞长官司杨氏土司属寨之名在这场婚姻交换中占据主动权，而瑶白较为被动。从当下瑶白嫁到彦洞做媳妇的庞大数量，及两寨常因婚姻交换而产生诸多矛盾来看，瑶白在这场婚姻中确处于较为不利的地位。可以想见的是，此种地位必然使瑶白长期受制于彦洞，瑶白若讨要彦洞之女，必付出极大的代价。这一代价背后无疑隐藏着瑶白多年的隐忍、让步与不满。显然，彦、瑶两寨对待婚俗改革的态度与此不无关联。

接下来，本书将继续对彦、瑶两寨婚俗改革的动因及婚俗改革的意图展开分析。

首先，彦洞势力的削弱。在本书看来，促使彦洞与瑶白进行婚俗改革的原因之一，是彦洞势力的削弱。元朝，彦洞为中林验洞长官司杨氏土司的治所，是九寨的政治、经济与文化中心，其势力与影响力是不言而喻的。明洪武年间，中林验洞长官司杨氏将治所迁至中林（现为钟灵）后，彦洞虽仍为土司辖制，可是渐次失去以往中心地位的辐射能力，但在一定程度上依然对周边人群产生影响。

清初，雍正皇帝为将苗疆纳入直接的统治，强力用兵苗疆，实施大规模的改土归流，并在苗疆设置"新疆六厅"，这在一定程度上削弱了杨氏土司的权力，并影响了属寨彦洞的社会地位。与此同时，与彦洞相邻的九寨及青山界四十八寨联款组织的相继成立，使彦洞夹杂其中，地位十分尴尬，势力也遭到进一步削弱。清中后期，经历咸同兵燹，加之清王朝改土归流的进一步推进，彦洞几乎失去了附着其上的文化权力和政治地位，地位一落千丈。

在此过程中，彦洞为改变此种境况，一直试图通过各种方式加入九寨的联款组织。民国3年（1914），当九寨之一的王寨作为锦屏县治所脱离九寨，彦洞就顺势填补王寨的位置而成为新九寨之一就说明了这一点。但值得玩味的是，原九寨人并不认同彦洞。

原九寨从严格意义上讲，虽非一个严密的政治组织体系，但其内部之间经历了近百年的内外对抗、磨合与发展，已形成一个讲究团结、义气、正义的共同体，大家都会为自己是九寨人而感到自豪。九寨作为一种文化象征符号已成为凝聚九寨人的文化机制。而作为土司属寨的彦洞，一直以正统自居，在文化和政治上具有很强的优越感，不屑与九寨为伍。这一点使彦洞后虽成为九寨之一，但未能得到原九寨人发自内心的认可。因此，随着彦洞政治、文化地位的衰落，势必会影响它与瑶白联姻的权力实施，彦、瑶两寨的婚俗改革正是这一困局的反映。

其次，瑶白、彦洞两寨此次的婚俗改革与两寨弱势房族势力的崛起不无关联。清初，瑶白为解决自身内部的婚配等相关问题，实施了影响深远的"破姓开亲"。但在此次婚姻改革中，瑶白上寨滚氏等依凭人口优势、开寨者的身份及经济上的实力取得了这场婚姻的主导权。而咸同兵燹的发生及在此背景下，地方社会对苗人隐性的社会文化区隔所带来的社会后果，极大地削弱了瑶白上寨滚氏的整体实力。而下寨杨氏等房却在这次兵燹中迅速崛起，成为九寨较为显赫的房族之一。

如道光年间，滚（杨）士荣被黎平府委任为总办老爷、乡正，组织乡勇设卡自卫，负责维护清水江九寨一带地方治安，其子滚（杨）才发又为黎平府军功士首。清咸丰时滚（杨）万钟被选为武举，随胡林翼赴江淮攻打太平天国军，解甲任瑶白总甲总理，负责寨里的治理事宜，后黎平府又委任滚万钟为乡正老爷，代理清水江九寨一带地方行政等。光绪二十年（1894）前后，滚作澜任保务总理，民国4年（1915）春任黎平府参议员，兼黎平北八区锦屏第一区区长，负责清水江、九寨地方政务管理，维护辖区社会治安。可以说，清道光后期至民国年间，瑶白下寨杨家在瑶白乃至九寨的声名都是较为显赫的。

显然，瑶白下寨杨氏一房崛起后势必对自身在彦洞、瑶白两寨婚姻婚配中的弱势地位产生不满。如杨氏先祖滚龙宝的碑文中就镌刻着"另一片天"的字样。杨家后人解释，其大意是杨家已可撑起一片天，不再低人一等，受制于其他房族。民国时期，杨氏便恢复自己的原姓，不再姓滚。如上种种证据从一个侧面表明瑶白下寨杨氏对村寨主导权的诉求。可以说，这次婚俗改革实质上又是一场弱势房族试图改变既有权力阶序的一次努力。对于这一点，我们还可以从此次瑶白、彦洞婚俗改革碑文落款处的名单中得以窥见，如碑文落款处大多是彦洞、瑶白等寨较为弱势的房族。当然，这背后也包括一些强势房族为迎合时势，审时度势借用王朝国家文化政策推动自身改革的气度。

最后，彦、瑶两寨的婚俗改革绕不开清王朝对苗疆社会统治政策的调整。咸同兵燹后，清王朝已无力对苗疆动武，取而代之的是强化对苗疆的教化政策。如在苗疆大力开办学校、建庙宇，扩大苗侗民参加科考的比例，倡导和推行王朝国家的正统婚俗礼仪、姓氏文化、宗族观念。如"严禁苗俗，如男女跳月、兄弟转婚及椎髻拖裙、黑衣带刀、祀牛角不奉祖宗之类"。[①] 光绪初年，黎平府知府袁开第针对苗人的婚姻习俗颁布了《禁革苗俗告示》，认为苗民

---

① 民国《贵州通志·前事志》第四册，贵州人民出版社，1988，第606页。

"婚礼多有错失,如姑舅为婚"① 等,申令禁革。显然,王朝国家的这些教化政策正是地方社会改变既有权力阶序,向王朝国家表达认同的重要契机,彦、瑶两寨的婚俗改革只有在这一宏观历史背景下才能得到较好的解释。

## 三 地方社会与王朝国家的互动

据悉,黎平府接到瑶白、彦洞两寨婚俗改革请求之后,便要求瑶白、彦洞两寨总甲、寨老等人至黎平府商议婚俗改革相关事宜,具体如何商议不得而知。但从黎平府知府俞渭所批示的内容,可见黎平府的意见如下。一方面"总甲二寨,养女出室,舅公要郎家礼银二十余金,出室受穷,舅公反富。倘若郎家穷困,并无积蓄,势必告贷;告贷不成,势必售产;穷者益穷,富者益富,祖遗薄产尽归于人,此等之规剔除……舅父要女匹配,或搕数十金,或以拐案呈控,或将屋宇拆毁。此等恶风恶俗,总甲等难以挽回,公同邀恳赏准出示严禁"。

另一方面,黎平府认为"舅公礼"和"转娘头"为地方风俗,建议地方自作处理,并提出一些可行的改革意见:其一,凡有所谓舅公礼者,必须分上、中、下三等,只准自三两起至五两止,不得再勒多金;其二,至于姑舅开亲,现虽在所不禁,然亦须年岁相当,两家愿意方准婚配,不得再行前估娶;其三,婚礼应遵媒妁之言,凭媒撮合,勿违礼俗;其四,倘有不遵者,仍前勒索估娶,或经查出告发,定行提案严究不贷。

从黎平府批文内容可见,黎平府对待彦、瑶等地方社会的婚姻习俗,采取的是一分为二的做法,并未以王朝国家的行政权力强力干预、剔除瑶彦两寨既有的婚姻习俗,但也未放任地方以权力强弱

---

① 贵州文史研究馆编《贵州通志·土司土民志》,贵州人民出版社,2008,第246 页。

通过婚姻交换形式进行敛财，而是在既考虑地方婚姻习俗，又提倡契合王朝国家正统文化习俗的相关原则之下，对瑶、彦两寨的婚俗进行适当的调整。黎平府的做法，一方面为地方社会的改革预留了一定空间，降低了大族对其的不满与反抗，减少了王朝国家的管理成本；另一方面，王朝国家正统的一套婚俗经由婚俗改革嵌入地方的文化图示之中，对其产生影响。

据当地人口传，当瑶白、彦洞两寨的婚俗改革请求得到黎平府批示后，两寨寨老特请法师选定好日子，再一次举行地方性重大的"定款"仪式以示庆贺。

在"定款"仪式上，两寨寨民每家每户都带上自己的口粮、米酒，前来斗牛场参加"定款"仪式。① "定款"仪式分三个步骤：首先，两寨寨老将黎平府批文刻成碑文，并将其立于两寨十分重要的神圣位置，与此同时，两寨"款首"或总甲不仅用苗侗语言向众人当场宣读黎平府的批文，还将其重点内容编排为舞蹈进行表演，以此试图通过身体实践来记忆这一重大历史事件；其次，当寨首念完批文之后，众人集体向天地祖先神灵祭拜，以示改革的决心和意志；最后，杀一头白牛祭拜，并分吃牛肉，以示"村款"正式定成。"村款"的定成，意味着众人必须服从相关规定，违者，按地方文化习俗"吃穷你"。即若谁违反婚俗改革的相关规定，全寨人将以"吃"的方式进行惩罚。

以地方习俗来说，"定款"仪式是地方社会最高的政治联动机制。人们的政治联动、重要决议、"吃"的经济行为、祭天地祖先及其法律意义只有经由此过程才能进行生产和表达，才能将外在的文化逻辑经由"定款"这一地方性文化图示转译进他们的文化认知体系，婚俗改革才具有存在的双重合法性和合俗性，进而使其成为人们的行事原则和认知外部社会的框架，推动既有权力阶序的调

---

① 该资料来源于2013年我与当地几位寨老的访谈记录。

整。无疑，瑶白、彦洞两寨以"定款"仪式实践黎平府批文，彰显了此次改革的重要性。

在瑶白与彦洞两寨进行婚俗改革的大致同一时期，小广、化敖、谢寨等三寨也以婚俗改革之名调整既有的权力格局。这三寨的婚俗改革自嘉庆至光绪，总共有三次，分别为嘉庆二十二年（1817）、同治十二年（1873）和光绪十四年（1888），改革的内容不但涉及婚俗中的"舅公礼"和"还娘头"等习俗，还包括苗人的服饰改革事项。如嘉庆二十二年十月十四日，镇远府受理小广、下敖（化敖）及谢寨等头人提请的婚俗改革请求：

> 据清江小广、下敖、谢寨头人潘志明、王士元、彭宁绍、谢贵乔、杨德桂、文登朝具禀，伊等三寨，历属理民。凡婚皆凭媒妁，断不强求。穿着亦依汉形无异。因久住苗疆，竟随苗习，婚则专霸姑表，不需谋证，否则勒索多金。抗婚不许，又于姑耶无女，亦勒要银两，以还娘头。伊等汉民，原无此例。……据此，查舅公礼娘头钱，系属苗俗，相沿已久。汉民岂能照依？兹具禀前来合行出示晓谕。为此，示仰该寨居民人等知悉。嗣后男女婚娶，遵照定例，必由两家情愿，请凭媒妁，发庚过聘。不得效法苗俗，唱歌聚会并舅家强娶，需索舅公礼娘头钱及强娶滋事。如违，重咎不贷。各宜凛遵毋违。特示。
>
> 右仰通知
>
> 嘉庆二十二年十月十四日立

同治十二年（1873）八月二十日，小广等寨绅民再一次请求改革婚俗，署理清江军民府郎补直隶州正堂谢在嘉庆二十二年为小广等寨所下的晓谕基础上，做出如下批示：

晓谕事：案据小广、下敖、谢寨绅民潘松乔、潘定元、王宗文、王秀先、王秀乔、文应明、潘学魁、黄河海、王连科、谢秀礼、王秀福、谢芝芳等具禀，伊等三寨，历属理民。凡婚皆凭媒妁，断不强求。穿着亦依汉形无异。因久住苗疆，竟随苗习。穿则衣裙花色，婚则专霸姑表，不需媒证。否则勒索多金，抗婚不许，故意要人以还娘头。不然，勒要江钱三十五十不等。每每因此争竞，竟至酿成祸端。此等陋习，大为风俗之坏。难免行凶，地方受害。禀恳示谕等情到府。据此，查舅公礼娘头钱，汉民具无此事，兹具禀前来出示晓谕。为此，示仰该寨人等知悉：嗣后凡的亲者，不拘舅家外姓，必须以礼相求，不得以还娘头。纵有两家情愿，其舅家江钱只准取钱九百六十文；生身父母只准检财礼九百六十文，以作赔嫁之资。所穿之服，亦宜汉形。尔等速行改革。倘有不遵定，即提案，决不姑宽。凛之，遵之，毋违！特示。

右谕通知

同治十二年八月二十日示

光绪十四年（1888）岁次戊子七月，小广寨民再一次进行婚俗改革，如小广"永定风规"[1] 碑文言：

尝闻前代之风规，其俗可鄙，其习甚陋矣！举凡备体之服，元色装身，花裙系足，发挽高髻，奇形异体，丑态不堪。不惟穿着可异，而且婚嫁之事更行各殊，或娘（姑）家有女，

---

[1] 小广"永定风规"碑文现竖立在小广环龙庵门外，此碑文反映了小广、化敖等地方苗侗的婚俗习惯、社会文化，该碑文已经被多位学者引用过。本书第129~131页所引用的文字均来自小广"永定风规"碑文。

舅氏强谋，倘嫁他人，勒索重聘，饱伊鱼腹，则婚姻可成。我先祖固久住兹土，随同苗疆效行，两异之途，均非体制。前人早请有示，未能改之。不意历年未久，遭叛之秋，离（黎）民四散，难以安生。幸得团内总理潘松乔请兵进剿，奉札委办，设局广大，备运粮草，未及数年，洗平扫荡。我等各归故土，复业安生，稳坐太平。则各寨首人，约同共议，请示改装，恳换婚礼。伏蒙厅主谢，准给章程禁止。

碑文还对改装更换婚礼的影响进行了以下描述：

改装更换婚礼：娘家九百六十文以作赔嫁之资，舅氏九百六十文以纳燕会之席。从改以后，由于父母主政，舅氏不得专权，同姓不准为婚，诱拐不准成配，男女不准同歌，朝夕不许聚会，种种改革以正风俗。我等各守本分，不敢妄为……

从小广、化敖、谢寨等三寨一系列婚俗改革事件来看，婚俗改革作为中央王朝与苗疆社会协商、对话的重要举措一直发挥着重要作用。人们通过婚俗改革表达自身的诉求，应对形势的发展，调整房族、村寨间不平等的权力阶序。可以想见的是，王朝国家的一套制度、文化权力也经由婚俗改革这一机制见缝插针地对其实施影响，渐次将"化外之地"的苗疆之民从文化上整合进中央王朝的统治体系。

## 小 结

本章聚焦于在咸同兵燹所促发的区域社会结构与人群关系变动之历史背景下，地方社会是如何处理其与王朝国家及其自身内部的文化权力结构问题。通过对咸同兵燹的历史背景、"特殊人群"的产生、地方社会以碑文表达正统，并以婚俗改革之名调整既有的权力关系分析来看，不难发现，诉诸王朝国家的文化正统，并以婚俗改革来达成与王朝国家的共识，处理苗疆自身的内部关系依然是地方常用的应对之策。

这一常用之策从一历史侧面表明：一方面，婚姻制度作为重要的社会制度在处理地方社会与王朝国家的关系中具有重要作用；另一方面，王朝国家正统伦理及其文化作为苗疆社会行事和人群边界实践的一种重要法则，已被地方社会认可。如无论是在咸同兵燹这一历史背景之下，九寨各小"款"纷纷以碑文刻汉字的书写形式表达国家王朝的立场，及对内部所谓"内应"的区隔与建构，还是在碑文话语的表述中以正统自居，将文明作为区别于其他苗疆人群的身份特征，都表明了这一事实。

这些事实进一步通过婚俗制度的改革，逐渐落地于苗疆亲属制度、日常生活及其人生礼仪的微观实践，让我们看到王朝国家典章制度、礼义忠孝地方化的一般过程，以及苗疆社会实践主流社会一套话语的主体性转变过程，而此主体并非被动地执行王朝国家典章制度，而是一个积极行动的主体。苗疆社会与王朝国家主体能动性的互动为双方的文化权力运作预留了缓冲的空间，并生产了新的权力结构。

# 第四章　制作"陌生人"："生鬼"的
## 话语表述与社会整合<sup>*</sup>

"生鬼"作为黔东南苗侗社会普遍存在的一种文化现象，被当地人用来标签某一类特殊人群，①成为地方社会不同房族、不同村落、不同族群区分的根本原则。① 在今日人们的婚姻婚配观念中，这一根本原则依然是非"生鬼"与"生鬼"这两个群体之间不可跨越的鸿沟。当人们谈论"生鬼"时，它依然拨动着这个远离城市中心、身处深箐清水江北岸的寨子中男女老少的心弦，人们往往将交织在这根心弦上的复杂情愫，谱写成经得起岁月打磨的传说故事来彰显和证明"个体的完整性"。而在这些富有深意的传说故事的文脉深处，却内含着地方社会与王朝国家互动、洽谈的关系表达，蕴含着一个区域社会内的房族、村寨与族群间亲疏远近、人群边界实践的内在原则。对"生鬼"所暗含的文化意义进行分析，不仅可揭示出苗疆社会演变的微观与宏观历史脉络，还可揭示出苗疆社会潜在的中心与边缘的结构性框架及其实践，为我们理解清水江流域九寨社会的婚俗变革与权力结构变迁提供又一重要线索。

---

\* 此章涉及的问题比较敏感，为保护我的研究对象，该章涉及的姓氏人名我全部用英文字母 A、B、C、D、E、F、G、H、I、J、K 等代替。

① 刘彦：《"生鬼""熟化"：清水江苗寨社会的"他性"及其限度》，《原生态民族文化学刊》2018 年第 1 期。

# 第一节　通婚之虑：非"生鬼"人群的情感世界

在这里，我的房族是我们寨最为"纯洁"的一个房族。在这里，我的祖辈们生活处事都小心翼翼，他们终此一生都坚守着与"生鬼"接触的底线，尤其是通婚，以免破坏我族人的名声和"纯洁"。

小的时候，我对周围的人对这群人总抱有一种歧视和成见而感到困惑和不满。他们到底特殊在哪里，他们有什么错！于是，那个时候的我，为了证明"生鬼"无害，我甚至背着族人悄悄与"生鬼"姑娘谈起了恋爱，以此想找到我们这个社会关于"生鬼"所谓"害人"的种种证据。

在我与她恋爱的过程中，我一直将她当成我的试验品，试图从不同角度、不同时间找到"害人证据"。但无论怎样，我始终没有找到，始终没有。慢慢地，我发现我已深深地喜欢上这个女子，因为她的一切都是那么美好。她美丽，知性，高贵，气质非凡，又懂得体谅和宽容，以至于我将对"生鬼"的一切怀疑与不好印象都抛到了九霄云外。总之，在她的身上，我发现不了"生鬼"害人的任何迹象，除了美丽。

在与她相处的日子里，她教会了我很多东西，尤其是写诗。我们爱得很深！终于有一天，我下定决心，决定带她远离这"牢狱"之地，找一个没有人认识我们的地方，过一个"完整"的生活。那一天，我约她和我一起去剑河小广，我们走的是由彦洞、瑶白通往剑河的一条古道。当时选择走这一条道路，一是因为没有人会知道，另外一个是想做最后的抉择。

一路上，我们两个都没有说话，但她非常聪明，已经猜到我要跟她说什么。她先开口将我想要说的和不敢说的话说了出

134

来……但是她一直劝我,不要做出傻事,她说毕竟我们两个人是两种不同的人,"你有你的家庭、房族,我也有我的族人。做出这样的抉择,会伤害到所有的人"。当时,我听不进去她的劝告,就直接说要和她逃离这里,去外面生活。但她一直拒绝我。我们又沉默了很久,谁也不说话,直到我们到了目的地,然后各自分开了……

从那以后,我们再也没有联系,直到现在。可能她已经去了另外一个世界,也可能有了一个受人歧视的家庭。又或许,她走出寨子,得到了新的幸福……

不过,她拒绝了我,我并不遗憾,因为她的拒绝让我知道,我们生活在这里的不易。要不是她,我可能早已被我的族人抛弃,成为我们族人的"罪人"。现在我有了四个儿子。其实,自这四个孩子生下来以后,我一直活在恐惧和惶恐之中。我怕我的孩子们、孙子们"出意外",与一个"生鬼"家的女子结婚;我害怕他们像我年轻时一样……因为,我要像我的祖辈们一样,保证在我这一辈这里,不能出现与"生鬼"通婚的前例。

我害怕的不是"生鬼"真的有什么邪气,因为我用一辈子的生命和实践证明了,我没有发现与"生鬼"有关的特殊迹象。我所看到的,是人们对与"生鬼"通婚的惩罚和他们的反抗、无奈。所以我害怕的是,被我的亲戚和族人所抛弃,使我在这个地方无法生存。

——一个老人的自白

这是当地一位六旬老人的自述。当我小心翼翼地向他问及"生鬼"时,他竟然毫无忌讳地向我倾诉,他这一辈子与这位漂亮"生鬼"相遇相爱与分离的凄美人生。我知道,他深负了这段感情,但他又无悔地认为,这是为了坚守家族的使命,不能怪他。尽管如此,我相信这段真挚的情感一直在他眉宇的褶皱间、身心的灵魂间留存,并与他相伴而行,使他在后半生的日子里孤独但非寂寞地负重前行,完成他作为一个"完整人"存在的意义。

我记得,当我进入这个村庄开始我的调查之路时,一位在外做官的九寨人,就一而再再而三地跟我强调,"去到你的田野点,一定要慎重你问的每一个问题,尤其涉及宗教和'生鬼',这两个话题干脆就不要问。不然引起麻烦,田野都搞不成了"。当时,我不知道他说的"生鬼"为何物,但人类学的直觉告诉我,这件事情非同小可。我知道作为局内人的他所说这句话的背后意味着什么,深藏着什么。之后,曾在此做过田野的一个同学也同样告诫我。

进入地方社会的事实感受是,当你问及是否敢与"生鬼"结婚时,人们都会异口同声地告诉你:

> 当然不可以,我们也需要亲戚。在这个地方,没有亲戚,你连哭的权利都没有,因为没有人知道你在哭;当然不可以,我需要亲戚,如果没有亲戚,活着还有什么意义,与这群人结婚就等于将失去所有的亲戚朋友;肯定不可以,我要为我的小孩儿着想,不能让他被别人看不起;不允许,要不然就要滚出这个寨子。①

我在当地的一位朋友跟我讲道:

> 虽然我们这一代人在与"生鬼"交往时,比以前要开放

---

① 资料来源于 2013 年 8 月 23 日我与当地人的访谈记录。

得多，我们可以和自己喜欢的男生交往，但当面对婚姻问题时，我们得告诉我的爸妈，这个人是哪里人，姓什么，然后我的奶奶、爸妈、姑姑婶婶等和我有关的亲戚都要通过各种方式打听清楚，这家是不是"生鬼"，是"老根根"还是"半路染过来的"。一旦他们家是的话，那么我们的婚姻就不了了之，无论他家有多好，都不行。

如果要问我以后有了孩子，他恰喜欢上"生鬼"这样的人，问我同不同意的话，我依然还是不同意，毕竟我还是要我的亲戚朋友，如果没有他们来走的话，我还活个什么呢？"生鬼"和我们就像两个集团，你说，如果我抛弃这边加入他们的集团，这岂不是对我的亲戚的背叛？我们这边的集团就会抛下我。

我们房族就有一个女孩子嫁给了一个"生鬼"，她嫁出去以后，我们房族都没有去走她，我们就更不敢走了。她经常跑到我面前哭，生活过不下去，问我怎么办，但我又不敢说什么。我就跟她说，搬出去，找点事情做，不要待在家里，因为别人都不会帮助你的。于是她就和她老公搬出去住了。后来听说她妈妈生病了，病得很严重，她想回来看一眼，但她爸很气愤，整个房族也都反对，不想看到她，说如果回来就打断她的腿。没有过几天，她母亲就死了。母亲出殡的那天，她还是按照我们的习俗抬了整头猪来祭拜，但被她的娘家回绝了。无奈之下，她只好又把猪抬回去。

一年以后，她爸爸也生病了，她没有说要回来，可能也不敢回来。从那以后，他们三十年没有来往，她也没有打电话给我，听说是到外地打工去了，我们房族也不再提这个人。我是觉得她太可怜了，但又没有办法帮助她。你说，连父母去世都没有看一眼，可想而知，心里肯定很难受。①

---

① 资料来源于 2013 年 9 月 10 日我与当地人的访谈记录。

我是一个外来者，与当地人相处久了之后，彼此有了信任，人们便会与你聊起这群人。而当聊到"生鬼"时，人们会十分热情地跟你讲非"生鬼"与"生鬼"之间的种种故事，以此来消磨时间，打磨聊天的本领，彰显其文化优越性。对于这些自称"干净"家户的人群来说，与"生鬼"对抗似乎才能成为一个"完整的人"，这种完整性是以家庭与婚姻的每一个过程的"干净"与"纯净"作为考量的。一旦一个家庭与婚姻受到"生鬼"的污染，这就意味着你出卖了自己的灵魂与躯体，将变成"半人半鬼"，受到房族与姻亲的唾弃与驱逐，就将不成为一个"人"。诚如本书上文所言，于苗疆社会来说，如何正确对待你的房族与姻亲，你就有怎样的生存意义。

他们对"生鬼"故事的言说，事实上是在建构一种权力。正如福柯所言，权力内在于叙述与言说之中。可以想见，人们言说"生鬼"与非"生鬼"之间的故事本身已在建构和行使一种权力，这种权力通过重复"生鬼"故事内化在当地人的生活、房族生命礼仪及认知观念之中，促使多层次文化权力的生成。在某种程度上，"生鬼"就是在此意义上不断被建构起来的。在该话语建构的过程中，话语权力在"生鬼"与非"生鬼"及非"生鬼"内部各大主体间相互转化和协调，"我者"不断被"他者"界定，又可能转变为"他者"。① 那么，"生鬼"是什么？它在苗族社会结构中处于什么样的位置？

## 第二节 "生鬼"、苗侗的鬼魂世界与咸同兵燹

"生鬼"生产因素的复杂性，既把我们引向本土鬼蛊信仰知识

---

① 刘彦：《"生鬼""熟化"：清水江苗寨社会的"他性"及其限度》，《原生态民族文化学刊》2018 年第 1 期。

的迷宫,也将我们带入宏大历史的镜像。对"生鬼"所承载的象征符号及其建构过程的剖析,可以勾勒出苗疆社会各族群间权力博弈的更多历史细节,同时揭示王朝国家地方化的苗疆线索。

## 一 "生鬼"的想象与实践

我所调查的"生鬼",主要分布在锦屏县及剑河一带,人口有一千多人。相比西南其他一些民族中所特指的人群,其数量甚为庞大。

"生鬼"(juis xenp),juis 是"鬼"的意思,"xenp"意为"生",名为"生鬼"。当地人将其看作"活着的鬼"、"不正常的人"、"不干净的人"或者是"野鬼"等。细言之,每个人都会以自身的经历和遭遇对这一人群或现象做出差异性的解释。如认为这类人身上有某种毒素和邪气,一旦从你身边走过或是你接触过他用的东西,你就会生病;若你进入他们居住的空间,难免会被邪气所伤;"生鬼"人非常聪明、美丽,同时又是专横跋扈、爱放高利贷、野蛮的人等。由此可见,在人们的描述里,"生鬼"几乎扮演了人世间好与不好的所有角色,且每个角色都被他们演绎得如此深刻与完美。从这些杂糅的描述中,我们似乎可以窥见,该区域社会村寨间人与人、集体与集体间的内在张力,及人的内心深处对未知事物的矛盾和某种社会所期许的价值共意。

正因"生鬼"这一所谓"完美"而"害人"的特性,当地人便试图通过各种方式去阻止它,以免侵害族人或引诱族人"犯错误"。如那些所谓"干净"家户的孩子自稍微懂事起,族长就要让他们背诵"生鬼"房族的谱系;有些稍有文化的族长,便以文本的形式记录下来,传给后代。从某种意义上来说,"生鬼"家族的谱系恰是由非"生鬼"创造并加以传承的。

与此同时,为避免被"生鬼"邪气所伤,人们会根据自身的遭遇和想象,创造性地发明一些专门消除"生鬼"邪气的规则和仪式。比如：凡在路上遇见"生鬼"，要选择安全的地方让路，同时眼睛不能斜视"生鬼"，不然会被邪气所伤；吃饭时，不能与"生鬼"同一桌，也不能与其相伴而行，且离开之时，还要回头向"生鬼"吐三次口水，以示消除晦气；如果"生鬼"去家里玩，凡坐过的板凳或摸过的东西，等"生鬼"走后，要将板凳和所触摸过的东西拿在火上转三圈，口中还要念"你走之后，不要再回来，请把邪气都带走"；如果自己生病了，或者是家里的牲畜生病了，便认为是"生鬼"的晦气或邪气所致，此时就要做一个仪式，即悄悄地在"生鬼"常走的路上，放些他们爱吃的糯米、腌鱼，然后烧香、烧纸，以驱走病魔。可以说，将病因引向"生鬼"的仪式治疗，是当地人解决腹痛或其他病痛的主要方式之一。

由而观之，"生鬼"似乎像幽灵一样，经由生活的苦楚、身体的疼痛、疼痛的仪式治疗、传说、宗教、告诫等弥漫在该片区域的社会文化与自然环境中，浸入人的骨髓与血液，使该社会紧紧地绷着，维护着，撕裂着。

## 二 "生鬼"与苗侗社会的鬼蛊世界

"生鬼"的文化实践是整个苗疆鬼蛊信仰的外在表现形式，因而将其置入整个苗疆鬼蛊信仰体系的背景中展开分析，才能更好地解释该区域的"生鬼"现象及其隐藏的文化内涵与历史之权力关系。

一些学者的研究表明，苗族的宇宙观念体系分为"鬼魂"世界、"人"的世界和"地下"世界。而"鬼魂"世界与"人"的世界同处于一个平等的世界中，二者互为同构，相互形塑，构成了苗族社会的日常生活世界。[①]

---

① 参见刘锋《巫蛊与婚姻：黔东南苗族婚姻中的巫蛊禁忌》。

关于苗族"鬼蛊"的更多细节,据吴泽霖先生 20 世纪 40 年代在黔东南苗族地区的调查,苗族"所有神灵可分为两大类:一类是神,有灵气,可以保护人;另一类是'鬼',专门作祟为害,不去敷衍它们就得克服它们"。① 然而,神在苗族社会里并没有单独成类,而是被掺杂在鬼的观念逻辑中加以认知和实践。凌纯声、芮逸夫等先生也记录道:"苗人神鬼不分。凡是在他们神圣领域之中,而认为有超自然能力的:无论是魔鬼、祖灵或神祇都称之为'鬼'……苗人虽神鬼不分,但信鬼有善恶之别……苗人对于自然界种种现象,亦多信为有鬼在主宰。"② 石启贵说:"苗乡鬼神种类多,有所谓三十六神,七十二鬼。"③

据我在田野点的调查,苗侗社会中"鬼"有上百种,并将其按住所、形状和群体进行分类。如按住所分有:路边鬼、悬崖鬼等。按形状分有:红牙鬼、长牙鬼、露牙鬼、长舌鬼、长发鬼、高脚鬼、矮脚鬼等。鬼的种类繁多,一些学者又将其划分为两类:"一为活人鬼,以为寄生于人身,惟鬼不得外现,被鬼寄生之人,亦往往不自觉,但随时出而为祟,被作弄之人,看出鬼之容颜,与生人无异,名曰'酿鬼'。有'酿鬼'之家,人皆不敢与之来往,婚姻更不易谈,实则是一种荒诞迷信。一为死鬼,此类亦为天然生成,一为死人变成,皆可为祟。"④

据考察,"恶鬼"有无数种,每种都有固定的数目,而且形成一个强大的群体。不同"鬼"之间互不统属,实践着各自的生活逻辑,履行各自的生存义务和责任。但如遇外来入侵者,相互间互为同盟,一致对外。不同"恶鬼"导致不同的病。只要判定是

---

① 吴泽霖、陈国钧等:《贵州苗夷社会研究》,民族出版社,2004,第 22 页。
② 凌纯声、芮逸夫:《湘西苗族调查报告》,民族出版社,2003,第 88~89 页。
③ 石启贵:《湘西苗族实地调查报告》,湖南人民出版社,1986,第 462 页。
④ 贵州民族研究所编《民国年间苗族论文集》,贵州民族出版社,1983,第 180 页。

"恶鬼"作祟，便要请鬼师来作法，若鬼师说是另一群"鬼"作祟时，则要另行准备供献。病较轻的，据说是较小的"鬼"群作祟，通常就用狗、鸡、鸭、蛋和鱼等；如病情较重，就是大的"鬼"群为灾，就要用牛和猪为牺牲，并配备上述家畜、家禽。驱"鬼"的耗费很大，影响也很大。[①]

由此可见，在苗族生活的世界里，"鬼"成为人们认知自然、宇宙世界及与人交往的独特观念，它变成人们生活信仰的核心要素，构成了苗族社会结构与意义的双重实践。从人们对"生鬼"诸多现象的描述来看，"生鬼"无疑属于"鬼"中的"恶鬼"，它构成了苗侗社会"鬼魂"世界的一部分。

## 三 "生鬼"与咸同兵燹

正如上文所言，我所调查的"生鬼"，相较西南其他一些民族中所特指的人群，数量甚为庞大。[②] 因而，当地人很不解，为何"生鬼"会有那么多？他们到底是怎么来的？

在我的田野调查过程中，人们讨论该群体的时候，总将"生鬼"置于多重历史事件的关联中展开描述和记忆。如很多老人认为，"生鬼"与咸同时期的苗民起义有关；而有些老人掐指一算说，有"生鬼"这个东西已经好几百年了，可能比张秀眉起义还要早。本地学者对其展开过研究，[③] 其研究结果表明，"生鬼"与咸同年间苗民起义有着直接关联。

在上文中，本书论述到，咸同兵燹的一个重要后果是对所谓"内应"的区隔与排斥，并将其诅咒为"生鬼"。那么咸同兵燹到底赋予了"生鬼"何种意义？咸同兵燹中的"内应"与"生鬼"

---

① 贵州省编写组编《苗族社会历史调查》，贵州民族出版社，1987，第 283 页。

② 2013～2014 年在当地调查访谈所得资料。

③ 参见王宗勋编《乡土锦屏》，贵州大学出版社，2008，第 215 页；傅安辉、于达忠：《寻找九寨"鬼族"》，《民间文化》2000 年第 3 期。

到底是什么关系？二者又是如何及通过什么机制相互转化的，使"生鬼"所在的苗族社会结构和人群关系变得如此紧张？但在追问此问题之前，需要说明的是，本书无意探究"生鬼"产生的历史根源，它超出本书讨论的范畴，且也没有能力将此问题探究下去。

"生鬼"人群的壮大，在上文中稍微提及过。咸同年间，清王朝的统治已走向腐败、衰落，加之国内外多重复杂因素的冲击，爆发了大规模反抗清王朝统治的农民起义。在这场农民起义的浪潮中，尤以苗人张秀眉和侗人姜映芳领导的苗侗农民起义最甚。在这场持续近二十年的战争中，黎平府东北路的九寨在抵御苗侗起义军的过程中屡遭挫败。战争结果及其带来的惨重代价促使人们将内心无法宣泄的压抑、痛苦及仇恨发泄在那些导致失败的所谓"内应"这一人群身上。

在他们看来，正是这些"内应"才导致九寨被攻陷，如不对其进行惩罚，将难以洗刷自身的清白，并难以对清王朝及周边苗侗寨所付出的代价有所交代。于是，他们对充当奸细的"内应"进行了严厉的惩罚和区隔，并禁止与其通婚。那么"内应"与"生鬼"是如何结合的，又是如何"合理化"的，其背后又与"苗"有着怎样的联系？本土学者有过这样的描述：

> 咸同年间，时张秀眉和姜映芳部队联合从剑河小广取道九寨东取黎平府，黎平府组织九寨团练在救民村属救王犁辖坳设卡防守，张、姜联军从正面数攻不下，遂派姜映芳的侗族部下潜入彦洞等村寻找内应。在内应的引领下，张、姜部队顺利攻下大卡，进而占据九寨……事后，人们遂迁怒于诸内应，咒之为"生鬼"。[①]

---

① 参见王宗勋编《乡土锦屏》，第 215 页；傅安辉、于达忠：《寻找九寨"鬼族"》，《民间文化》2000 年第 3 期。

当地人也这样描述：

> 所谓的"内应"是谁，大家并不怎么清楚，只是听老一
> 辈人说，苗民张秀眉部下攻下九寨以后，到处强占田地，烧
> 杀。当他们抢烧完要离开时，有人叫了寨里一些人的名字，以
> 示道别。至于叫谁，当时寨子里的人听得不是很清楚。但隐隐
> 约约感觉是在叫某些人。过后，大家开始怀疑"内应"可能
> 是这些人。出于对"内应"的惩罚，有些寨子把"内应"活
> 活烧死，而难以判断是不是"内应"的人，寨子里的人就将
> 其诉诸"生鬼"，拒绝来往，不与通婚。长此以往，就形成了
> 今天我们所谓的"生鬼"文化。有些村寨只要一提到当时的
> "内应"及其后人，到现在都还恨之入骨，依然愤愤不平，怨
> 气还没有消除。[①]

当地人又是如何将"内应"与"生鬼"及"苗"进行关联的
呢？

> "生鬼"是怎么来的，以前听老人家摆过，说是与清朝咸
> 同年间苗人张秀眉攻打九寨有关。当时，我们九寨都挖战壕堵
> 截张秀眉部下的进攻，由于九寨人组织有力，张秀眉部下几次
> 都没有攻下。后来，张的部队与天柱县的侗族首领姜映芳联
> 合，为了能够顺利一举拿下九寨进攻黎平府，他们遂派一个剑
> 河人到我们九寨内部寻找"内应"。于是在"内应"的帮助
> 下，张秀眉部下才顺利攻下九寨。张的部队攻下九寨之后，有
> 些人为了自保，称自己是"苗人"。那时只要说自己是苗人，
> 就可以得到苗民起义军的保护，免遭残害，后来这些人就被我

---

① 资料来源于 2013 年 10 月 8 日我与当地人的聊天记录。

们称为"内应"。[1]

从上述当地人所描述的情形来看，"内应"与"生鬼"及"苗"三者之间被赋予了逻辑上的相关性，且"苗"具体指向哪些人甚是模糊。历史上，"苗"作为南方群体的统称，是一个复杂人群的复合体。长期以来，"苗"尤其是不服教化的"生苗"一向被视为中央王朝推进对西南边疆统治的一大阻碍，在某种意义上，还被认为能左右苗疆社会人群的文化选择，所以常是明清王朝剿杀、打击、分化与治理的重要对象。咸同兵燹以"苗人"失败而告终，更促使"苗人"被边缘化，其中将所谓的"内应"诅咒为"生鬼"便充分说明了这一点。

我们知道，将所谓的"内应"诅咒为"生鬼"，俨然是地方社会最严厉的惩罚。此种惩罚是对那些飘忽不定、归属不清、难以捉摸、破坏人群文化边界或禁忌的人的严厉警告，因为他们破坏了地方社会的分类体系，有违地方文化集体价值共意，造成了社会秩序的混乱。可以想见的是，对他们的惩罚意图在于识别"我者"是谁，谁又是"我者"的同盟，以此维护当地社会的秩序与话语体系。

至于为什么要用"生鬼"替代"内应"和"苗"，我猜想，"生鬼"、"内应"与"苗"三个词之间具有相同的意象性，文化内涵的外延性较强。但需要说明的是，"内应"不是本土词语，不具备当地人认知自身文化体系与原则的功能，而"苗"包括的人群复杂，范围较广。显然，作为本土词语的"生鬼"一词，具备这样的功用。当地人用"生鬼"这一称呼替代"苗"和"内应"，具有超高的智慧，其用意在于：

一是该词比较隐晦和中性，而且是本土化称呼，凝聚了苗疆集

---

① 资料来源于 2013 年 8 月 7 日我与当地人的谈话记录。

体观念形成的价值共意。用此词是将政治问题进行文化化处理，这样既可避免与"苗人"在政治层面的冲突，又可减轻"内应"这一包含多种人群所带来的压力，最终达致既可削弱"苗"的整体实力，彰显和强化他们对"王化"的忠诚，减轻更大体系所带来的压力，又能使多重的人群关系处于可以维持的和谐局面。

二是用"生鬼"替代"内应"与"苗"，将外来的权力置入"生鬼"这一鬼蛊信仰体系中进行悬置，以此拒斥外来力量对地方社会的文化植入和权力消解，维持地方社会既有的文化观念与权力结构，这一点在地方社会的日常生活与国家的互动中可以深刻体现出来。可见，咸同兵燹苗侗民起义作为一个历史节点，赋予了"生鬼"以内外的"合理性"。长期以来，人们通过这一文化话语权力实践，逐渐将一部分"苗人"由内部的熟人转化为外部的"陌生人"，进而实现侗人、一部分弱势"苗人"及汉人在政治、文化上的权力倒转。

## 第三节　"生鬼"的世俗化：人群分类与隐藏的权力斗争

咸同兵燹赋予了"生鬼"产生的宏观脉络，又经由族群区隔与"款"组织的运作将其置入了地方社会发展的历史语境之中，开启了作为中观与微观层面的房族组织及其姻亲机制对"生鬼"的建构过程。

### 一　构造"生鬼"的原型

在当地，对"生鬼"的微观建构，建立在人们对"生鬼"的细致识别与划分上。如人们通过将"生鬼"细化分为"老根根""半路生鬼"的方式对该人群进行有差别的边缘化实践。根据当地人的描述，所谓"老根根"是指在咸同兵燹时期被称为"内应"

或成为"生鬼"历史更久的人。据调查,这些"老根根"在 A 和 B 房族比较多。

A 房族作为瑶白较有话语权的房族,在"统一姓氏"和"破姓开亲"这一变革的历史过程中,依凭人口及经济优势被赋予了"舅"的地位,享有娶妻的优先权;而 B 房的势力也相对较大。例如嘉庆十二年(1807)秋,曾出文贡生员两名,田产两千余担。[①] 对于一个地处偏远地区的苗寨来说,获得这一功名无疑是光宗耀祖和拥有权势的一种体现。但借着咸同兵燹苗民起义的失败,人们诅咒一些人为"生鬼",并将其树立为中心家户,定为"老根根",以此来削弱他们的势力。可见,人们通过确立中心家户("老根根")的做法,既能够达到分化其房族力量的目的,又能够团结寨中大多数人群以达成该社会的某种权力共识。

## 二 原型的再生产

除了"老根根",人们还划分出介于"老根根"与非"生鬼"之间的"半路生鬼"类型。此种"生鬼"类型是经由"老根根"直接传染或间接传染而来。其传染方式有两种:一是垂直式的房族遗传;二是横向的通婚传染。垂直式的遗传是永久性的,无论诉诸宗教,还是其他一切方式,都难以洗掉"生鬼"身份;横向传染,此部分人群又包括两部分:一是"生鬼"人群与非"生鬼"通婚的房族及其姻亲;二是前来参加"生鬼"婚礼或葬礼的亲朋好友。可以想见的是,通过此种方式区隔"生鬼",势必将使该人群数量急剧增加。对此情势,有些寨老颇为担忧,如果以此方式大规模地区隔,整个村子势必都将变成"生鬼",这无疑是一场灾难。一位老人说道:

---

① 资料来源于 2013 年我与当地老人的访谈笔录。

　　　　我们村庄是一个很邪门的寨子,感觉"生鬼"人群越变
越多,这样下去,全寨的人都将有可能变为"生鬼",这将是
一件非常不幸的事,所以要想办法制止"生鬼"的扩大。①

　　于是为防止"生鬼"人数增多,寨老们开始考虑是否应该给
某些"生鬼"正身和"改过自新"的机会,这样才能阻止"生
鬼"扩散和缓和村寨内部紧张的人群关系。

　　从一些老人的访谈口述得知,当地人准许"改过自新"的人
群成为"半路生鬼"。在他们看来:"'半路生鬼'有不得已的苦
衷,有些是没有办法和迫于无奈的,所以我们必须给他们机会,只
要他们的下一代拒绝与原'生鬼'通婚,并找到愿意为其'正身'
的大族通婚,便可洗掉邪气,变为正常人。"所谓"找大族为其
'正身'",就是将女儿嫁给大族或娶大族的女儿,理由是大族有足
够多的阳气洗掉被"生鬼"感染上的晦气。若不如此,只要其连
续三代不与"干净"的、有权势的大族通婚去掉"生鬼"身份的
话,那自他这一代开始,其子子孙孙都为"生鬼";而那些参加
"生鬼"婚丧嫁娶仪式的亲朋好友,也可以诉诸"宗教"仪式的方
式予以消除,或是以与大族联姻的方式来消除成为"生鬼"的潜
在风险。

　　然而,地方社会试图通过作法或是将女儿嫁给大族来"正
身"的例子并不多见。即便有,也没有成功的例子。据说一户被
"生鬼"感染的家庭为了变回"正常人",遂将女儿嫁给寨中一
大户房族。但不幸的是,大族将其娶过门后,一直没有孩子,即
使怀有孩子,也常流产。嗣后,人们将其归结为与"生鬼"结婚
的后果。自此之后,就再也没有类似的情况出现。至于另一种情
况,即诉诸"宗教"仪式改变"生鬼"身份的做法,效果也不

---

①　资料来源于 2013 年 10 月我与当地一位老人的访谈记录。

大。无疑,这些事实凸显了"生鬼"建构背后人群之间复杂的权力博弈和斗争。

对此现象,苗族学者刘锋认为是当地社会根深蒂固的巫蛊信仰及其"公理"性假设所致。他对黔东南苗族社会的巫蛊与婚姻之关系的研究表明,巫蛊之所以有如此强大的生命力,原因在于苗族社会的"'公理'性假设以及在此基础上的不断建构。首先,'鬼蛊'是一种古老的病毒认知;其次,'鬼蛊'是古老的灵魂信仰;再次,'鬼蛊'被沾附于古老的两性分工和血缘、财产传承观念;最后,'鬼蛊'演化为苗族社会分类的一种标签。'鬼蛊'传统话语的不断建构赋予它神奇的'公理'力量"。[①] 刘锋对其的解释极具启发性,"生鬼"作为苗疆鬼蛊信仰的一部分也经历了类似的建构过程。可是,"生鬼"的建构还有更为复杂的历史权力因素交织其中,这一点需要展开进一步的分析。

## 第四节 "我们是纯洁的":人群边界 维持的社会实践

面对"生鬼"人群在数量上的无限增长及其带来的威胁,该区域的人群由众志成城的集体区隔转向各个房族与姻亲间的自我保卫,在这样的场域里边,"纯洁性"的文化权力争夺成为非"生鬼"之间相互竞争的关键。于苗疆社会而言,"纯洁"与否,主要在于与"生鬼"是否通婚,并按照集体达成的共识和原则与"生鬼"交往。这俨然是一场族人与姻亲之间的"战争",对于这个以姑家与舅家、父权与舅权所形成的姻亲社会来说,谁在这场"战争"中保持着房族的"纯洁性",谁就能在婚姻交换的话语上赢得

---

① 刘锋:《巫蛊与婚姻:黔东南苗族婚姻中的巫蛊禁忌》,第22页。

主动权。

在这样的权力竞争逻辑驱使下，各个房族内部、外部和周边大寨等都纷纷加入了这场"战争"，使出各自的绝招，进行自我保卫，谁也不能作为悠然自得的旁观者。当"祸事"与自家靠近，必逐出和区隔之，若与别人家靠近，自静观其变，并从他者中吸取经验教训，更好地保卫自己。换句话说，在这场竞争中，非"生鬼"间都等待看彼此的"笑话"。在对抗"生鬼"的过程中，那些违背舅意、父母和兄弟而与"生鬼"通婚者，必将遭到包括房族在内的所有亲属的惩罚。对这场"纯洁性"话语权的争夺不但激化了非"生鬼"之间的权力矛盾，而且更强化了"生鬼"在该结构中的边缘化处境。

## 一　A 房的内部变革

在这场人群关系的区隔中，A 房由于所涉及的人数相对较多，迫于无奈和捍卫房族"纯洁性"的需要，不得不对房族内部出现的"生鬼"家户进行区隔。

A 房原分为四个支系，现已发展到六个支系，而在这六个支系中，据说有两个支系的分化与"生鬼"密切关联。据当地老人口述，原本 A 房非常团结，较少分化出支系来，但由于内部出现了"生鬼"，于是为了避嫌，维护自身的"纯洁性"，A 房进行了内部支系的划分与区隔。

> 我：伯，你们为什么会这么害怕"生鬼"？
>
> 伯：妹呀，你不清楚，其实按照科学的、唯物主义理论的说法是不应该对这群人有这样的想法。但是，我认为，无论是科学还是文化，只要生存在这里，我就要跟大家一样，而且我们 A 房，更应该如此。我们 A 房与其他姓氏有些不同，当然也不是绝对。我们是苗人，其他大部分是侗或汉，

我们关系都很好。但是，好像别人不这样想。在历史上，应该说，一直是我们 A 房在这里比较有权一点，所以才一直在这里生存下来。后来我们 A 房出现了很多"生鬼"。对这群人，大家都很排斥，我们没有办法，也只能与他们划清界限。

当然，对其他房的"生鬼"，我们是坚决不肯和他们通婚，否则，我的亲戚，包括我的房族、老庚等和我有关系的人都会和我断绝关系。生活在这里的人们，主要靠亲戚，尤其是姻亲。你想如果我与"生鬼"人群走得太近的话，关系断了，那我自己，我的子孙怎么办。没有亲戚、房族，找不到老婆，遇到天灾人祸，又没有人出来帮忙，那简直是"生不如死"。在我这一代手里，我必须坚守住这一条界限，不与"生鬼"通婚。也包括我们的房族，也坚决不可以与"生鬼"通婚。我们族人很是懂得这一点，所以才有一户是"生鬼"。但这一家，我们是已经和他们断绝往来了。

我：刚才你说，你们与其他几姓不一样，像你们 A 房，有一支几乎都是，这会不会影响你们在瑶白的地位呢？

伯：是的，当然会影响，但我们也是迫不得已，房族的人与舅家亲戚比起来，我们还是要多考虑姻亲的问题。毕竟我们上下两寨是通婚关系，如果我们不与他们有点距离，无论是下寨、彦洞还是周边小寨，都不会和我们通婚的，都会看不起我们。

我：后来，你们这个支系，也出现了一户"生鬼"，你们觉得还是"纯洁"的吗？

伯：至少说我们房族是最少的。我们房的这位"生鬼"，其实当时是得到他"舅"家的同意，我们也不好说什么，但我们必须与他隔离，比如分房、分灶。与其他房族不同的是，我们作为一个大族，也会在其他方面，比如葬礼、婚礼

上负房族之责,也算是尽情尽意。但他必须另外找坟地,不
得入我们族的公共坟山。[①]

据调查,这位大伯所提到的"生鬼",几乎没有人会有意提及
他。尽管提到,都会说他已远离了这里,然后就避而不谈。这一房
有一位叔跟我讲起过他,但也是不愿深谈,眼神中略显无奈、痛苦
和惋惜,其中的复杂情感可见一斑。如果这位"生鬼"真的是在
外做官,那么可以想见的是,地方社会所谓的"纯洁性"不在于
获得国家意义上的权力文化,而在于获得地方文化的认可。

由此可见,为了捍卫自身的"纯洁性",其房族通过分房、分
坟及对日常丧葬礼仪的权利与义务的重新界定,以达成区隔"生
鬼"的目的。据当地人说,那些曾依附于其房族的小姓房族也纷
纷脱离他们,自立门号,独立成一个房族,抑或联盟其他小姓为一
个房族。在当下的瑶白,一些小姓房族多半就是在这样的历史情势
下逐渐独立出来的。这一事实让我们从一个侧面进一步窥见,该地
方社会的血缘与族群关系边界实践是如何渐进转向于"洁"与
"不洁"这一文化性边界实践的。

A 房对房族内部"生鬼"的区隔,将会对其自身的权力带来
不小的冲击。为此,为增强房族内部的凝聚力,A 房十分重视房族
内部团结性的建构。如房族中无论哪家操办红白喜事,房族内老老
少少都必到,且分工有序;清明扫墓时,但凡外出打工的男性青年
必须回家挂清扫墓,并要求与房族长一起上山勘察山林土地边界。
此种团结性尤其体现在对传统菜谱的坚守上。

在当地办酒,喜上"老五套"。所谓"老五套"是指由猪肉做
成的成双成对的五道菜,分别取名为红烧肉、粉蒸、假羊、小草、
吉枝。这五道菜对应猪身上的相应部位,每一个部位代表一种说

---

① 资料来源于 2014 年我与当地人的访谈记录。

法。且红白喜事上的菜各有不同：红喜事必上"老五套"，表示对祖先、亲朋好友的尊重；而丧葬仪式上只需摆粉蒸、白肉、假羊等。这一饮食习俗因内含人力、财力、品位与技术条件而成为当地人评判酒席好坏，抑或一个房族是否尊重亲朋好友的一个十分重要的标准。

但随着当地社会经济发展及外来饮食观念的影响，这一沿袭几百年的传统习俗渐进淡化，人们逐渐改变既有菜谱，增加了一些新的菜谱和样式。相比较而言，A房依然较好地保留着这一传统。正因该房对"纯洁性"的维护和对传统习俗的坚守，A房在瑶白依然具有较大的话语权。例如在瑶白"摆古"的几次排练中，村委会要求参加表演的舞蹈队、芦笙队等必须准时到寨中参加排练。但每次村民们都会找各种理由拒绝，能够准时参加的人员较少。在此种情况下，村委会就只能让A房在村委会任职的干部去动员。当然，村民不来参加排练，确有更深层次的原因：一是"摆古"并未给当地人带来较为乐观的经济收益；二是村里的年轻人要么大批外出打工，要么在外学习，加之村寨内部间人群关系的复杂性，难以调动人的主观能动性等。

总而言之，A房作为该村人口最多的房族，势必要保持自身的文化权力，以达致对瑶白村寨事务话语权的掌控。对"生鬼"的区隔以及对传统习俗的坚守都已充分说明了这一点。

## 二　侗汉人群"纯洁"权的捍卫

与A房相比，其他姓氏对"生鬼"的排斥与区隔有过之而无不及，尤其是那些人口少、经济实力薄弱的小姓，更是如此。文化上的弱势会使他们的命运不堪重负。因此，他们对"生鬼"的区隔，态度是坚决和认真的。

C房和D房是清中后期定居瑶白寨的，是迄今为止没有被"生鬼"传染的房族。在上文中，我已对C房做了大致的介绍，C

房先祖于道光三十年（1850）沿清水江而上做盐生意后定居瑶白。因人口少，便与下寨 E 房结为兄弟关系。可能因有汉姓，加之是汉人的缘故，所以并没有改姓于其他任何姓氏，也依然保留着端午节的节日。受 C 房影响，瑶白人也都会象征性地过端午节，不过没有 C 房那么隆重和正式，人们只是以过节为由，在一起喝喝小酒，吃吃饭而已。

由于人口上的弱势，C 房在村里说话、做事十分谨慎，既不得罪大族，也不欺小姓房族。正是这一相对弱势的处境，促使该房对待"生鬼"的态度十分强硬，绝不与"生鬼"家户有任何往来。他们的开亲对象也是寨中绝对"干净"的房族。于他们而言，与"生鬼"通婚，哪怕有半点关系就等同自掘坟墓。所以，但凡他们一房的亲属与"生鬼"扯上关系，必将采取严厉的措施给予惩罚。

如：

C 房与 F 房是姻亲关系，原本双方都是"纯洁"人家。F房的老大娶了 C 房的女儿，但出人意料的是，弟弟却偷偷与一户"生鬼"人家的女子交往。这件事情"败露"后，C 和F 两房，都力劝弟弟断绝与这位女子的往来，否则便与他断绝父母、族人关系，让他滚出寨子。

据说，弟弟被家人的举动惹得很是恼火，索性坚决宣称定要跟这位女子结婚。F 房的族人一气之下，遂拿起镰刀、菜刀、木棍气势汹汹地冲到女方家要人。女方族人虽少，但有人在乡里做官，虽不是一个大官，但在寨子里也算是有点势力的。所以，面对 F 房的暴力行为，他们也毫不示弱，全族出动，与该房族怒火相向，兵刃相见。

F 房的这个弟弟感觉事情不妙，趁族人与"生鬼"族人互骂不可开交之时，带上这位"生鬼"姑娘，逃出了瑶白。两家因两人的逃走，没有办法，只好作罢。但事情并没有了结，尔后，该族召开族人大会，宣布与他断绝一切关系，并不准他踏进瑶白半步。

据说，这件事情发生时，F房的这个弟弟已是锦屏县响当当的人物。当他得知族人的"驱逐令"后，更是愤愤不平。在他看来，作为一名国家公职人员和精英分子，他有责任根除这一迷信，还"生鬼"人群一个公道。于是他奋笔直书，向那些歧视"生鬼"的人群宣战。他的宣言书中直言所谓"生鬼"并不存在，这群人只是当时张秀眉起义的时候，因道路和大义不同，大家对其"孤立"的结果。显然，无论他怎样为这一群人讨公道，都无济于事，反而成为当地人茶余饭后的笑料。

宣战无果后，他与"生鬼"女子结了婚，远离了瑶白，一直住在县城。这场婚姻因违背习俗禁忌，并未被当地人及其家族承认。十多年过去了，他升任要职，成为整个九寨地区唯一一位在州里做官的人。据说，因为他权力大，帮了哥哥一把，而哥哥怕被寨里的人说闲话，不敢张扬此事。但纸包不住火，加之他打算过继一个儿子给弟弟这件事情被传扬开来（弟弟只生了一个女儿，按照当地习俗，如果没有儿子，一般要从房族中过继一个），使C房极为不满，他们认为这是给C房人掉脸，这种做法是想让他们在瑶白无立足之地，于是坚决与女儿断绝一切关系，不再有任何关系。这位C房女儿，十多年都不敢回瑶白。①

这个故事就发生在20世纪90年代。该故事，因主人翁的身份和敢做敢言的作风，成为该区域社会家喻户晓、耳熟能详的传奇故

---

① 资料来源于2014年我与当地人的访谈记录。

事。从这个故事中我们看到，小姓房族为了生存与发展及获得文化上的话语权，是严厉禁止与"生鬼"通婚或产生其他关系的。"生鬼"的建构和固化就是在这样的文化场域争夺中完成的。在这一建构过程中，即便主人公拥有国家公职的政治权力也难以打破地方社会对"生鬼"人群的文化成见。这一事件揭示了国家权力进入地方的限度，并再一次表明了地方社会中心与边缘体系强大的生命力，它成为婚姻阶序建构与人群区分的重要逻辑。

## 三 瑶白是"是非之地"：周边人群的想象与指控

于周边人群而言，瑶白是一个既神秘又充满危险的地方。如当我与其他寨子的人聊天时，人们总会问及"你为什么要去那个寨子做调查，那个寨子以前很是恐怖，有各种邪气和鬼"。讲话之时，他们还使弄眼神，摆弄各种姿势，似乎"鬼"真的在其身边一样。有一次，我到彦洞赶街，路上遇到一位熟人，他第一句话就问我："在瑶白还好吧，应该对这个村子有所了解了吧。"语气和表情之中带有某种调侃。当时我不知道他所指的"了解了一些情况"是什么意思，于是他说出了一个新词——"野鬼"，我便问他为什么要叫"野鬼"。他睁大眼睛看着我，似乎很怀疑我的田野调查能力，"不会吧，你在这个地方调查那么久，难道没有关注到瑶白有一个特殊的人群叫'野鬼'（瑶白人叫'生鬼'）吗？"为了让我清楚是怎么一回事，他特地讲了三个关于"野鬼"的故事：

个案一：

> 小时候父母就跟我们说，我们是不能去瑶白和彦洞玩的。为什么呢？我父母说，那里有一种鬼叫"野鬼"，而"野鬼"是以前老人家对"苗人"的一种奇诡的叫法。因为瑶白以前叫"苗北"，意为苗人居住的地方，因此叫我们不要到这个地方玩。

这个"野鬼"呢，非常野蛮，经常欺负我们侗家。据老人说，这种"鬼"跟张秀眉这个苗人起义有关，当时他打伤我们很多人，因此，我们把他叫作"野鬼"。和"野鬼"打交道必须要小心，否则会肚子疼，走路的时候要尽量走里边，而不能走外边，遇着也不能打招呼。老人经常这样告诫我们，但有时候我们还是很好奇，为什么会有这样的人呢？而且人家瑶白的姑娘漂亮呀。

出于对瑶白姑娘的好奇，我们就去了瑶白找姑娘玩。可刚走到半路，我们就被彦洞和瑶白寨的男生给打了一顿，其中一个人的耳朵还被砍伤，流血不止。急忙之下，我们就跑回了彦洞乡政府。在彦洞，这位被砍伤的兄弟，有一个姑姑在这里住，当她看到我们从瑶白的方向走来，并看到侄子被砍伤，知道出了"大事"，她来不及包扎侄子的耳朵，就立马叫我们赶快离开彦洞，不准让全村人知道，否则后果不堪设想。于是就建议我们去县城，然后向瑶白方向随口吐了三下，表示把这个男孩身上的晦气给去掉，免得他进村后传染给别人。

个案二：

瑶白邻村一户家庭的女儿和瑶白一户"生鬼"家的女儿一起在锦屏县城上学。在上学期间，大家都不知道彼此是什么身份。有一天，两人放学回家，李某就邀请邻村陈某去家里玩，陈某就跟着李某来到了瑶白。吃了一顿饭后，陈某就返回了自己的寨子。不到一个时辰，陈某就腹痛难耐。家里人见此情境，就知道发生了什么事情，就问她去了哪里玩，具体去了哪一家。陈某把去李某家的全部经过告诉了房族人，其房族马上封锁所有消息，不让周边的人知道自己的孩子去过瑶白。周边寨子有一个墨守成规的共识：凡是去过瑶白的人都不得立马回到本寨，要在半路做些仪式洗掉身上的"邪气"方可进寨，这样才能保证整个寨子的安全。显然，陈某没有这样做，这将给她及其房族带来很大的压力，甚至有被逐出寨子的危险。

为了消除家人内心的恐惧和陈某身上的"邪气"，他们不得不做一个仪式，但这个仪式必须要在李某家里或附近做，否则不灵，而且还不能让李某的房族知道此事。后来，陈某族人通过一位在瑶白的亲戚完成了这件事情。经过一番了解，知道这家"生鬼"喜欢吃腊肉、腌鱼①、糯米，据说这三样东西是仪式必备的，否则，病就治不好。此外，还要带上纸钱、三根香。该房还嘱咐做仪式的这位亲戚，当他们做完这件事情后，不要马上回寨里，而是去县城或周边寨子待上一天，驱除"邪气"，方可回寨子。据说，此事办完后，陈某的腹痛就完全好了。

个案三②：

周边寨子一位刚刚从大学毕业的大学生，被分配到彦洞乡工作，当她把此事告诉父母的时候，却遭到家人的一致反对。反对的理由，是怕被当地"生鬼"的"邪气"所害，影响到她的一生，所以拒绝女儿去彦洞乡工作。但她的工作已成定局，没有办法之下，家人只好教给她各种化解"生鬼""邪气"的办法。

通过如上一系列个案，我们看到，"生鬼"是如何被污名化的，以及"生鬼"的建构是如何促使苗疆地区的族群关系边界实践向以"生鬼"与非"生鬼"为边界的实践转化，并相互交织，共生共谋。

---

① 据说，吃腌鱼的习俗就是人们为防"生鬼"毒气侵袭而建构起来的。
② 这个故事发生在 2006 年。

# 第五节　"我"不是"生鬼"：少数派的"武器"

"如果你敢叫我'生鬼'，我就上官告你。"

——"生鬼"话语的宣言

人们对"生鬼"的区隔建构，渐次生成了该社会较为稳固的结构与反结构性的社会整体框架。在该结构中，处于边缘地位的"生鬼"为了求得自身的生存与发展，积极寻求在婚姻、经济、政治权力上的出路，以期改变他们被歧视的文化身份，增强他们的权力地位。而在"生鬼"寻求出路的历程中，国家权力无疑成为其主要依赖与借用的力量。

如果说咸同兵燹，非"生鬼"借"内应"之名建构了合理性的"生鬼"话语，那么新中国成立后，"生鬼"以国家新型民族平等政策为名，充分利用国家对民间"牛鬼蛇神"宗教信仰的打压，扭转他们受歧视的历史与文化权力地位。"我上官告你"便是这一要义的体现。下面我们来看一下，被非"生鬼"区隔与歧视的"生鬼"，是如何借用国家权力实现自身文化、经济与政治等多方面的诉求？在此过程中，"生鬼"能否被大多数人接受，其限度又在哪里？

在上文中，本书主要从非"生鬼"的视角探讨"生鬼"。而对于一个问题的研究，为了让这个问题所提供的知识变得有效，从局内人的视角观之和言之，才能完成一个问题的解释。如果说非"生鬼"视野里的"生鬼"是阴暗恐怖的，那么在"生鬼"人的世界里，他们自身又是如何认识自己？怎样看待非"生鬼"对他们的态度及对神化世界的信仰问题的呢？

## 一 "生鬼"的社会处境与自我认知

当导师和师兄弟将我送到瑶白, 村委会文书滚大哥将我安排在一户"纯洁"的家户住下来后, 我对该社会的观察由此开启。在瑶白的日子里, 由于性格的原因, 我总喜欢在热闹的地方, 看别人摆龙门, 说闲话, 并见机与不同人群交流。在这个过程中, 因不熟悉寨中的人际关系情况, 所以我谨记那位官员的告诫, 只字不提与宗教和"生鬼"有关的话题。可能恰是因为我是外来者身份, 不熟悉寨中"谁是谁非", 使得我可以自由穿梭于寨中这两个群体之间, 与不同人交谈, 并建立起良好的社会关系。

通过一些时日的观察, 我发现在这个社会中, 有些人喜于社交, 乐于组织各种活动, 但凡村寨中有什么活动, 都会由这些人组织开展; 而另一些人喜欢闭门不出, 或是在家里摆些故事, 讲点闲话, 或是在公共场合对村寨的男女之事做一些点评, 消磨时间, 愉悦情志。于这两个群体而言, 我与前者交往和相处的时间更多一些, 他们只要有什么活动, 我定会积极参加。他们也从不排外, 有时会有意试探我, 关照我的喜好, 特意给我安排一些活动, 帮我消除一些异文化上的不适。如打篮球、春游、搞烧烤、赶场等。

这些人的家境也都还不错, 有考出去的大学生, 在外做生意赚大钱的也不在少数, 在外做官的也大有人在, 可谓人才济济。这些家户之间十分团结, 有事互相帮忙, 像家人一样; 他们与外界的交往网络也十分广泛。对他们来说, 只要有机会出去, 都愿意在外边寻求一份工作, 结交一份人情; 他们也乐于外人到家坐坐, 并以好酒好物相待, 结为朋友。当然, 他们虽对外界充满热情和渴望, 但这些人深爱家乡, 在外做官或做生意的人, 也都对家乡的公益事业亲力亲为, 投资丰厚, 不求回报。后来我发现, 这些人中有很多是被当地人称为"特殊人群"的人。

事实上,这些所谓的"特殊人群"于他们包括我自身来讲并没有所谓的"特殊性",他们跟所谓的"正常人"一样,有着相同的文化礼俗、生活习惯、行事原则,并同样坚决遵守他们之间所划定的社会边界,从不破坏与违背。我有一个相处比较好的朋友。有一天,我叫她一起随我去住处玩,她老是推三阻四,我按捺不住内心的好奇,就问她:

> 我:同为一个寨子,大家都是邻居,为什么你不跟我去家里玩呢?
>
> 她:(笑笑,摇摇头)我们与他们不一样,我爸说已经好几代人了,我们都是这个样子。我爸也是坚决不让我与他们这样的人家有来往。所以我们就不去走往。
>
> 我:你知道你们和他们有什么不一样吗?
>
> 她:我也纠结这个问题,都是人,我们为什么要有这样的隔阂呢?我曾经问过我爸,他也只是跟我说,不要来往就是了,他们强势,也没有什么大不了的。
>
> 我:那你们和谁是一样的人呀?
>
> 她:(想了很久)其实在我们这个寨子,有很多和我们一样的人。我们都是亲戚,平时请客吃饭、办喜事都是我们一群人往来,其他人就不会去请。
>
> 我:那你们一般会在什么样的情况下,才会进他们的家?有一次,我看你老公来过这里。
>
> 她:他不一样嘛!他是代表村委会去的,而且他也没有进屋子里去,只是给他们家打猪针。否则,一般是不会去的啦。
>
> 我:那你们不会对他们有什么抱怨吗?
>
> 她:不会呀,我们都是不一样的。大家都那样了,只要相互之间不要有意冒犯,谁也不会去特意抱怨和讨厌的啦。我们

和他们之间的这种不一样也好，免得朋友、亲戚太多，也接受不了。①

在我和她的对话中，提到她老公进非"生鬼"家打猪针这件事情，我与我的房东大妈聊到过。当时我问大妈，你们不是很忌讳他们吗？为什么又会接受他来打猪针？她说道：

> 现在我们寨子里的卫生防疫工作都是由他来监管，哪一家有什么猪生病之类的，都要请他来打猪针。因为他是代表村委会来的，我们还是觉得会放心一点。不过有些时候也担心，会不会他接触我家猪之后，猪就生病呢？这些想法都会有的，但他是代表上面来的，我们也不会有太多的顾虑。②

从如上的对话中，我们看到，被人们诅咒为"生鬼"的这一人群，并不认同"他者"所建构的所谓"生鬼"身份，但同样遵守两个群体所建构的文化区隔。与此同时，由打猪针这件事情，我们也发现，国家赋予"生鬼"人的象征权力符号可使其跨越人们所划定的文化与社会边界而达成两个群体间某种特殊的共识。这说明国家象征权力在一定程度上能够将"生鬼"带来的所谓"危险"控制在一个安全范围之内，促使两个互不搭界的群体得以正常沟通和交流。或许正是在此种情势下，国家权力才得以地方化，成为沟通、弥合与重建地方社会关系的重要机制。但由于"生鬼"的社会性、文化性身份存在，感染性仍有爆发的危险，所以当"生鬼"恢复到社会性身份时，两个群体的深入交往便不可能发生，即使有着象征国家权力的符号，也不行，尤其在婚姻层面。

---

① 资料来源于 2014 年 7 月 20 日我与当地人的访谈记录。
② 资料来源于 2014 年 6 月 8 日我与当地人的访谈记录。

## 二 "生鬼"人的抗争之道

### (一)"生鬼"人的抗争

"你敢叫我'生鬼',我就上官告你",这是"生鬼"人群回击非"生鬼"的一种重要方式和策略,这句话再一次折射出国家权力于该人群的重要性。但这句话深刻揭示出"生鬼"人内心深处的委屈与隐忍,以至于别人提到"鬼"等相关字眼时,必然招致他们的强烈反对,甚至做出一些出格的事情。

个案一:

> 这个故事发生在 20 世纪 50 年代,有一户被称为"生鬼"的家户,家有三个儿子,老大是一名人民教师,人品较好,条件也不错。其余两个儿子在家务农。他们都是四十有余的人了,但一个都还没当家。父亲非常着急。不过,在父亲看来,老大有望"讨"一姑娘,传宗接代。于是就催老大赶紧找一个女人结婚。在父亲的催促下,老大不敢怠慢,也为自己老大不小还不结婚而着急。有一天晚上,他从学校带回了一位姑娘(据说这个姑娘是她自己跟着他来的),芳龄十八,灵秀聪慧,讨人喜欢。

> 老大将姑娘带到家里时已是晚上。在 20 世纪 50 年代,这个地方还没有电,煤油灯也是家境殷实的人家才用得上。由于只有父亲一人在家,没有点灯,家里黑灯瞎火的,伸手不见五指,唯有一盆烧干了的木炭散发着一点火光。其父每天晚上都会独自蹲在这微红的木炭盆旁边,烤火打盹。这位小姑娘进屋之后,就被坐在火盆旁的父亲给吓得叫出一声"有鬼"。听到"鬼"这个字,他父亲条件反射,遂拿起握在手里的烟斗向姑娘挥去,口里还不停地怒骂"是谁叫的鬼,谁让你叫的"之类的话。不幸的是,那姑娘来不及闪躲,正好打在她的脑门上,就被无辜打死了。这位姑娘的死直到土地改革之后,才真相大白。

个案二：

2014 年农历三月二十七日，村里有一户"生鬼"家嫁女。其父 50 岁左右，他原本不是"生鬼"人家出生，但由于从小丧父，又遇灾荒，就跟随母亲来到瑶白，母亲嫁给了一户"生鬼"家，他从此就改掉姓氏，跟随继父姓，变为了"生鬼"。随娘而来，又是"生鬼"的双重边缘身份，使他饱受别人的冷眼和不公平的对待。

在瑶白，他从不张扬，处事极为低调，又不善言辞，但有一种实干的精神，尤其是当过几年兵，后也到外面打过几年工，练就了一身胆气，社会经验十分丰富。回村后，经过各种努力，当上了村里的干部。

由于他天生有一副好嗓音，又有能力，娶了与自己同样身份的姑娘。其妻家有三姐妹和两个弟弟，她是老大。父亲是一名乡镇干部，母亲在家务农。二妹嫁给一位大官，三妹嫁到本寨，两个弟弟都是国家公职人员。虽家境好，但她在当地，也像她的老公一样，处事低调，做事、讲话谨慎。他们生有一男两女，儿子娶的媳妇是外地人，大女儿嫁到外县，对方家底不错。这一次是小女儿出嫁，也是嫁到外县，双方都有工作。因为是小女儿出嫁，所以这场婚礼办得极为体面。

在这场婚礼的晚上，父亲要请舅家来吃饭，原本晚上的酒席是由新郎家来请的，由于新郎是外县人，所以新郎家就依照当地风俗，请新娘的娘家代办。当晚，其父在家中二楼神龛正前方处放一长桌，请舅坐在正位，再由族中的男性直系亲属及房族中有名望的族长来作陪，以示对舅家的尊重。原本女性是不能上桌的，由于我是外来的客人，也请了我去他们家做客。此外，那天晚上还请了村委会的其他成员，受邀的这些寨老也都到场庆贺。

原本喜庆的晚宴却出现了一件十分不愉快的事情，他的儿子由于喝醉了酒，随口说了一通话：

"我真的不服气，我真的看不起你，加（爸）。你想想，你在瑶白做了那么多年的村领导，为他们服务了那么多年，从来都没有花时间来管过我们，以至于我们现在沦落到打工的地步（与其他亲戚相比），要是当年你多花时间照顾我们，也许我们现在就不是这个样子，我们就可以扬眉吐气地走出这个寨子。可是你没有，你所做的一切：为他们跑项目，一心一意为他们办事，但都没有得到大家的尊重，别人依然把你看成另类人，依然把你的话当成耳边风。谁听过你的！

就拿上次，你作为村领导，让别人把棺材抬进我们寨的事来说，你看，某些自认为是'纯洁'的人，都敢直接来找你算账，不买你的账，说是破坏龙气，非让你叫别人把棺材抬出去。最后，还不是把棺材又重新抬回原地，你做这些事情有什么回报？想到这个，我就心酸。所以我一直只想在外面，不想回来。我以后有足够的钱，会在外面买房安定下来，绝不回来。"①

他的这番话让当时在场的人都极为震惊，唯有他的父亲，平静地坐在原位，没有发表任何看法。或许，他已经习惯周边人对他的不屑，包括他的家人。坐在一旁的母舅默不作声，直点头，表示赞同；二姨沉默不答，略显悲伤；而其他几位寨老，也十分尴尬，一时间大家都不知如何救场，只能以酒缓解尴尬。这种不满，在第二天母舅要离开瑶白寨时，表现得更加淋漓尽致。

第二天早上，新娘在离开娘家前往新郎家前，要举行一些简短的仪式。原则上，新娘出门时脚不能着地，以防将晦气带给新郎

---

① 资料来源于2014年4月26日我在田野中的观察记录资料。

家，因而要由新娘的兄弟搀扶出门，然后由新郎接着将新娘背或抱出门。本来新郎背着新娘步行一小段路即可，但新娘的母舅却硬要新郎将外甥女背到瑶白寨中广场才允许放下。当新郎将新娘背至寨中广场稍做休息后，新娘母舅让新娘和新郎一并跪在他的面前，行舅公礼。

在当地，姑家嫁女要给母舅礼钱，而母舅也要将姑家送来的三分之一的钱还于新娘。此仪式原本是在母舅家比较私人的空间进行，但这位母舅硬要新郎将新娘背至瑶白寨子中心来搞这个仪式，显然这里面有一种向众人炫耀的成分。但我认为更多的是，向这个社会表达一种不满。新娘新郎礼毕后，母舅当着在场看热闹的人的面将手伸进西装，将鼓鼓的钱包从衣兜里抽了出来，然后从中拿出大概万把块的人民币，三下五除二地数出几千块直接给新娘和新郎，并嘱咐新郎要让新娘幸福快乐，不要被人看不起。新郎不断点头应之，而新娘已泪流满面。仪式毕，母舅在阵阵鞭炮声中，将新娘及与新郎来接亲的亲朋好友送上宝马、大众等几辆小轿车，一并离开了瑶白。来看热闹的有些村民却说："这有什么好炫耀的，不就是一'生鬼'吗？"

由此可见，处在如此的环境中，"生鬼"的内心世界是压抑的，但他们却努力地以积极的心态生活着。

**（二）掌控村寨话语权**

"生鬼"人群深知，要在此地生存下来，掌握公共资源的话语权是他们的必然选择。只有这样，才能极大限度地逆转他们自身的社会处境及被歧视的历史。而公共话语权力内在于教育、经济、国家公职与社会公益等诸多层面的投入和建设中。对于这一点，他们非常清楚。据统计，① 自清代中后期以来，瑶白寨考取功名的房族中，"生鬼"家户占大多数。至今，现仍在国家体制内工作及在外

---

① 资料来源于 2013 年 8 月我在瑶白苗寨的访谈和调查。

当老板的,大部分是"生鬼"人群。如全村在外做大官的有两位,两位都是"生鬼";在村委会担任领导职位的也大部分是他们。据我考察,瑶白党员目前(2014年)有38位,其中有1/3以上是"生鬼";在外创业当老板的也是这群人。有一户在贵阳开了一家连锁店,员工有170多名,而在这一百多人中,据说70%以上是瑶白人。

于"生鬼"人群而言,在增强自身的经济与政治资源之外,获得被地方社会认同的文化权力,才是他们改变自身处境的重要途径。因而,他们很热衷致力于家乡公益事业的建设,如修路、扶持家乡教育事业发展等。当然,对家乡各项事业的关注和回报也出于他们对家乡的热爱。

修路是一项大型的社会工程,没有一定的财力、物力与技术是完成不了的,因而在历史上,主持修建道路的主体是王朝国家。明清王朝开拓苗疆,并将其纳入王朝国家的统治,主要得益于对苗疆水路与陆路的全面开拓与维护。苗疆社会对王朝国家的认同也蕴含于对道路的认识上。在某种意义上来说,修路作为权力、财富、正义与德行的一种表现,它搭建起苗疆社会生与死之间互动的桥梁,连接起天与地之间的话语沟通。如当你途经苗疆大大小小的乡村之路时,修路的功德碑和阴间的指路碑(见图4-1)随处可见,这一点足以说明,道路在人们的观念中占据何种位置。正因如此,那些有财富与能力的房族往往以修路为荣,并将此功德刻之碑文昭示后人,以彰德行。修路在某种意义上已成为一种习俗传统,是文化资本最为重要的体现。

在瑶白,我发现,新修的路中,大部分与"生鬼"有关。比如瑶白2009年乡村公路的修通,就得益于在外做官的"生鬼",正是在他们的斡旋、协商与争取下,才将百年来想修的公路修好。在当地人看来,如果没有他们,瑶白这条公路就不可能修成。而若没有这条路,瑶白在一些重大事情上将更加受制于彦洞。如前文所

**图 4 - 1　苗疆乡村的"阴间指路碑"**

图片来源：作者拍摄。

述，彦洞与瑶白是不对等的联姻圈子，长期以来，彦洞以在文化与政治上的权力优势迫使瑶白姑娘嫁到彦洞。因为女人，两寨常兵刃相见，积怨极深。在某些时候，瑶白不得不忍气吞声，屈从于彦洞，其中一个原因便是彦洞是瑶白出入的必经之地。显然，瑶白修通此道可避开彦洞所带来的一些不必要的麻烦。可以说，这条道路的修通让瑶白人对"生鬼"的态度有了一些转变。如有些"纯洁"的房族开玩笑说："这些人其实没有什么不好，老是看不起别人，也不太对。"

　　此外，"生鬼"十分热衷于家乡教育事业的建设。在他们看来，苗侗人之所以会有这么根深蒂固的鬼蛊信仰，主要在于教育的落后与封闭，所以他们极力支持家乡教育事业的发展。在九寨地区，瑶白是最早建立奖助学金基金会的村寨，且持续时间最长。该基金会有专门的管理人员，有相对健全的资金运作模式，其主要目

168

的是资助和鼓励那些学习上进的瑶白村人。所以基金会自成立伊始,每年年底举行募捐活动时,就会得到来自村内外有识之士的支持。

就我所了解的基金会资助金额来看,"生鬼"的捐助人数是较多的,捐助额度也是比较高的。据基金会管理人员说,基金会有很大一笔钱来自他们这个群体,且在硬件设施方面,也是他们投入最多。如瑶白小学的20多台电脑都是他们捐助的。此外,在村寨形象的维护与文化打造方面,他们也鞠躬尽瘁。如极力促成瑶白修《瑶白村志》一书。据说,村寨志是在瑶白在外做官的"生鬼"人主持与倡议之下修起来的。这次编修村志总共花了10万元左右,2/3的钱都是由这位大官所出,其余的钱才是全村捐助。

### 三　"生鬼"通婚的途径

"生鬼"尽其所能为家乡所做的贡献,及在村内外强大的社会资本、广泛的社会网络,在一定程度上改变了人们对"生鬼"的认知,他们渐进获得当地"干净"人的理解和认同。"生鬼"作为结构中的"陌生人"也逐渐转变为村寨权力结构中的"熟人"。比如,人们在公共场合、婚礼、丧葬场上都可以看到两个群体相互协作的情景:同在一桌吃饭,把酒言欢,谈笑风生。年轻一代人甚至质疑"生鬼"有邪气,害人,而大胆追求"生鬼"人家的女子或男子。而"生鬼"对非"生鬼"长期以来的歧视也慢慢释怀,常去非"生鬼"家串门,喝一口小酒;红白喜事,也邀函一封,请非"生鬼"来家坐坐等。当然,这种"熟化"并非没有限度,当涉及通婚、宗教等问题,"生鬼"依然无法"熟化",各自又回归既有的话语之中,遵守各自的边界。于"生鬼"来说,他们已深知其中的道理,绝不会去触碰这个社会所划定的边界,他们所要做的是积极建构属于他们的婚姻圈。

### (一)"生鬼"间相互通婚

据我的田野调查,"生鬼"人群的婚配方式有两种:一种是姑舅表内部通婚；另一种是对外通婚。于前者而言，"生鬼"与"生鬼"之间在遵循地方社会的婚姻习俗与等亲制度的原则下，实行通婚圈内部比较稳定的姑舅表通婚：大寨与大寨之间互为婚姻圈，大族与大族结为姻亲关系，小寨与小寨、小房与小房互为姻亲联盟。

长期以来，他们维持着这样的关系，对那些违背婚姻圈之原则的，必要时，也会采取相应的手段，抑或以武力迫使双方遵守既定的原则与婚姻交往方式。但与非"生鬼"相比，"生鬼"的姑舅表婚较为松散，因为"生鬼"人口数量少，要想长期维持一种较为体面的阶序婚姻，似乎很难做到。在此情况下，他们也会打破既有的婚姻规则，选择与小寨、小族通婚，以完成人的情感、政治与经济的交换。对这一无奈的选择与违规，只要双方赔偿一定数额的钱财和完成相应的礼仪，就可以了结因通婚带来的一些纠纷。

**（二）吸纳外来姓氏**

吸收外来人员与其进行婚配，是"生鬼"解决婚配不足问题的重要途径。据当地老人口述，在瑶白，一些小姓房族，多是与"生鬼"通婚入住瑶白的。这些小姓有一些原本并非"生鬼"，为了生存下来而选择与"生鬼"通婚。如瑶白 G 姓，原本是剑河人，民国 33 年（1944），因九寨高坝地区发生严重的干旱，很多人外出讨饭，而 G 姓兄弟便来到瑶白。由于兄弟二人擅长木工，被一家"生鬼"看重，将其收留，并下嫁女儿给他，分其田地，他们从此落户瑶白。后，G 姓生有两子两女。长子又娶 A 房一女，幼子娶彦洞某族女；长女还娘头于彦洞该房，幼女是一个哑巴，去了剑河。第二代长子生有一子三女，儿子娶彦洞"生鬼"人家，大女儿嫁于 B 房，其余两女嫁到外面；第三代长子所生孩子，都还小。幼子生有一子两女，儿子娶的是天柱人，生有一子两女，都小；长女嫁给本寨 B 房，幼女嫁到外面。

H 姓与 G 姓经历相似。据当地老人说，他们之所以能够入住瑶白,主因也是家境光阴不好,娶不上媳妇。但 H 姓先祖人品不错,又勤劳上进,被 A 房("生鬼"房族)看中,就下嫁女儿于他,并分其土地,让他们在瑶白定居了下来,从此以后,就变成了"生鬼"。

H 房从进入瑶白至今,已发展到第五代。第一代生有一男一女,儿子娶剑河小广人,女儿嫁给 B 房;第二代长子生有两子三女,两个儿子都在县城工作,娶的都是外地人,各生一子,现都还在上学;大女儿嫁到 A 房,二女儿嫁到 F 房,三女儿嫁到 I 房。三女所嫁之人都是同类人。现留在瑶白的就只有三个女儿。在三姐妹中,老大嫁到 A 房,生有一子两女,儿子娶的媳妇是外地人,现有了两个孩子;大女儿和小女儿都嫁到凯里。从 H 房的嫁娶情况来看,除了女子多半留在本寨之外,男子大多娶的是外地人。

由此可见,"生鬼"在非"生鬼"权势的限制之下,试图通过改变婚姻秩序与规则来完成自身的生存与发展,并也依凭权力的大小构建了一个新的婚姻圈子,确保"生鬼"内部的婚姻交换得以进行。从某种意义上来说,"生鬼"联姻的途径促使该社会的婚姻制度充满弹性与张力,通过人群的多样性选择,完成这一人群的人、物、结构等资源在时间与空间上的有效分配。

## 小  结

"生鬼"的建构是继清初"破姓开亲"、光绪年间"定俗垂后"之后,再一次对彦、瑶等区域社会以婚姻交换为基础的权力阶序结构、人群关系进行调整的另类重要改革。但与前两者相比,"生鬼"的建构在时间、空间、情感等诸多层面上影响更为持久,也最为深刻。

"生鬼"是在一个历史过程中渐次建构而来的,在不同的历史时代被赋予了不同的内涵。早期苗侗社会的鬼魂信仰、公理性假设、资源竞争等赋予了"生鬼"合俗性、合理性的实践理念，并经由婚姻、宗教和仪式行为加以区隔。而明清以来，尤其是清中晚期咸同兵燹的发生，使人们又通过打压"内应"，并将之诅咒为"生鬼"的方式，确立了"生鬼"的不仁，从而赋予该人群在宏观意义上作为"生鬼"的合法合理性。

在这一历史背景下，地方社会出于自身生存与文化"纯洁性"的需要，无论是大寨还是小寨、大族还是小族、大姓还是小姓都纷纷加入进来，对该人群进行严厉的区隔和排斥，以此"证明"他们作为"人"的完整性，并依此建构自身的文化话语权和婚姻关系网络，从而倒转自身的文化权力。而"生鬼"人群在"他者"区隔的过程中，被转变为该社会结构中的"陌生人"，在此情势下，他们也通过诉诸国家权力文化符号及自身的婚姻网络建构来回应"他者"的行动，以维护自身的发展权。

这两个群体的互相建构过程，生成了该社会最为复杂的、动态的、活跃的阶序结构形态。而由此建构过程我们得以窥见，人们对"生鬼"的建构和实践背后，是苗、侗、汉等各人群权力资源的博弈过程，也是地方社会与王朝国家对谈与协商的过程。此种过程，促使地方社会发生了文化的变迁和社会边界的转变。所谓的社会边界转变即由族群边界的血缘性实践转变为以"纯洁"与非"纯洁"的非"生鬼"与"生鬼"的文化边界实践，此种转变的过程也揭示出国家意志在地方落地生根的历史脉络，以及边缘社会关于中心与边缘体系的本体性实践及其主张。

这多重交织的社会权力关系，一方面彰显了苗疆社会结构在应对内外界力量时张弛有度，适应性强的特点；但在另一方面，这样的社会结构充斥着对人性的不公和对弱者的漠视，在这一点上，值得我们对该制度进行深刻反思。

# 第五章　"摆古"：村寨历史记忆与文化展演

"一切历史都是当代史。"

——贝奈戴托·克罗齐

在当下瑶白寨"摆古"文化活动的操演中，改姓、"破姓开亲"、咸同兵燹、"吃牯脏"等这一系列重大历史事件的文化符号成为核心要素。这让我们看到，过去的历史事件及其历史对当下人们决策、行动、文化生产影响的深刻性。西佛曼在《走进历史田野：历史人类学的爱尔兰史个案研究》一书的序言中言道："在所接受的分类方式和具体感知的状况之间，在文化感与实用参考之间，存在着'历史的象征性对话'，文化感觉与实际关联间的对话。"[①] 萨林斯直截了当地说："现在之中永远有一个过去，一个现在的诠释系统，反之，解释过去之中永远也有一个现代。"[②] 贝奈戴托·克罗齐认为"一切历史都是当代史"，这直接揭示了历史与当下构成理解社会本身的事实。但历史如何被当下记忆，是由现实的社会结构、权力关系及其遭遇所限定。

---

① 〔加拿大〕玛丽莲·西佛曼、P. H. 格里福编《走进历史田野：历史人类学的爱尔兰史个案研究》，第 30 页。

② 〔加拿大〕玛丽莲·西佛曼、P. H. 格里福编《走进历史田野：历史人类学的爱尔兰史个案研究》，第 30 页。

保罗·康纳顿指出，社会要记忆或要忘却什么，是与当下的社会现实紧密相连的，也就是说，控制一个社会的记忆，在很大程度上取决于权力的等级。① 社会记忆②是为证明现存社会秩序合法化而存在的，而现存社会秩序合法化与当前的社会、政治、经济、文化等权力关系息息相关，被选择作为社会记忆内容的部分就是建立在这种多重复合之权力关系的基础之上的。③ 无疑，在瑶白"摆古"这一大型活动中，其文化的内容及展演的方式便取决于历史的原材料、当下的时代背景与权力关系之间的互动与期许。

在上述几章中，我从历时性的角度以"破姓开亲"、咸同兵燹、"定俗垂后"等为切入点，来探讨该区域社会与王朝国家互动、权力阶序生成及演化过程，那么接下来我将从共时性立场，以"摆古"为场域来探究历史建构的权力阶序是如何进入当下，并影响人们的历史选择、话语表述及其认同，当下又是如何在此基础上勾连起历史、现在与未来的。

本书从历时性与共时性两种路径出发，这也是对历史学与人类

① 〔美〕保罗·康纳顿：《社会如何记忆》，纳日碧力戈译，上海人民出版社，2000，第43页。

② "社会记忆"一词是由莫里斯·哈布瓦赫的"集体记忆"演变而来的。康纳顿在《社会如何记忆》中用"社会记忆"代替"集体记忆"，以此强调个人记忆的社会性质，及社会记忆是如何产生和传递。王明珂将具有社会意义的"记忆"划分为三种范畴和层次，即社会记忆、集体记忆和历史记忆。社会记忆是指在一个社会中经由媒介保存和流传的"记忆"；集体记忆范围相对较小，是指在前者中的一部分"记忆"不断在此社会中被集体回忆，而成为该社会成员或某个群体之间的共同记忆；历史记忆的范围更小，是指集体记忆中的一小部分被以一个社会所认定的"历史"形态呈现与流传，以此追溯一个社会族群的共同起源和历史流变，以诠释当前人们的社会认同和区分。从王明珂先生将记忆划分为三种层次来看，社会记忆包含着集体记忆和历史记忆，而我在书中所用的历史记忆就是在王明珂所界定的意义上来使用的。参见保罗·康纳顿《社会如何记忆》；王明珂《历史事实、历史记忆与历史心性》，《历史研究》2001年第5期。

③ 〔美〕保罗·康纳顿：《社会如何记忆》；高萍：《社会记忆理论研究综述》，《西北民族大学学报》2011年第3期。

学两种路径的观照，正如列维－斯特劳斯所言，无论是研究有意识的内容还是无意识的形式，历史学与人类学的大致方向是相同的，唯一不同的只是他们的朝向和取向。[①] 历史学家可以说是朝后行进的，他们把眼睛紧盯着某一具体和特殊的行为，只在为了一个更全面和更丰富的观点上考察这些行为时才把眼光挪开；而人类学家是向前行进的，寻求他们从未忽视的有意识现象，获得他们所面对的无意识想象。正是这两门学科的结盟才使人们有可能看到一条完整的道路。[②]

那么如何保证一个"朝前行进"和一个"朝后行进"的学科走完同一旅程而不南辕北辙，这其实是任何一个声称做"历史人类学"研究的学者必须思考的问题。[③] 本章对"摆古"分析的目的和意义也在于此。

## 第一节　历史记忆中的"摆古"与定名

历史上，以"吃牯脏"形式出现的"摆古"是在联"款"主导下所进行的一场基于经济、政治、情感等社会总体事实的互动与交换。这一闭合的联动更多的是对联"款"内部社会关系的审视和处理及对外关系的有限拒斥。换句话说，历史上的"吃牯脏"注重的是内部的联盟，而非外在的联结。由该传统文化脉络延展出来的"摆古"，同样具有类似的性质。然而，组织的形式不再是联"款"，而是在地方政府主导下村寨之间的联谊和互动。其功能也不再局限于村寨间政治、经济与情感的联盟和交流，而是以结构似的方式对外开放，加强与外界的联系，吸引外界的目光，促进当地

---

① 〔法〕克洛德·列维－斯特劳斯：《结构人类学》，第 24 页。
② 〔法〕克洛德·列维－斯特劳斯：《结构人类学》，第 24 页。
③ 黄志繁：《历史人类学：读〈走进历史田野〉》，《史学理论研究》2004 年第 1 期。

社会旅游业的发展和村民生活的改善。可见，这一大型社会活动的开展又将我们带入历史与现实交互的社会情境中，重新审视历史的权力文化对当下的影响，以及当下对历史的重新阐释。

## 一 "摆古"的社会背景

明清时期，九寨受益于清水江木材贸易体系的发展，作为木材栽种和采运的重要区域，有过一段较为繁荣的历史发展时期。新中国成立后，尤其是改革开放之后，国家基于生态保护的战略性考虑，在长江中上游地区开始实施天然公益林防护工程。位于长江中上游重要地带的各个县市响应国家这一号召，轰轰烈烈地开展了天然公益林防护工作。其中锦屏县以"半年消灭荒山，十年绿化锦屏"为口号和目标，着力对锦屏长期以来以木材贸易为地方社会经济发展的主要途径进行了改革。在这样的历史背景下，清水江流域整体的经济发展格局、生计方式发生了重大改变，同时对村民的生活和劳动力也产生了深刻影响。为解决西部剩余劳动力和村民的生计来源问题，20 世纪 80 年代末国家又实施了西部劳动力向东部输出的人才战略计划，以使西南各少数民族地区的社会经济结构与社会得以平稳过渡。

从 20 世纪 90 年代开始，大批青壮年被动员外出打工。对此情形，瑶白原村委会主任龚大哥这样描述道：

> 20 世纪 80 年代末，由于国家要搞天保工程，我们这个地方的经济发展受很大影响。由于没有事做，大家都闲在家里，无聊，国家就倡导我们外出打工。我记得当时国家是有专门的政策，鼓励我们外出。那时候，由于大家都没有出过远门，又没有太多的知识文化，对外界缺乏认识，我们都很害怕出去，怕被外人骗，回不来，总之一切都是未知的。所以一开始，愿意外出打工的人很少，谁都不愿意做第一个吃螃蟹

的人。

当时我就想，既然国家要我们出去，肯定是有保障的，也不会出现大的问题，所以我就约上我们村的几个年轻人，试图出去闯闯，说不定可以闯出一番天地。我把我的想法告诉我家里人，他们是心惊胆战，但任由我选择，于是我们几个年轻人就踏上去往湖南、广东的旅程。从我们这里到湖南，交通是极为不便的，再加上没有足够的钱，所以到湖南我们几乎都是走过去的。我记得当时花了十几天的时间才到湖南。坐火车去往广东，路上为了省钱，我们带上父母做的糯米粑粑、几个包谷（玉米），在火车上我们几乎都是吃自带的食物，坐了几天几夜的火车我们才到了广东。

到达广州后，感觉那里好大、好热闹，这样的情景是我从来没有见过的。由于人生地不熟，开始很多老板不要我们，我们就一家家去问，最后一家饭馆收留了我们，我们就在饭馆打工，挣口饭吃。熟悉了当地的环境之后，才四处找工做。为了挣钱，我们几年都没有回家，家里人还以为我们在外出了事情。打工积攒了一些钱后，我们就回来了。回来之后，大家都觉得我们好有出息，能挣钱回来了，并且我们还将在外的所见所闻告诉村里的年轻人，他们很是羡慕。在我们这波年轻人打工影响下，之后出去的人越来越多。

受第一波打工潮影响，21 世纪初期，不同年龄阶段的人也争相外出寻找挣钱机会。到 2015 年为止，以瑶白为例，瑶白总人口在 323 户 1459 人左右，而外出打工者就有 800 多人。[①] 其中以男女青壮年为主，且大多数外出打工者属于长工性质，长期定居在打工城市，较少回家。可以想见的是，这些劳动力的大量外流，

---

① 资料来源于 2015 年我与当地人的访谈记录。

势必对村寨的人口结构和动员能力产生一些消极影响，在一定程度上削弱了村寨在社会经济、政治、文化等诸多层面的整合能力。

对此，一位老人无奈地说："现在的年轻人都外出打工了，村里就只剩下一群老人和小孩儿，很多事情都办不成。尽管以前生活比较辛苦一点，但寨里有人气，热闹，像一个寨子，有急事大家互相帮忙，无事有人相伴聊天，一点都不觉得烦闷。唉，现在年轻人不出去打工，都会被人看不起，连媳妇都找不到。"这样的情势虽说是全国性的问题，但于西南农村来讲更为严峻。为扭转这一局面，实现乡村的人口与道德再发展，贵州各市县试图通过发展村寨旅游业的方式来调整乡村人口结构，促进村民增收。

在黔东南州第一轮村寨旅游打造的计划中，锦屏县彦洞乡瑶白寨因兼具侗、苗、汉等多民族的多元文化元素和独特的历史，又符合国家倡导的民族团结、和谐共处的文化理念，且位于九寨之西，距离县城最远，经济发展相对滞后，2005年被列为黔东南州重点打造的民族文化旅游村寨。

瑶白作为黔东南州锦屏县九寨地区首例打造旅游的村寨，可以说对锦屏县的社会经济发展及其文化形象打造具有重大意义。为此，黔东南州、锦屏县、彦洞乡、瑶白村等各层级领导层由上至下做了一次全动员，针对如何开发瑶白的传统历史文化进行讨论和策划，拉开了该区域社会追溯历史和重塑历史的序幕。

## 二 "摆古"历史的追溯与命名

"摆古"，按照当地人的说法，属于民间的说唱文学。说的部分，古侗语叫"腊耸"，"腊"是念、说之意，"耸"是话或文，这里特指韵文，即苗侗的"垒词"或"款词"。唱的部分，古侗语叫"或板"，"或"是做、搞之意，"板"指能唱的韵文。人们就

178

将"腊耸"称为"摆古"。

"摆古"事实上就是历史上的"吃牯脏"活动, 即九寨地区最隆重、最盛大的"借捐"。历史文献中, "吃牯脏"有多种译法, 如"鼓藏节""吃鼓藏""吃牯藏"等, 其中"牯"字, 通常有"鼓"或"牯"两种汉译法。前者取意于吃鼓藏时以"鼓"为对象, 活动中的主要节日着重在木鼓, 鼓象征祖宗灵魂聚散之所; 后者意为吃鼓藏时宰"牯牛"敬祖宗, 分食内脏, "牯"即"牯"之意。[①] 有学者认为, 无论哪一种译法都是对苗侗族社会中存在的一种隆重的祭祖仪式的他族语译, 此名称最早源自当地汉人对苗族祭祖仪式中出现的聚众宰牛祭祀之后食脏习俗表象的观察。[②]

历史上, 每个联"款"组织以小"款"为单位, 以三年、五年、十年、二十三年等为一周期, 按照十二天干地支等确定坐庄"吃牯脏"的"款"寨。届时, 做东之寨要邀请其他"款"寨前来"吃牯脏"。其间有祭祖、念全词 (款词)、吹笙踩堂、唱古歌大歌、斗牛 ("鞍瓦") 等活动。但凡受邀参加"吃牯脏"的寨子都要做好这些方面的竞技准备以应对其他寨子的挑战。

可以说, 一方面, "吃牯脏"事实上是款寨与款寨之间政治、经济与文化等诸多层面的一种较量, 通过此种较量获得象征与事实上的村寨权威。另一方面, 人们试图通过"吃牯脏"的仪式将个体与祖先、个体与集体、集体与更大的社会勾连起来以形成一个政治、文化、经济与宗教较为完整的社会整体, 以此应对世间万物之不确定性所带来的不幸与痛苦, 分享集体所创造的精神与物质财富。甚至可以说, 人类美好的情感、孝道、美学、诗性的想象及对

---

① 民族问题五种丛书贵州省编辑部、中国少数民族社会历史调查资料丛刊修订编辑委员会编《苗族社会历史调查》(二), 民族出版社, 2009, 第 81 页。

② 杨正文:《鼓藏节仪式与苗族社会组织》,《西南民族学院学报》2000 年第 5 期。

恶的惩罚也包含在其中，获得生的意义。简而言之，人们在这样的一个仪式体系里找到了自身的生存逻辑与美学之意义。

历史上，瑶白作为九寨小"款"之一，"吃牯脏"的时间为六月六日或十月。六月举办名曰"小古"，持续时间较短，为三五日；十月举办则是七日，故称为"大古"。"吃牯脏"活动并非每年都举行，出于各方面的考虑，每五年或十年才举办一次。届时，瑶白要邀请相邻或关系好的寨子前来"吃牯脏"。作为做东之寨，它要周全地考虑每个前来参加节庆的寨子的各种吃住问题，以免引起兄弟寨间的不和。故此，做东之寨要举全寨之力完成这项任务。

据当地老人讲述，"吃牯脏"消耗巨大，有些寨子因举办一次而有倾家荡产的，甚至倾寨荡产的都有，所谓"一年牯脏，十年还账"足以说明这一事实。吴泽霖、陈国钧等的《贵州苗夷社会研究》一书中对此有细致的描述："吃牯脏在苗胞中是一件极隆重的典礼，所以将举行的前五六年，寨中各家就为这事准备显得极忙，筹钱买牛，喂养猪、鸡、鸭，储积糯米、水酒、蔬菜、柴、草，修筑住屋、牛栏、牛塘，添制男女老少花衣、乐器，最重要的是注意着牛。"[1]

苗胞吃牯脏是专指水牛的，普通一头水牛的价值为六七十元，然牯脏头的大牯牛有一牛值四五百元者。因为水牛价高，不是家家力所能及的，临期可以数家合购牛一头或买肥猪来代替。[2] 吃牯脏活动规模宏大，一两万人同庆。而且所有参与活动的人都能享受嘉宾的待遇，吃饭喝酒都由主办村寨无偿请客宴餐。那种拉客邀友的场景气氛热闹，令人终身难忘。所以，吃牯脏不能随便经常举办，一旦举办，不但要具备丰富的物质条件，而且要依靠和平稳定的社

---

[1] 吴泽霖、陈国钧等：《贵州苗夷社会研究》，第193页。

[2] 吴泽霖、陈国钧等：《贵州苗夷社会研究》，第194页。

会环境，要在人民安居乐业的太平盛世才好举办。[①] 由此可见，"吃牯脏"代价是如此之高，以至于没有殷实的物质条件和安定的社会环境难以举办如此宏大的活动。

对"吃牯脏"一事，苗侗人内心是十分复杂矛盾的。一是其关涉人们对祖先的孝道，鬼神的承诺，人与人、寨与寨之间的道义主张。二是"吃牯脏"背后是一套经济贸易的交易行为。交易的本质就像送礼一样，一旦礼物送出，期待还礼是人生存的本质反应。于是，在送礼与还礼的驱使下村寨间循环往复地开展，再加之活动背后的政治与权力博弈的内在推动力，若没有外来政治力量的强力介入，此项活动势必难以终止。

据当地老人口述，在清代就禁止过几次，但效果不大。民国时期，这一活动才被逐渐取消。新中国成立后，人们试图恢复这一节庆，但因各种复杂因素的限制，这一活动并未得到成功复办。可是，类似"吃牯脏"的活动形式及观念依然存在，只是由公共场合转向私下的婚丧嫁娶等。比如哪个房族要办婚礼，几乎要成为全寨人的狂欢。如上文所述，苗疆地区的村寨结构是由血缘与姻亲关系构成的，所以在一个寨子中，要么是兄弟或拟制的血缘关系，要么是姻亲关系，左右都是亲戚。这就不难想象，一个寨子中一家的婚礼便会成为全寨人的婚礼，且举办一次婚礼持续时间较长，多则七八天，少则四五天，消费极大，这就是瑶白在改革开放之后，持续对村寨的各种社会风俗进行制度改革的原因之一。

由上可知，"吃牯脏"的传统文化底蕴是深厚的，对黔东南苗侗社会文化的认知离不开对这一传统文化的挖掘和保护。因而，要打造村寨旅游文化势必要重新评估和启动"吃牯脏"这一重要文化活动。基于这一事实，加之政府及学者对文化产业打

---

① 陆景川、龙政榜：《九寨的"鞍瓦"和"牯脏"》，《理论与当代》2016年第6期。

造的积极推动,瑶白等地方社会的"吃牯脏"活动得以重新开启。而为与传统的"吃牯脏"有所区别,瑶白人将这一节庆的名称改为"摆古"。其寓意有丰富的历史文化意涵,对此,当地人解释:

> 以前周边九寨都笑我们没有历史,现在我们就要摆一摆瑶白的历史给他们看看。我们所讲述的东西都是在瑶白历史上发生过的事情。既包括我们村寨每个房族的迁徙史、村寨通婚史、灾难史,也包括历史上发生在我们这里的重大历史事件。总之,这些事件都是过去发生的,但都是我们重要的传统,所以特别强调"古"。用"摆",主要是因为我们没有自己的文字,什么事情都是靠口头传说,通过对唱得来,所以我们就用"摆",连起来就叫作"摆古"。

那么,什么样的内容可以放进"摆古"中,成为他们表达自身的历史呢?他们何以认同这样的历史?而在这样的历史中,又隐含着什么样的历史观念与权力关系?

## 第二节 "我"有历史:地方正统历史观的 表述与创造

黔东南州锦屏县将瑶白确定为九寨地区首批打造的旅游村寨,这引起周边汉侗寨的诸多议论。在他们看来,"为什么要选择瑶白,他们连像样的族谱都没有,能有什么历史,即使有一本《瑶白村志》,都还是到处抄抄整整得来的,不可信嘛"。受这些言论的影响,瑶白掀起了追溯族源、祖源的热潮,以此向世人展示他们历史的正统性,回应周边人群的冷嘲热讽。但他们试图通过追溯历史、修族谱来证明自身有历史这一热情,在汉人浩如烟海的历史文献中慢慢消退。因为修族谱一事不仅关涉到追溯祖先本身，其背后还涉及一套系统的文化、修辞、政治、技术等相关问题。若没有足够的经济、文化与技术条件，实难制作出一套像样的族谱。

当然，若从有没有族谱来看一个村寨有没有历史的话，瑶白确实没有多少历史可言。族谱作为汉人记录代际、土地，以及建构社会关系并展现象征权力的一套体系虽已深刻地影响了当地人的历史观念，然而，他们并非将此作为衡量他们是否有历史的唯一标尺，他们对待历史也有着极其复杂的表达方式。

## 一 瑶白历史的"底色"

"我们瑶白有自己的历史。"这是瑶白人不断重复的一句话，那么这个历史到底是怎样的？为了挖掘瑶白悠久的历史文化，瑶白寨老杨安亚老师曾组织人员四处收集有关瑶白的历史文献、碑刻、口述、访谈、个人生命史等材料，并在此基础上撰写出了《瑶白村志》一书。下面我们来看一下，他们收集到的这些历史原材料到底包含了什么，其是如何被选择的，他们又是如何看待这些材料的。

首先，从其收集到的材料及已编写成的《瑶白村志》来看，在瑶白村寨历史发展沿革这一块，"滚氏统一姓氏"被置于瑶白开寨历史叙述的起点。在他们看来，滚氏统一姓氏才有了瑶白的统一发展，对于这一点，不容置疑。虽说滚氏统一瑶白各姓氏的定调引起寨中一些未改姓于滚的姓氏的不满，但这并没有引起他们过激的反应，这说明滚氏统一姓氏是当地人达成的共识。而建立一个统一合理的叙述框架既是瑶白书写历史事实的内在要求，也是文本写作框架的基本要义。从当下滚氏一族在瑶白的人口数量、经济实力及重要影响力来说，瑶白以"滚氏统一姓氏"进行定调也是对滚家综合实力的一种承认。它是历史与现实共同作用的一个结果。

其次，在重大历史事件一栏，"破姓开亲""定俗垂后"等改革事件被放在重要的位置加以描述和强调。从上文可知，婚俗改革在他们的社会生活和历史记忆中影响重大，在某种意义上来说，正是这一系列事件消解了族群通婚的边界，实现了村寨内部各族群、各姓氏之间的联姻，结束了他们远距离通婚和权力压制的"苦难与尴尬的历史"，进而形成一个统一的、相对稳定的村落共同体和自主应对周遭社会的自治单位。此种重要性可从如下一些妇女的行为中凸显出来：

> 2014年农历的二月十九日，我与房东大妈一起去小广赶庙会，小广的环龙庵就在小广寨内。在环龙庵大门右侧竖有二十多块有关小广历史上发生的重大历史事件的石碑。其中一块的内容与瑶白光绪年间的婚俗改革大致相同，记载了小广、化敖、谢寨三寨婚俗改革的具体内容和镇远府所批的批文。当时我并没有跟随大妈进庙上香，而是在庙外仔细查看碑文。有趣的是，在我看碑文的同时，有一些妇女竟然到此碑前磕头上香，并默念着一些东西，非常认真。我以为是环龙庵住持让她们来拜的，当我问她们为什么要来祭拜时，她们笑而不答，便匆匆离开。
>
> 等她们走远之后，一位在此算命的先生跟我讲，她们来此祭拜主要是为她们的祖辈而来，因为这块碑文救了她们，所以才有了她们今天的生活。在瑶白，人们将"定俗垂后"这块石碑竖立在寨子的龙脉处，每到重要节日，很多人都会前来祭拜。虽说此种祭拜有一种表演成分，但人们对碑文所记载的内容并不陌生，甚至深有感触。因为当下诸多社会事实与碑文内容极为相似。

由此可见，婚俗改革对地方社会的影响是深远的。此种深远性同时表现在瑶白当下对自身社会丧葬礼俗及亲属关系的社会改革。在《瑶白村关于改革陈规陋习的规定》中呈现如下丰富的内容：

第一条 红喜

1. 结婚、出嫁喜事只进行两天（即正酒当天和第二天），一天实行两餐制（即早餐和中餐）。

2. 接新娘过门尚未办理正式喜酒前不允许宴请客人。

3. 青年送礼不宴请吃茶。

4. 宴请亲爹亲妈只安排一天酒席，请亲爹亲妈赴宴可面请，但不准郎家挂彩给娘家客人。

5. 三朝、周岁，新居落成（乔迁）、寿诞、升学等喜事只进行一天（即正酒），实行两餐制度。

6. 干菜限 15 个单菜以下，菜汤 4 个单菜以下。

第二条 白喜（省略）

第三条 请客

1. 所办酒席一律以下请柬为主，不再安排专人"面请"。

2. 若没有下请柬的人而来贺礼的人员于当时发给请柬以示请客。

第四条 违规处理

1. 违反本规定条款的罚款 200～500 元，并强制实行。

2. 对督查工作人员打击报复的罚款 300～1000 元，造成人身伤害的移送司法机关处理。

3. 违反本规定条款的除罚款外，并取消次年的低保评选并不能享受上级下拨的一切救济物款。

第五条 凡进入瑶白境内的人员必须服从本规定，违者一律按本规定的处罚条律处理。

第六条　该规定于 2010 年 4 月 10 日经村民代表大会通过，自通过之日起执行。

虽说每个时期改革的内容不尽相同，但都是围绕着舅公礼、彩礼、"还娘头"习俗等核心层面进行的。而人们对这一系列事件的强调表明，一方面，婚俗改革作为苗侗社会权力阶序与人群关系调整的一种有效手段被赋予了国家与地方文化习俗的双重合理合俗性，进而成为地方社会与国家进行洽谈、协商与互动的举措，对推进苗疆社会的国家化历史进程发挥了重要作用。另一方面，当地人对该事件的强调意义在于凸显瑶白作为"化外之地"与王朝国家及当下民族国家之间的紧密联系，以彰显瑶白的国家视野并表达他们拥有一种正统的历史观念。故此，当人们讲述自身的历史时，婚俗改革便成为他们历史内容的重要组成部分。可以说，对婚俗改革的强调既是对历史的回溯，也是对现实的一种诉求。

最后，我们看到，咸同兵燹也被作为瑶白人叙述自身历史的重要组成部分。这段历史以地理景观、碑文与口述历史记忆的方式而被当地人加以铭记和言说。这一复杂多样的铭记方式，一方面折射出瑶白内外的权力关系变动、宗教信仰及其对苦难历史的考量；另一方面表明，人们对咸同兵燹的历史记忆蕴含着国家史观的内在诉求。如上所述，瑶白是以苗人为主的村寨，咸同兵燹以苗民的失败而告终，给瑶白苗人带来巨大的压力。为化解这些压力，瑶白在刻碑文以表达对王朝国家认同的同时，坚决划清与起义军的界限，制造出替罪人群。至今，他们在谈论这段历史时总是强调："我们当时是站在国家这一边的，现在我们拥护党、爱党。"无疑是对这一国家立场的连续性确认。换句话说，人们将咸同兵燹置入瑶白历史中加以记忆与强调无非想说明他们的历史蕴含着国家正统文化的内涵。

## 二 历史象征物的表达与创造

"摆古"作为历史文化的展演形式，蕴含着地方社会关于自身文化的想象、创造与现实社会的历史诉求，并通过"摆古"展演的文化事项与物品展现出来。

### （一）苗服

历史上，瑶白是以苗人为主体人群的村寨。新中国成立后，虽然将瑶白寨各姓氏都识别为侗族，但村寨内部各族群间的自我认同差异很大，如我是汉人或侗人或苗人，其中，对苗人的认同感最强，最明显的特征体现在服饰上。瑶白人的传统服饰均以苗服为主。当然，在历史发展的过程中，苗族人在与周边汉人、侗家的交流过程中，其服饰也融入了其他民族服饰的一些特色。在此基础上，人们也会根据个人喜好将衣袖、裤边相应地镶嵌红、黄等几种颜色，使瑶白服饰更具特点，因而苗服最终被选为瑶白"摆古"的重要内容。

然而，在这次打造瑶白"摆古"活动的策划中，一些官员及学者认为："瑶白既然是侗族（民族识别），而且打的是'魅力侗寨'的牌子，那么从服饰上就要体现出所谓侗家的服饰特点，瑶白的服饰太过于苗族了。"周边寨子也觉得瑶白服饰颜色暗沉，穿戴起来极不方便。受此种议论的影响，瑶白人也在考虑是否按照侗家的服饰将苗服做一些改变，以迎合人们的审美和口味。但侗族服饰也是千差万别，每个寨子都有每个寨子的特点，那要以哪种为标准？怎么打造？大家穿起来习不习惯，认不认同呢？

据一位寨老说，针对服饰问题，瑶白村委会曾专门开了几次会议，会上大家一致认为："瑶白与其他寨子本来就不同，自瑶白开寨以来，我们穿的都是这样的服饰，大家都已经接受，并已习惯了，这就是我们的服饰文化。"最后会议决定不但不对苗服进行改造，而且决定以瑶白上寨苗人滚氏一房的传统服饰为样本，重新统一定制苗服。当然人们也可以根据个人喜好在服饰上镶花边，以此体现和而不同的多样性文化。

**（二）舞蹈**

据口传，在历史上，舞蹈是执行"款"约的一项重要内容。人们在定"款"的时候，会将一些重要内容编排成舞蹈的形式在各个"款"寨之间加以宣传和记忆。可以想见的是，此种通过身体记忆"款"约的舞蹈形式必然促进"款"寨之间的文化交流与情感联系，并强化其政治联系与经济互惠。此外，人们还会以舞蹈的形式表达对自然环境的认知与想象，通过舞蹈来展现一年四季农业的丰收情景，以及借助舞蹈的形式讲述并呈现男女在该社会结构中的角色分工、劳动诉求与和谐的男女关系。正因这些重要功能与历史蕴含，舞蹈成为"摆古"的重要内容。可是，舞蹈作为一种历史性的产物，它又如何在当下的社会环境中传承它的历史？

起初，瑶白寨老试图把历史上体现"款"约的舞技传给年轻人，但由于多年没举行过"吃牯脏"这一大型活动，很多舞蹈动作及具体表达什么意思大都已被遗忘，寨老们只能根据一些零碎的历史记忆编排出一些舞步来。可这些历经岁月打磨出来的舞蹈与现代年轻人的观念、审美不相契合，加之县里对寨老们所编排的舞蹈动作也颇有一些意见，认为他们的舞步没有时代气息，体现不出瑶白多元的民族文化和勤劳的劳动人民形象。为此，县领导专门派文艺队前往瑶白教授舞蹈。舞蹈队老师在编排舞步的过程中吸纳瑶白寨老们的一些意见，将苗侗传统与现代舞蹈的理念和谐融入在一起，编排出了既符合国家民族团结要求，又体现苗侗民族多元历史文化的舞蹈：一为"侗家乐"，一为"大团圆"。这两支舞蹈遂变成瑶白"摆古"展演的主要内容。

### (三) 大戏

对瑶白及周边侗家人来说, 大戏才是最能体现瑶白文化特色的传统文化。大戏又称"汉戏"或"侗戏"。据老人讲, 大戏最初叫"汉戏", 这主要是与瑶白汉人龚氏先祖有关。光绪年间, 瑶白下寨龚氏先人龚文昌和下寨杨氏先人杨路贵二人到湖南羊溪浦口拜师学艺。当时龚文昌专攻汉戏, 而杨路贵学习的是天文地理。两位先人学成归来后, 就积极招收徒弟, 传授汉戏。由于汉戏的剧本、唱词、曲调等都是汉文, 所以但凡加入大戏的人员, 必先由龚老先生教授汉文。人员的招收范围只限于本寨男性, 每届只招收 12～13 人。大戏在瑶白发展传承了一百年左右, 发展至今, 总共传承了四五代人, 有 50 多个弟子。

据当地老人说, 这套大戏很神秘, 只能在重要的节庆或发生一些不利的重大事件之后才可操演, 一般情况下不可轻易向外界展示, 否则会带来某种不幸。因而, 大戏在瑶白人的日常政治生活中非常重要。一方面, 它是保护瑶白村寨安全的重要仪式; 另一方面, 大戏成员的身份成为瑶白村委会干部选举的重要条件。在当地人看来, 村委会有大戏班的成员, 瑶白才比较安全, 所以但凡要竞选村委会干部的成员都有学习大戏的经历。这可从历届村委会支书或村主任大都是大戏班成员得以窥见。

大戏于瑶白社会的重要性, 使龚文昌老人备受当地人尊重, 并影响着瑶白各房族对汉人及儒家文化的想象与实践。在当地, 会讲汉话并掌握一套风水知识, 是比较受欢迎的, 人们相信这些人有通天下地的能力。因而, 无论是盖房选址还是墓地选择等, 当地人都会用风水的一套知识加以描述和执行。可以说, 在该区域社会, 人群在一定程度上可以通过凡此种种的特殊知识加以区分, 人们也可通过掌握这套特殊知识获得一种特殊的象征权力地位。大戏作为外来的文化, 经过当地人的改造和实践, 融合了汉、侗与苗等多元文化元素, 加之本身的神秘性而成为瑶白"摆古"展演的重要内容。

### （四）大旗

在瑶白，每个房都有一面房旗，并由长子保管。人们会根据自身的喜好和目的，将自家的大旗修饰一番，展示自己的审美。可以说，人们对大旗有着一种特殊的情感和偏好。如在"摆古"即将开展的前两天，每个房便会争相将放在房内一年或三年的房旗拿出来清洗。若被老鼠或虫子咬过，妇女们便会拿起针线细致入微地加以缝补；倘若碍于面子，怕缝补过的房旗拿出去被邻里笑话，人们定会拿到县里定做新的房旗。

寨中各姓氏的房族大旗，其装饰和富含的意义各不相同。每个房族根据自身的喜好，将房族的姓氏、堂号等分别刺在大旗上，争相装饰和展示。但对于那些后来的小姓房族来讲，大旗于他们而言或许仅仅是一面纯粹的大旗，是区分不同姓氏的符号工具而已。但于在清中期经历过咸同兵燹的房族来说，这面房旗便已超越了房旗、堂号等意义，被赋予了宏观的历史与文化象征之意涵。他们会将先祖显赫的战功历史写在旗背面，并以长子保管的方式扬房威，制造差异和文化身份。

据考察，人们对大旗的此种特殊情感有着历史的渊源。清道光咸丰年间，中国西南苗疆地区爆发了清代以来最严重的农民起义。在此种情势之下，调任黎平府知府的胡林翼在苗侗地方"款"这一社会组织基础上组建团练，并按照保甲制度的相关原则编排村寨队伍，授予保甲长以战旗。获得战旗者一般为当地大族，抑或为在清王朝阻击起义军中做出贡献的房族。而那些没有获得战旗的大族或小姓房族，便被归属于大族旗下，听其号令，积极备战，以获战功。

从某种意义上来说，获得战旗的大族得到了国家意义上的一种正统性认可，而此正统性赋予了一个村寨、一个房族以文化权力和政治地位。它是房族的一种荣耀。故此，这段特殊的历史渊源与地方社会在战争中经历的特殊遭遇，使战旗成为瑶白"摆古"又一重要的展示内容。

# 第三节 结构与权力纠葛下的历史与当下

历史如何来到当下，这不但取决于地方社会的地缘生态与经济环境，更取决于村寨间既有的权力格局、历史惯性与现实所处的时代背景。在这一节中，我以瑶白因邀请客寨来参加"摆古"而引发的争论，及因"摆古"而引致上下两寨滚氏的先后进寨之争为切入点，讨论权力如何打破结构把历史带入当下，并因时代观念的置入，地方社会又呈现出何种历史态度。

## 一 在邀请中掂量历史与权力

"摆古"虽说是以发展经济为目的，但"摆古"的文化政治意义在于实现村寨间的互动与联动，以将外界的目光吸引至苗侗内部，重新透视和发掘该地方社会多层次的文化内涵。既然村寨联谊与互动是"摆古"开展的基本前提之一，那么"摆古"就涉及如何邀请客寨这一重要内容。

2002~2014 年，瑶白共举行过四五次"摆古"活动。据当地寨老说，每次活动都因邀请客寨之事而引发诸多的争议与不快。可见，此种争议背后必然与权力及其时代背景紧密相关。下面我将以瑶白"摆古"其中的一次为例，看一下历史权力是如何左右瑶白的客寨选择与实践的。

2002 年瑶白第一次举办"摆古"活动，这次活动几乎受到贵州各大媒体及地方社会民众的广泛关注。与瑶白关系好的寨子都十分期待瑶白能够盛情邀请他们参加"摆古"，以将他们的村寨文化及个人才艺全方位展示给外界的观众和社会，吸引游客来此旅游。而于瑶白人而言，他们明白第一次"摆古"对瑶白来说意味着什么，它既是向外界展示瑶白多元民族文化的契机，也是修复与周边侗家关系的重要机会。故而，瑶白村委会十分重视邀请客寨这件事情。

据当地寨老回忆，因为邀请客寨一事，瑶白村委会专门开了好几次会，但每次讨论都会因不同房族与周边不同寨间的亲疏远近关系而无疾而终。比如上寨欲邀请剑河的芳武、小广，因为这两个寨子与他们有颇深的历史渊源。上寨滚氏是从剑河芳武迁徙而来，与其是同族和兄弟关系，历史上关系甚好；而下寨更倾向于彦洞、黄门、石引等寨，因为这些寨子与他们存在利害关系。尤其是彦洞，它作为市场与行政中心，且既是邻居，又是姻亲关系，这诸多层复杂关系促使瑶白不得不慎重考虑。可以想见的是，若第一次不邀请彦洞，势必会得罪这个老亲戚而无端产生一些麻烦。

例如，九寨的彦洞与高坝两寨于 2014 年 7 月 20 日同时举行节庆，但两寨都没有邀请瑶白。于瑶白而言，高坝没邀请瑶白无可厚非，历史上除是联"款"单位之外，较少有交集，加之两寨距离本身就远。但彦洞不同，在瑶白人看来，除了是亲戚寨子不说，他们"摆古"邀请过彦洞，那么彦洞过节理应邀请瑶白，这是起码的礼数，但彦洞没有这样做。碍于面子和出口怨气，瑶白决定派出女子表演队和篮球队去高坝捧场。

九寨地区流行一句话："瑶白去哪里摆，瑶白姑娘去哪里跳，我们就去哪里看。"所以哪个寨子能够邀请到瑶白表演，谁就能在这次节庆中获得较高的关注度。当时，高坝对瑶白的到来既感到意外又充满感激，并将瑶白表演队和篮球队视为贵宾，吃、住、交通等费用全由高坝出。

显然，瑶白去高坝捧场这件事使彦洞极为尴尬和不满，他们认为这是不顾彦洞颜面，公然对抗彦洞的表现，于是扬言："要瑶白付出代价，必须给其点儿颜色看看。"当然，瑶白也有回击的能力，只是这样会使双方陷入循环械斗的不利处境，得不偿失。迫不得已，瑶白、彦洞两寨各自做出让步，两寨无论哪一方举办活动，互相都要派一个队伍参加, 以示对对方的支持。这一事实说明, 人们无论如何选择历史必然受制于当时的权力关系。最后经过几次协商, 瑶白最终确定邀请彦洞、芳武、小广等寨参加"摆古"。

## 二 先来者与后来者之争

瑶白"摆古"仪式包括迎宾、祭祖、长桌"摆古"、斗牛和舞蹈表演等过程, 而这些仪式的每个过程都涉及谁先谁后的站队顺序问题。正是这一问题又将瑶白上下两寨滚氏的先来与后到之争从"后台"引到了"前台"。

正如上文所述, 瑶白上下两寨滚氏是同姓不同宗, 除龙氏之外, 较之其他姓氏, 他们都是最先来到瑶白定居的。但苗侗没有文字, 长期以来以口传的方式记录房族迁徙和代际传承。显而易见的是, 口传的不足在于随着代际更替和时间的流逝必定会丢失诸多历史信息, 瑶白上下滚氏先来后到之争说明了这一点。

为争先后, 上下寨滚氏都各自有说服对方的理由。上寨滚氏的理由是: 他们与龙氏紧邻, 共同居住在上寨, 且风水最好, 这些都是先来者的标志。下寨滚氏认为: 他们人口少, "客发主不发的"这一地方俗语恰恰证明他们是先来者; 此外, 他们还用埋在周边的老祖坟年限证实他们是最先到瑶白定居的房族。对于他们的争论, 瑶白其他房族的人避而不谈, 或承认他们都是共同进入瑶白的, 谁也没有改姓于谁来回避他们的争论。

据了解, 他们的先后之争无果后, 遂请教下寨年纪最大也最有威望的杨家老人来评断。这位老人在20世纪50年代参加过志愿军, 退伍回来后, 当过彦洞公社 (瑶白与彦洞当时为一个公社) 书记, 对村里发生的事情比较清楚。但遗憾的是, 这是几百年前的事情, 显然他也并不清楚。但他提议, 在"摆古"那天, 谁先来谁就站在龙氏后面, 以解决他们站队的先后问题。无奈之下, 上下两寨滚氏只好同意这位老人的提议。据说, "摆古"的前一天, 两支滚姓为争第一而早早等待在寨中的鼓楼中心，但上寨滚氏还是慢了一步，让下寨滚氏占了先，排在了龙氏之后。

上下两寨滚氏为什么要争谁先谁后？事实上该问题涉及地方社会的两个重要问题：一是谁改姓于谁的问题，改姓者意味着是后来者，也是依附者，地位相对较低；二是先来者象征着有开寨之功，拥有村寨社会管理与发展的话语权，并享有一定的房族地位。因而上下两寨滚氏才因站队问题再次引发争论。由此个案我们看到，当社会秩序遭遇无序时，时间的先后再一次成为地方社会确定人群归属的基本原则，并影响人们的行为选择和认同理路。事实上，先来后到也是该区域社会移民人群"在地化"过程中实践的普遍逻辑，是他们争夺"历史"话语权的主要依据。

## 第四节　"古"的再现与展演

"文化展演"一词，最早出现在 Milton Singer 的著作《伟大传统现代化之时》一书中。在该书中，"文化展演"不仅包括人类的言语交流，还包括非语言性的交流，如歌舞、行为、书籍等，或是具有多种艺术要素的族群文化。[①] 格尔兹将文化视为展演的文本。他认为，研究者可以通过对当地人渐进式的考察和关注，对他们的解释进行"解释"，包括对日常生活中看似极为琐碎的细节和事实进行细致入微的深描，使其更广阔地对当地人的社会文化进行理解与把握，从而理解其意义——理解他人的理解。[②] 进而格尔兹将文化理解为意义之网，人就是悬置在这意义之网中的动物，从而获得

---

[①] Milton Singer, *When a Great Tradition Modernizes*, New York: Praeger Publishers, 1972, pp. 71 – 76.

[②] 参见〔美〕克利福德·格尔兹《文化的解释》，纳日碧力戈等译，上海人民出版社，1999，第 1 ~ 3 页。

对文化的阐释。

埃伦·迪萨纳亚克认为人类文化的意义必须在行为交流中得到表达，作为文化现象之一的表演，可视为具体的历史经验集合与文化关联的一种行为表达。[①] 正是人的行为连接了展演和文化场景两个方面。因此，关注"展演的行为"是解读文化的一个合适的维度。[②] 在本书看来，可以将"展演的行为"看作行动记忆。作为无文字的山地民族社会，人们除以口头传承文化、勾勒历史之外，重复的行动也蕴含着记忆历史的逻辑，并有着储存和展示历史的功能。

## 一　迎宾

迎宾是"摆古"中最为核心、隆重，也极具震撼力的一个环节。人们期待看到在迎宾路上，村寨间争相举着大旗在村寨边界上汇合的场面，人们握手寒暄，挡酒，唱着迎宾歌，见证现场的感动。如果说"摆古"本身就是一种村寨间集体行动的政治行为，那么迎宾的规模、形式必对这一政治行为产生重要影响。因而，在迎宾这一环节上，瑶白村委会可谓煞费苦心，倾尽其力组织寨中男女老少参与迎宾。

在开始迎宾前，寨中各房男女老少忙前忙后。女的忙着打扫屋子，整理杂物，铺好床铺；男的将迎宾及整个"摆古"过程中需要用到的东西，比如大旗、长桌、祭品、香、纸等拿到祭祀中心布置；小孩兴高采烈地叫喊着，大人帮忙穿戴好服饰，化点淡妆，以博得客人的称赞。

"摆古"在历史上是大型的祭祖仪式活动。尽管"摆古"在当

---

① Ellent Dissanayake, *What is Art for Seattle*, London: University of Washington Press, 1988.

② 洪颖：《行为：艺术人类学研究的可能的方法维度》，《艺术人类学论坛》2007年第 1 期。

下是基于旅游目的而开展的,但祭祖等神圣仪式是不可忽视的一环。因此,在举行"摆古"仪式之前,龙家作为瑶白的开寨先祖,他们负有祭祖的责任,他们是整个仪式的灵魂。因而不仅要打头阵,还要引领众人祭天地和祖先神灵。为此,龙家要先将自家的八仙桌、糯米饭、筷子、芭蕉叶、仪式之草、大米、香、酒杯、酒壶、包好的糯米粑粑放置在迎宾的路口。龙氏一房准备就绪后,其余各房以房旗为单位,按照进寨的先后顺序列好队。迎宾秩序依次为:扛瑶白大旗的人站在第一排,第二排是扛房族大旗的队伍,第三排为打鼓队,紧接着就是瑶白各房成员队伍,排在最后的是表演队、篮球队和斗牛队。队伍列好后以等待客寨鸣炮。

鸣炮是"摆古"迎宾这一环节的前奏。鸣炮意为启程,何时启程迎宾取决于客寨何时鸣炮。因而,一旦听到客寨鸣炮就知道宾客已至半路,此时,迎宾队伍就可以启程至寨门口准备迎宾。主寨抵达迎宾路口后,便立即鸣炮回之,以示主方已做好迎宾准备,宾客可以抵达迎宾点。不然,宾客要在距离寨门一公里的地方等候主寨鸣炮。一般而言,此种情况较少发生,因为这不是待客之道。只要客寨鸣炮,主寨便迅速到达迎宾路口准备迎宾。

当受邀寨子到达迎宾路口后,主寨的第一道迎宾仪式就是拦宾客、唱酒歌,俗称"拦路歌"。该仪式主要由主客双方能歌善舞、能说会唱的中青年漂亮女子来完成。首先,主寨迎宾女子手持盛上米酒的牛角,面向宾客寨唱拦路歌,完毕,客方要与之应对。双方一个回合之后,迎宾女子上前敬酒,宾客喝之,以示尊重。酒毕,双方寨老握手寒暄,然后主方将队伍列成两排,受邀寨子队伍从主方迎宾队伍中间先行进寨,迎宾队伍跟随宾客浩浩荡荡原路返回寨中(见图5-1)。

迎宾过程中,男女老少都沉浸在这游行的欢乐气氛当中。老人沉默寡言,不苟言笑,一板一眼地跟随游行队伍前行;青年人的表情时而庄重,时而嬉笑,时而耍酷;小孩子盲目地投入此情此景中,

**图 5 - 1 迎宾**

图片来源：彭泽良拍摄。

手舞足蹈，异常兴奋。总之，大家用自己最好的方式展示了自身。

在整个游行过程中，可能最引人注意的莫过于每个房族所展示的大旗（见图 5 - 2）。

**图 5 - 2 瑶白各房族大旗**

图片来源：彭泽良拍摄。

　　正如上文所述，在历史上，大旗象征着一个房族或村寨的一种权力与荣耀。尽管在当下这一历史厚重感发生了变化，但内含其中的地方社会与王朝国家互动的历史情形，及相互间认同的心态依然被当下人以各种方式记忆，大旗在这里获得了生命力。

　　在游行的乡村道上，大旗被置于表演的中心，主客寨各个房族将自家的大旗争相高举，大步前行。大旗在乡村小道间迎着清水江的风扑闪扑闪地讲述着过去，将我们带进历史，又通过展演的形式将历史带入当下，进行现时化与未来意义的勾连，这一富有美感和历史厚重感的景象，向我们展示了苗疆社会历史发展变迁的重要侧面和苗疆社会房族间权力博弈的现实。

　　此外，在整个"摆古"展演中，"回娘家"队（见图5-3）以另外一种形式将我们带入瑶白、彦洞联姻与变革的历史中。

**图5-3　彦洞"回娘家"队**

图片来源：作者拍摄。

　　"回娘家"表演队是由瑶白嫁入彦洞的媳妇倡议，经乡政府同意组建起来的。其倡议人杨姐认为，彦洞受邀到瑶白参加"摆古"，就要体现出两寨长期以来的联姻关系，她将瑶白嫁到彦洞的妇女全部组织起来，取名为"还娘头"队。据调查，瑶白自明清以来嫁到彦洞的媳妇数不胜数，现仍健在的老人加起来就有两百多人，再加上青年妇女就接近三百人，如果把她们组织起来作为一种文化进行打造，无疑是九寨社会的一种创举。当时她的提议得到了彦洞乡、彦洞及瑶白村人领导的同意。

可是，取名"还娘头"却遭到当地一些文化人的反对，他们认为"还娘头"队不符合当下的时代精神，它是一种封建性质的陈规陋习，不该用此名称。上文已述及，清初彦洞与瑶白联姻，但在这场联姻中，杨氏土司依凭自身权势迫使瑶白在某种意义上属于提供女人的一方，若瑶白娶彦洞之女，必须付出高昂的代价才能实现。作为地方大族依据权力大小，通过婚姻建构起来的一种不平等婚姻关系之产物，"还娘头"造成了村寨、房族间诸多的矛盾和社会纠纷，给当地女人和弱势家族在精神与物质上都带来了沉重的负担。

新中国成立后，这一不平等权力关系虽有了深刻改变，但镶嵌其中的等级阶序观念并未消解。这些文化人深谙此理，故而不赞同用此名称，建议将"还娘头"队改成"回娘家"队以示对时代的理解，这一提议得到瑶白人的支持。但彦洞对此颇有微词，在其看来，历史上瑶白与彦洞之间就存在这样的事实，既然是传统，就不需改动。但时代背景似乎更有利于前者之提议，后便改为"回娘家"队。

被组织起来的"回娘家"队在浩浩荡荡的游行队伍中，敲着腰鼓，肩挑着糖果、粑粑、猪肉等前往瑶白。至瑶白后，"回娘家"队将礼物各自挑往娘家，看望父母、房族，这一情景十分感人。"回娘家"是一种历史婚俗，当下人们根据现实情境对其又进行了时代性的创造，历史与当下的交互赋予了这一婚俗以新的文化意义。

## 二　祭祖

将宾客迎接至瑶白寨中，紧接着就是祭祖的展演仪式。祭祖是整个"摆古"的核心内容,从传统"吃牯脏"的历史文化含义观之,祭祖才是举行"吃牯脏"的主要动因。此种祭拜祖先神灵的仪式,在强化村寨间联盟的政治秩序时,也调整了地方社会人群关系与社会结构之间的张力,因而被置于相当重要的位置。这可从祭祖空间得以窥见。

祭祖仪式在瑶白上下两寨最为神圣之风水宝地龙脉处,即"龙碑"处举行。祭祖仪式开始之前,各房已按各姓氏进寨的先后、主客关系将八仙桌放置在龙碑处。龙家在中间,其余左右两边分别是滚(两滚)、杨、耿、龚、范、万、彭、宋等九姓。八仙桌依次放有各房族的祖先灵牌、猪头、熟鸡、鲜鱼、水酒、糯饭、稻穗、水果等。宾客和瑶白各房族按照进寨先后、亲疏远近、男前女后的排列顺序依次在龙碑处列队:第一排为瑶白各房族长或寨老,及领唱祭词的祭祖师;第二排是年老的女性及男性房族成员;第三排是年轻女性成员以及"回娘家"队;最后一排是外来宾客、扛大旗的年轻人及围观群众(见图5-4)。

**图5-4 祭祖**

图片来源:作者拍摄。

列队完毕后, 便鸣炮以示祭祀开始。每人手里各领一炷香, 由祭祖师领唱祭词。祭祖师由下寨杨安亚老师担任。杨老师学过一些风水地理知识, 并在师傅那里得到一本不外传的祭祖书。每次祭祖完之后, 便小心翼翼地将其收藏起来, 从不借给外人, 这也为他作为祭祖师增添了几分神秘性和合理性。

作为一名祭祖师, 他身穿一身传统苗族服饰, 走上祭祀台, 正对观众, 开始念祭词。每念完三句祭词, 全部祭祖人员跟随祭祖师行祭拜礼 (见图5-5)。九次过后, 祭祖宣告完毕。紧接着所有参与 "摆古" 人员进入鼓楼会场, 进行长桌 "摆古" 环节。

图5-5 瑶白祭祖仪式

图片来源: 作者拍摄。

## 三 长桌 "摆古"

长桌 "摆古" 有两项仪式: 一是 "祥牛踩堂"; 二是长桌 "摆古"。于前者, 在当地, 牛一般被视为龙的属种, 是吉祥之物。但凡一些重大事件开始前或一个村寨、房族遭遇某种不顺，一般都会以"祥牛踩堂"的方式消除邪气与不祥。所以在长桌"摆古"之前，必先将披红挂彩的祥牛拉进摆古场，绕场三圈后，人们才能入场踩堂。

"祥牛踩堂"这一仪式，事实上讲的是开寨先祖如何通过耕牛找到水源和耕地，并定居下来的故事。这一仪式既是对开寨先祖的确认和尊重，也是对牛在农耕系统中所起重要作用的一种肯定。故此，仪式是由进寨先祖的后人龙氏房族族长和一位小伙子来完成的。龙氏老人身穿黑色麻布便服，头戴斗笠，肩扛锄头，一摇一摆地跟在小伙子牵着的祥牛之后，四处张望，寻寻觅觅。忽然祥牛停了下来，龙老人家忙上前查看，掘地挖土，终于得到一块宝地，于是烧香焚纸，叩拜天地祖宗。尔后，老人扛着犁耙，牵着水牛，围绕此地踩堂三圈，并烧香焚纸，拜天地神灵，在草叶上打好标记，定下耕作之地，然后牵着水牛，欣然离去。

该仪式结束后，紧接着就是穿着盛装的男女青年陆续进入会场，进行"吹笙行乐"这一传统芦笙歌舞表演。瞬间，鞭炮再次炸响，长号长鸣，锣鼓喧天，瑶白九姓房族旗手举着高高的族旗，浩浩荡荡涌进摆古场。随后，芦笙队、文艺队、身着长袍马褂的寨老们、年轻人、妇女依次登场。摆古场中心，芦笙、芒筒、长号、牛角等土乐器，朝着天地、东南西北，吹出美妙浑厚的声音。人们挑着五谷、坛罐，扛着织布机、农具，捧着糖果，载歌载舞，踏歌踩堂。人们围着摆古场一圈又一圈地跳着，那芦笙、芒筒的节奏，姑娘佩戴的银饰的响声，轻盈的舞步，小伙粗犷的舞姿，悦耳的歌声，让人赏心悦目。跳完几圈后，人们把芦笙、芒筒、长号围在中心，组成一个巨大的盘龙阵，以示吉祥。据当地老人讲述，该歌舞涉及农耕、社会稳定、节日、婚恋、相夫教子等诸多内容，展示了苗侗社会"以饭养身、以歌养心"的文化精髓。

众人踩堂结束后,便是"摆古"最后一个节目,即长桌"摆古"。所谓长桌"摆古",就是主客人员分别坐在由各房族摆成的长桌两侧,进行主客之间你来我往的说唱。长桌"摆古"的秩序是:长桌一方是村寨寨老和古师艺人,一方是重要宾客;长桌左右两边分别是主人与客人的房族成员,按主左客右排列,里排是男性,外排是女性(见图5-6)。

坐在核心位置的唱师一般由开寨先祖的后裔担任,或者由寨中威望甚高、能说会道、懂村寨历史,以及对对歌的音律、曲调都有所了解的人担任。一个寨子是否有名或者能否被其他寨子看得起,就先看这个寨子中有没有几位好的唱师。这是一种文化软实力的象征。所以,几乎每个房族都有自己能说会道的人,他们以专研唱词、音律和了解他人房族的历史为乐。

**图5-6 瑶白长桌"摆古"仪式**

图片来源:彭泽良拍摄。

唱师的位置确定好后,其余房族长依次按照进寨的先后顺序和主客秩序分别坐在相应的位置准备对歌。对歌开始前,首先由寨中开寨房族的后裔族长吹响长牛角,以示对歌开始。然后大家端起酒杯，由龙氏族长对客人开唱迎宾歌、祝酒歌。唱毕，主客寨你来我往开始对歌。一般情况下，所唱的词（垒词或是款词）不仅包括对方寨子的历史、每个房族的历史，还涉及双方的婚嫁情况。比如盘古开天辟地、民族迁徙、朝代更替、重大历史事件、姓氏来历、婚嫁习俗、人文景观、丰收景象等，内容无所不包。这么一唱一和，如果没有时间限制，可以进行好几天。可以说，该地方社会的历史文化多半是在对歌竞争形式之下流传下来的。相熟悉的寨子之间无不知晓彼此的历史和故事。换句话说，他们都以记住自身和对方的历史为荣，以此来体现他们的才华和智慧。于是我们又回到这样的历史开端：

## 古歌

众位朋友及乡亲，摆个古来大家听。
讲讲瑶白的村史，从根开报一堂人。
汉人有文传书本，侗家无字传歌声。
祖辈传唱到父辈，父辈传唱到子孙。

自从盘古开天地，三皇五帝留礼仪。
前朝的人留根古，风调雨顺年成吉。

自从殷商纣王起，诸侯战乱民举义。
先人迁到这团地，拓荒种地有来历。
瑶白龙家来开村，这团土地贵如金。
杨家滚家也来住，陆续还来几姓人。

远方结亲不放心，商议复姓来开亲。
上寨下寨为亲戚，以水为界亲结成。
彦洞乡来瑶白村，女还娘头包办婚。
同立块碑昭村寨，陈风陋俗方改成。

204

# 小 结

本章通过对瑶白"摆古"仪式的分析想要探究的是，地方社会过去的历史是如何进入当下，苗疆人群的历史观念及其认同层次又是如何在此过程中得以表达并加以演绎的，从而解释苗疆过去、现在与未来之间可能存在的发展面相，理解苗疆区域社会与更大社会体系之间互动的内在逻辑。

历史如何进入当下，并对当下产生影响，这不是一个想当然的过程，而是一个不断选择的过程。它既受制于自身社会的自然结构、婚姻规则与社会结构权力关系，也受制于外在的宏观历史背景。或者说历史如何进入当下是内外因素交织影响的一个结果。在瑶白叙述自身历史的基本框架中，滚氏"统一姓氏"、"破姓开亲"、"定俗垂后"、咸同兵燹，以及作为"摆古"展演的苗服、大旗、大戏、"祭祖"、长桌"摆古"等无不说明了这一点，尤其是瑶白邀请客寨一事、上下两寨滚氏的"先来后到"之争、"摆古"理念的定位及"还娘头"改为"回娘家"之行为更是充分表明了这一点。

历史选择的内容无论是被动还是主动，只要它被选择，那么它就构成当下地方社会认同的维度和真实存在的一个事实。由此我们窥见，瑶白"摆古"对其村寨历史的叙述中，既有对滚氏统一姓氏的强调，也有对婚俗改革的历史歌颂，以及对咸同兵燹给社会带来苦难的痛斥。这一叙述框架将自身历史与王朝国家在地方社会发生的重大历史事件做并置处理，这不但展现了地方社会认同的层次性，而且揭示了苗疆人群将外来历史内含于自身先来后到展开叙述的复线历史观念中。

瑶白"摆古"仪式的秩序、展演和展演内容的选择这一事实，让我们再一次看到过去的婚俗改革及其建构的权力阶序对当下的影响。它作为一种文化习俗和结构的证据支撑本书要说明的婚俗改革与社会变迁的历史，同时进一步说明过去如何走到当下的变革逻辑。换言之，通过"摆古"展演，一个永恒的过去和现在在此时此地交汇，在解释过去和现在的同时，也描述了此时与未来交汇的可能向度。

在此，本书虽难以对苗疆社会文化发展的未来做出预判，但可以预见到的是，地方社会在与国家主体性协商的过程中，社会改革将是其中的要义。

# 结　论

　　明清以降，中央王朝通过军事行动、汉人移民、政治调控和木材贸易等诸多方式将苗疆渐次纳入其直接统治的过程中，整个苗疆社会也经历了一系列大规模、前所未有的以婚姻为中心的习俗和制度变革。苗疆的婚俗改革促发了整个苗疆的社会结构变迁、权力阶序重构以及人群的再分类。正是这一系列社会变动以及由此而生的联姻，为当地社会建构出一种与"平权"截然不同的权力阶序。此权力阶序决定了当地不同人群的特点和其后发展的历史差异，更勾画了他们在当下认知自身历史的内在理路。

　　本书主要以贵州黔东南清水江九寨的一个苗寨为考察对象，以婚俗改革、咸同兵燹、"生鬼"构建、"摆古"展演等重大历史事件为切入点，从历史人类学的视角，探讨了清以来国家权力下沉与苗疆地方社会结构变迁的内在关联，回答了绪论中提出来的几个问题，即地方社会如何凭借婚俗改革重建社会权力结构；王朝国家如何通过婚俗改革，促使国家权力层层下渗到地方社会权力结构之中，并推动权力阶序与文化图示的再生产；围绕婚俗改革而展开的历史过程，如何影响当下苗侗社会人群关系的实践和他们对自身历史的认同。

## 一　苗疆权力结构与主体性演变

　　山地民族社会由于人口的流变、居住模式和不同于主体人群的一套权力组织与文化机制，使它的权力结构问题一直备受人类学、历史学等学科的关注和讨论,并逐渐形成了以下几种观点。

第一种是以美国人类学家詹姆斯·斯科特为代表的观点,他认为山地民族社会是以自由主义思想和平权理念构建起来的,来自国家的影响微乎其微,地方社会难以产生阶序;第二种是以英国人类学家埃德蒙·利奇等为代表的"结构摇摆论",他将山地民族社会结构的变迁看成在一个内部自成体系的联姻机制,政治上呈现为一种动态的钟摆现象,其结构的改变多来自其内部的文化机制影响。二者的共同点,都在于强调山地民族社会独立的权力结构属性,不管这种结构最初是基于"逃离"还是源自"自我选择"。

只是后者与前者稍有不同的是,利奇更多从边界互动与社会变迁之视角来审视山地民族社会的变迁问题。在他看来,山地民族社会的政治体系极为脆弱,很容易受到外来的军事、政治、经济及文化的影响而发生深刻变革。在这一点上,利奇的研究带给我们广阔的思考空间。不过令人遗憾的是,他并没有就外来力量、变革事件与山地民族社会变迁关系及其过程展开细致的探究和区分,这一点也遭到诸多学者的批评。

第三种研究立场则是强调王朝国家文化体系学说,该立场认为中国西南社会及东南亚山地民族的联姻制度及社会变迁受制于王朝国家的文化体系。尽管该学说还没有形成一套理论体系,但值得进一步展开研究。

上述三种研究取向已成为山地民族研究的重要范式。但在上述研究中,我认为就社会变迁的视角、变革动力与更大社会体系间的关系而言,依然有更多历史细节存在广阔的讨论空间,尤其是关于山地民族权力结构的主体能动性问题。在本书看来,对山地民族权力结构的讨论,背后指向的根本问题其实是权力结构的能动主体性问题。詹姆斯·斯科特将山地民族的权力结构看成与王朝国家对抗生成的，将地方社会的演进看成"因变量"而非"自变量"，由此遮蔽了山地民族社会权力结构的韧性，使主体虽然能动，但充满压抑性；而利奇将权力能动主体性归因在联姻机制的结构中，考虑地方社会发展的能动机制，但对高居地方之上的"国家体系"，则多少有些关联不足，致使国家与地方持续互动的复杂关系无处"伸张"。

然而，就本书来说，山地民族社会的权力结构及其主体性，既不是在反叛中自我生成的，其主体充满压抑性，也并非被结构制服，隐含在结构中无处遁逃。山地民族社会权力结构的变迁及权力结构属性，是地方社会行动主体主动与更大体系在反复博弈之中相互生成的，其主体性经历了一个以地方为主体主动与国家互动，到地方社会与王朝国家双向互动，再到以国家为主体与地方社会共同谋划的历史演变过程。

让我们再回到本书讨论的起点对这一问题加以阐释和说明。本书是以明清两朝苗疆婚俗改革来探究西南社会权力结构变迁的问题。我们知道，明清两朝是西南尤其是苗疆社会整体纳入王朝国家版图，并得到大规模开发与制度建设的关键时期，也是苗疆社会文化结构整体变迁与村落化的历史时期。既有研究表明，在王朝国家渐次将苗疆社会纳入自身的统治过程中，军事占领、屯垦移民、政治调控和木材贸易等诸多方式起着十分重要的作用。但可以想见的是，这一过程也付出了沉痛的代价，其成本几乎无法在经济上做出估算。

苗疆地理生态复杂，人群居处分散，且各自联盟为政，又擅械斗，被王朝国家看成"不服教化之地"。苗疆这一社会境况给清王朝的统治带来极大的困难。因而，在清王朝看来，若不在政治、军事之外寻求一种文化统治，以突破地方社会鼓社制度、款联盟制度，进而有效达成王朝国家与地方社会切肤的接触与互动，那么对西南的统治与管理将得不偿失，清王朝以征服苗疆作为自身建立正统的战略愿景也将面临很大的难度。这一点可从清王朝针对苗疆的各项政策、云贵总督的各类奏折，及因开发苗疆而引起清王朝内廷党派之争等中得以窥见。可以说，终清朝一代，将文化工程建设视作统治苗疆的百年大计，始终贯穿于苗疆从"异域""新疆"转变为"内疆"的整个历史过程。

而于苗疆社会而言，随着王朝国家在苗疆社会政治开拓与军事镇压，地方社会常年饱受战争与区域社会结构断裂所带来的失序之苦。虽说清水江木材贸易发展及其形成的商业贸易体系给苗疆社会带来了极大的发展，并促发地方社会多民族文化的交流，丰富了人们的日常文化生活，改变了区域社会结构的连接方式，推进了王朝国家对地方社会的统治。但不同人群对地方社会稀有资源的争夺、文化间的相互猜忌与巫蛊指控、政治与军事的对抗等遭遇所带来的社会苦痛同样极大。因而，面对国家控制力的日渐强化，地方社会也在试图从文化层面寻找能与王朝国家洽谈与交流的基础平台。

可以说，当历史的车轮行至晚清，王朝国家与苗疆社会几乎同时在依靠文化变革与文化治理来重建社区这一行动上不约而同地走到了一起。这便使苗疆联姻制度迅速成为双方达成共识的手段与机制。从横向上来讲，联姻制度是苗疆社会集情感、政治、经济与文化于一体较为封闭的复合体，这一联姻机制建立在"内与外""主与客""先与后""上与下"这一套阶序文化基础上，内含着族群边界、血缘边界、政治边界等多重复合边界之事实；从纵向上看，苗疆社会的联姻制度在历经王朝国家对苗疆社会的统治过程中，既有宏观意义上的国家意志与脉络，亦蕴含着地方社会关于社会存在与发展的文化想象与社会实践。

由此可见，王朝国家要进入山地社会，主导其发展，对联姻制度的变革势在必行；而地方社会要寻求发展，联姻制度的变革便是应有之义。在整个苗疆区域社会，历史上所发生的一系列大规模前所未有的以婚姻为中心的习俗和制度变革已充分说明了这一点，瑶白与杨氏土司属寨彦洞的联姻及其变革更加表明了这一事实。

明末清初，苗人滚氏进入瑶白后，为发展自身势力，维护自身族群婚姻与血缘的"纯洁性"，避免因村寨内部联姻而引致各姓氏之间分裂，便与龙氏结为兄弟关系，并以统一姓氏的方式将瑶白其他异质性人群整合起来，以应对周遭社会的变化及其带来的威胁。可是，随着清水江木材贸易的兴起及市场体系的建立，中原、东南等地人群大批涌入苗疆，促使该区域社会不同人群、房族、村寨之间对该地区稀缺资源的激烈争夺，使得多重势力争相介入，引致该区域社会结构发生断裂、重构与变迁。为应对该区域社会之变局，瑶白寨与中林验洞长官司杨氏土司迅速以"破姓开亲"的方式建构婚姻联盟应对这一变化，以获得在这一区域社会经济、政治与文化上的主导权。

如正文所述，在这场联姻中，主要是解决苗疆自身社会的两个基本问题：其一是苗疆自身内部权力结构的调整与区域社会的连接问题；其二是苗疆社会各族间联姻的合法性与合俗性问题，或者是正统性问题。有意思的是，这次"破姓开亲"在恢复既有人群的身份和差异之形式下，却依旧凭借地方社会的族姓、村寨与房族的权力强弱重新建构起一种权力阶序。这一权力阶序以婚俗关系确定下来，成为这一区域苗、侗、汉人群关系实践的基本框架，也成为我们重新解读苗侗姑舅表婚的重要起点。

从更深层次的意义来说，这次改革，一方面，它打破了九寨等周边区域的权力格局或者说政治格局，将"款"与土司制相结合，形成一个垂直式的权力阶序，将周边的流动人群和散居在不同山间的人群纳入一个统一的框架，开启了这一区域社会新的社会历程；另一方面，通过这次联姻，以土司牵制"款"寨，这不但实现了王朝国家统治和管制地方的意图，而且更为重要的是，为王朝国家寻找到一条不冲突、不流血的重要文化途径。可是，依凭权力强弱而确定的联姻制度也必然随着社会环境的变化、区域变动，以及弱势房族势力的崛起而发生变动。

光绪十四年，在两寨中原处于弱势的房族，随着自身实力的增强，开始对清初瑶白与彦洞通过"破姓开亲"所建构起来的不对等权力关系渐生不满，并在王朝国家推行教化政策之契机下，以既有婚俗不符正统为由，再一次诉诸婚俗改革来调整既有的权力阶序，并试图重建新的关系格局。

这次改革，依旧针对"舅公礼"和"还娘头"及婚姻礼俗过程中的更多文化细节。如黎平府重新以法定形式规定瑶白、彦洞两寨按照贫富差距定额"舅公礼"，以及对"还娘头"的年龄、自愿情况等条件做了限定，并根据王朝国家正统的一套文化理念建议瑶白、彦洞两寨"婚礼应遵媒妁之言，凭媒撮合，勿违礼俗"等。应该说，光绪年间的改革，一方面，从整体上进一步调整了瑶白内部及其与彦洞不同族群之间的权力关系；另一方面，地方在兼顾文化传统及王朝国家正统文化的基础上，又创造了一种新的地方文化，使之兼具了内生与外来、先进与落后、正统与边缘等多重内涵。如原有"玩山坐月"与王朝国家所倡导的"行媒"婚俗、字辈、宗族观念等文化习俗并存。

新中国成立后，苗疆社会仍然不断以"陈规陋习"为名改革自身的文化习俗，以期符合国家的民族政策思想。如在本书绪论中提到，瑶白、彦洞两寨的婚俗改革除发生在清初、中后期之外，民国、新中国成立至当下，他们依然借助国家的文化政策，不断推动对自身婚俗的改革，且这一系列婚俗改革不再局限于婚俗方面的框架性内容，而是扩展到其他红白喜事等生命礼仪的更多社会习俗细节。例如在婚礼、葬礼等中，对亲戚的界定，对"舅公礼"、宴会菜数、请客方式、请客天数和人数的限定等。

其中对舅家、姑家及郎家等三者关系的再定义，再一次揭示出了国家权力观念的落地化，以及地方社会进入国家文化体系的历史过程。由于篇幅和议题所限，关于新中国成立之后的改革，并未充分纳入本书的结构框架中展开论述，只想通过这一举例辅助说明，婚俗或社会习俗改革只是权力结构演变的表征，真正的内核，发生在地方社会与王朝国家（民族国家）持续互动的历史过程之中，是苗疆权力结构与主体性的演变。

正是这一系列变动以及因此而生的联姻，为当地社会建构出了一种与"平权"截然不同的权力阶序。进一步说，婚俗改革所建构的社会权力阶序也决定了当地不同人群的特点和其后发展的历史差异，更成为他们在当下认知自身历史的内在理路。对该区域社会的山地民族来说，他们所经历的清康熙以来王朝的征服与管理，既是行政上的，也是文化上的。其间，婚俗改革成为他们的社会关系和权力格局重构的内在动力，王朝意识形态的介入和地方社会结构由"平权"向阶序的变化，也引发了该地社会的整体变迁。

简言之，在中央王朝政治经济一体化进程与地方社会自身发展的主体性之间，并非存在某种不可逾越的鸿沟，或某种简单的屈从与反叛的关系。地方社会的变革，往往是国家力量与地方社会主体性不断协调共进的结果。[①]

婚俗改革的合法性，在历史建构的过程中被赋予了内外权力的尊荣，以至于在今天的时代背景下，苗疆社会的大多数村寨依然以改革婚俗的"陋习"为由，改变他们的生活方式及人群之间因权力强弱关系所形成的不平等的依附身份。应该说，苗疆的婚俗改革这一文化行为，已拥有一种历史的合法性，成为人们认识和改造自身社会的重要方法，也成为地方社会发展和解决自身社会内在结构

---

① 刘彦：《"生鬼""熟化"：清水江苗寨社会的"他性"及其限度》，《原生态民族文化学刊》2018 年第 1 期。

矛盾的有效方式。婚俗改革这一历史过程及其创造的文化，已成为一种政治和文化遗产并为其自身服务，它承载着过去，影响着当下，勾连着未来。

詹姆斯·斯科特将"zomia"这一区域社会看成一个"无国家主义"或是"无政府主义"的社会，这里的人主要是由被国家打败或流放，或是主动追求自由主义思想的人群构成；他们以"平权"为理念，建构了一套易于逃离国家控制的社会结构、农业形态、宗教体系和文化机制。在此"平权"之下，山地民族难以产生权力阶序，即便有权力阶序存在的现象，那也是暂时模仿国家的结果。显然，如果将同样作为山地形态的苗疆社会置入这一框架内展开分析，"逃离国家"一说便显得缺乏有效的解释力。本书对苗疆婚俗改革的考察表明，"逃避国家"不见得一定是山地民族需要掌握的一门艺术。即使是在被划分为"zomia"的平权区，也有根据地方社会不同的区域特点、历史条件，以及因权力的大小和强弱造就了一个不同于"平权"的阶序景观。苗疆社会婚俗改革的历史演进过程，展现的并非"逃避国家"的艺术，而是如何艺术地与国家相处。

此外，利奇将山地民族社会文化变迁的最终动力看成来自其内部的不对称联姻机制，正是这一不对称的联姻机制使克钦山区诸政治体系得以存在，并赋予其重要的特性。当然，利奇也注意到了山地社会经济存在根本的不平等性，外在的军事、政治变动对其的影响极为深刻，并影响其变迁。但正如上文所言，利奇并未对此种军事抑或政治因素是如何影响联姻，以及促使联姻制度变迁的更多历史细节做出说明。

显然，本书的研究拓展了利奇关于变革事件、更大社会体系与地方社会变迁之关系的研究，并丰富了山地社会文化变迁过程中更多的历史细节。显然，苗疆不是温室大棚里自成体系的"苗疆"，而是藏身在国家权力和世界体系虎视眈眈下始终内含自我主体性的苗疆。苗疆社会婚俗改革的历史构成了对利奇经典联姻理论及社会变迁的经验型反驳或者说是补充。

总而言之，联姻作为西南山地民族跨越房族、村寨和族群的社会制度，在中央王朝与苗疆社会谈判、协商与对话中提供了重要平台，其婚俗改革的方式成为"化外之地"的苗疆"向化"于中央王朝的政治与文化行为的实践逻辑。苗疆这一系列婚俗改革，不仅为我们细致理解该地区清代以来的文化历史过程以及解释其社会如何变迁提供了最为合适的切入点，还有助于对人类学的婚姻研究、历史学与人类学的事件与结构过程研究、山地民族研究的相关理论展开反思，进而拓展历史人类学、政治发生学的研究论域。

## 二　历史的"自我言说"与认同归向

本书第四章和第五章分别讨论的是"生鬼"的话语表述与社会整合和瑶白"摆古"的历史记忆与展演。与前几章论述苗疆婚俗改革的历史过程相比较，此两章的目的，是以当下的现场回顾和再一次展现该区域社会的历史与当下的权力交互过程，并在此互动中揭示苗疆社会的认同与历史观念问题。

本书认为，作为文化表征的"生鬼"与瑶白"摆古"，并非单纯的历史"传统"，而是地方社会与更大体系互动之权力结构变迁作用的结果。但该结果并没有在历史的车轮向前滚动的过程中逐渐消失，而是以一种更加微观、生动的社会文化形态，演绎和言说着历史上发生过的权力关系演变。换句话说，在国家权力下沉的过程中，地方社会的历史并没有选择沉默，而是选择与当下的文化场域交织在一起，不断地进行"自我言说"。

"生鬼"是苗疆等区域社会婚俗变革与社会结构之变的另一重要标志。地方社会通过婚姻制度的运作，并借助族别差异、战争"内应"的罪名、房族内部的区隔、日常生活仪式的微观权力实践而建构起了"生鬼"话语体系。该话语体系以"洁"与"不洁"为二元对立框架，人们围绕该框架建构起地方社会交往与区隔的文化边界。这一套话语体系的建构既强化了瑶白、彦洞等寨的权力阶序和族群间的话语斗争，又打破了苗疆自清初"破姓开亲"以来建构起的不平等婚姻结构，促使该婚姻结构发生变迁和向外开放，使苗疆社会结构与人群关系变得极富张力。

"生鬼"起源久远，作为巫蛊信仰的重要表现之一，其经历了一个历史发展的过程。从既有研究来看，它是一个外来词和信仰，在苗疆社会本土化的过程中经历了曲折的发展过程，并最终在苗疆生根，成为苗疆社会结构的重要一级。"生鬼"参与并主导了苗疆社会婚俗制度的建构过程，也经历了苗疆与王朝国家（民族国家）互动的历史建设，甚至可以更直截了当地说，"生鬼"信仰和概念的建构本身就是苗疆社会最早与王朝国家持续接触、互动的例证，这一点在正文中已得到说明。"生鬼"结构的存在，解释了历史与现在，也描述了过去与现在。

"生鬼"作为一个人群分类和区隔的概念，表明了两个社会事实：一是"生鬼"作为对陌生人拒斥的一种有力手段，再现了苗疆族群关系或者说人群关系的复杂性，并改变了苗疆人群交往的文化边界与社会行为，如以族群、婚姻与血缘为人群实践边界转向以"洁"与"不洁"的人群实践边界；二是"生鬼"表达了王朝国家（民族国家）权力进入苗疆社会的限度，具体表现在对文化的无限吸收，但在制度权力上表现为有限的拒斥。"生鬼"所蕴含的多重复杂边界赋予了整个苗疆社会的历史、权力与文化认同以层次感和复杂性，并将人们对"生鬼"的撕裂与暧昧的内心世界展现得丰满而又性感。

与"生鬼"的文化寓意类似，当下瑶白"摆古"再一次展演了这一史实。在当地人群强化认同、追忆历史的"摆古"节庆中，人们通过仪式和话语，反复确认和强化着因清代婚俗改革以来而生产出的权力格局、人群区界和具体的互动方式。我通过对"摆古"节庆的考察，看到这一日常节庆背后的"剧本"。这一剧本，事实上揭示出了苗疆社会事实所折射出的一种地方史观，即苗疆社会中的王朝国家史观内含于地方社会村寨与房族文化发展的脉络之中。国家话语只有在地方化以后，才得以真正呈现，他们注重自身的体验与外界达成的共识。

### 三　日常生活的结构与表征：作为历史人类学方法的讨论

两种本位的历史人类学发展至今，已获得诸多赞誉。其赞誉的理由：一是两种本位的历史人类学都有一个共同的旨趣，即以"人"为中心，让历史学的时间与人类学的空间"相遇"，充分借用不同资料来探究研究对象世界在历史脉络与空间象征中互为映照的整体性，既照顾历史过程与"真相"的实在，亦关切当下现实世界由"人"所创造的文化解释与皈依；二是两种本位的历史人类学的研究都是对外敞开的，没有画地为牢的意思，都指向整个人文社会科学。两者或许都能提出对什么是历史人类学的权威话语解释，但两者都不想这么去做。因为两者都想在"不确定"里遇见惊喜，以保持对"不确定"对象社会的持续观看和热爱。正如爱情的旅程和期望，我们都希望让爱的每一刻都亦如初见。这是两种本位的历史人类学的共同旨趣！

回归两种本位的历史人类学研究，这两种本位在如何让历史与空间"相遇"的过程中，是各抒己见，各有立场。相对而言，历史学本位的历史人类学，终究以文献为主，辅之以田野，从王朝国家进入地方社会的历史脉络和概念来阐释对象社会的结构过程与当下的文化创造。而人类学本位的历史人类学，则以田野为根本，辅之以各种历史文献，以回溯的方式，从地方性社会的脉络和地方性知识向历史学的时间走去。

可是，对人类学本位的历史人类学来说，让时间与空间"相遇"的过程却显得有些吃力。这种处境不仅在于缺乏对历史文献解读的知识结构和技艺，还包括无形中忽略人类学情感体验的他者的缺失。当然，历史学本位的历史人类学并非没有遇到相同的问题，它的问题在于缺乏学科想象的框架脉络，所得结论万变不离其宗，始终难以跳出非此即彼的过程论的叙述逻辑。

两种本位的历史人类学所面临的困境，虽说与各自学科的立场坚持有关，但这其中却与大家对方法的运用有关系。既有研究非常重视对正统历史文献、民间历史文献、族谱、口述历史、生命史等方法的利用，但忽略了日常生活的言说和对深嵌在结构之中的历史过程的讨论。因此，历史人类学或许需要一种"融历史于生活、在生活中还原历史"的方法论自觉，以便让日常生活展演历史、让历史叙述生活，使二者彼此成全，而非相互割裂。

本书之所以将"生鬼"和瑶白"摆古"置于中心位置加以讨论，其目的是在方法论上对只重视有文字书写记载的历史，抑或口述历史、生命史等方法做一点补充。"生鬼"与"摆古"都是一种无言书，无须也无法从历史文献中去查找，通过他们日常生活的言说、行动及其原则，方可大致梳理该地方社会的历史。"生鬼"是深藏在该区域社会最内在的结构法则，它内含着苗疆社会权力结构变迁的历史过程，并时时通过当下的话语言说来解释它存在的合理性。由"吃牯脏"延伸而来的"摆古"，作为苗疆深藏结构的表征，它与内在的结构交相辉映，以文化展演的方式解释过去的历史，并依此将现实的需求抽象化、传统化和结构化，重新建构一套新的话语表述，用以捏和结构的历史与当下人们所创造的文化结构之间的嫌隙，推动地方社会的车轮在回应历史的过程中继续朝前行走。

此外，本书之所以将"生鬼"作为重要章节展开探讨，是因为我认为它内含苗疆乃至西南社会自有的一套中心与边缘话语体系。在这套体系里，通过对"洁"与"不洁"之文化符号的争夺，建构了中心与边缘体系的内涵。从中我们不仅能够看到由此建构起来的苗疆姑舅表婚模式的实质和等亲制度，以及苗侗社会的公理性、正义性与冷暴力性并存的社会主张，而且通过对这一"中心与边缘"历史内涵的解析，揭示出了"生鬼"建构背后王朝国家与地方社会主要文化群体力量此消彼长的权力关系、国家权力观念地方化过程的限度，以及族群边界实践的转化。我认为若将"洁"与"不洁"这一中心与边缘的话语体系作为山地社会的权力框架及社会变迁的分析框架，那么我们对山地社会的政治体系将会有更加全面且深入的研究，这是一个值得进一步探讨的重要问题。

# 附 录

## 一 大事记

### 明 代

明永乐三年（1405），龙氏入瑶白开寨定居。

隆庆三十年（1605），富仁四位滚氏先祖入寨定居，长、二、三房先祖居高龙岗，四房先祖择居网地（旺地）冲。

宁富滚氏先祖从"世佑"迁入，居于青岩岗，为下寨入住之首。

### 清 代

顺治元年（1644），瑶白与王寨、小江、平秋、石引、黄门、高坝、皮所、魁胆结成九寨。

康熙三十八年（1699），杨胜文（即滚龙宝）率子迁入瑶白下寨。

雍正二年（1724），九寨划归黎平府东北路。

乾隆元年（1736），耿氏先祖由平架迁入颖钟冈居住。

乾隆三十三年（1768），罗氏先人定居瑶白。

乾隆五十一年（1786），曾氏先祖定居瑶白。

嘉庆末年，汉公有两支迁出，一支定居黎属寥家湾，一支住顺堆（即今仁丰圣基）。

嘉庆十年（1805），万氏先祖定居瑶白。

道光元年（1821），张家传落户瑶白。

道光七年（1827），由滚明龙、滚宗贵、滚士荣、王春林、张家传、罗昌明、杨应怀等寨老主持，修筑瑶白至彦洞花街路。

道光年间，王氏先祖落户瑶白。

道光二十年（1840），九寨地区干旱，稻田无收，瑶白参加龙朝礼的抗粮斗争。

道光二十五年（1845），龚氏庆云率子女在加隆冲定居。

是年，易氏先祖来瑶白定居。

咸丰初年，黎平知府胡林翼倡办团练，整编保甲，本寨亦组织团练，设有保甲组织（十户为一甲，十甲为一保，设一保长、保正。数甲联为一总甲，总甲驻团练，团练抵御外兵，保甲缉防本地盗贼）。瑶白设保。

咸丰二年（1852），范氏先民定居瑶白。

咸丰五年（1855），台江苗民反，先民奉黎平府主令联络九寨、彦洞为大和团，共出兵力于彦洞卡（梨元坳）、洞庭卡防堵，大小与战百余阵。

咸丰六年（1856），曾氏迁出瑶白。

咸丰七年（1857），立养练巡卡碑。

咸丰十一年（1861），胡氏先民到瑶白定居。

同治元年（1862），张秀眉联合姜映芳部攻天柱，九寨四面受敌，本寨被烧毁，损失巨大。

同治三年（1864），张、姜部又破天柱、九寨，田谷被割完。

同年，罗氏家族迁出瑶白。

是年，黎平府批谕，筑屯以保，寨民便于引龙山筑屯，深沟坚垒堵守避难。

同治四年（1865），小广杨大伍勾结江口屯陈大王乘虚夜入掳杀，逃脱命者十伤八九。

同治五年（1866），北路九寨、高坝等地被张秀眉部文三堂、杨大六、包大胜等部占据。寨人召集数残，恳请归种，暂作假投，以图再起。

同治八年（1869），王氏家族迁出瑶白。是年湘军席宝田、李光燎发兵平息张、姜之乱。

光绪元年（1875）十月二十日，立记述碑，记述张、姜部造反之部分史实。

光绪十四年（1888），立"定俗垂后碑"，改革婚俗，革除姑舅表婚，反对强制婚姻，借婚姻勒索财物，提倡婚事从俭。

光绪十五年（1889），龚文昌到湖南拜师学汉戏，组织梨园太和班，为瑶白大戏祖师。

光绪十七年（1891）九月初九日，旺地冲失火，延烧房子150多户，滚乔荣一人死难。

光绪二十年（1894）九月二十四日，后龙冈失火，烧房子80多户。

光绪二十六年（1900），建文昌阁于玉獭山腰。

宣统二年（1910）十月，总理滚荣清等请饬，黎平府主傅良弼批准，登文集市开市。

## 中华民国

民国2年（1913）7月16日，颖钟冈失火，延烧上寨50多户。

民国2年（1913）11月8日，三江九寨团防总局（又称"总公所"）成立，召开首次乡民代表会，制定四十多条治安条规。

民国3年（1914）1月，废开泰县，复锦屏县，隶属贵州省黔东道。黎平府直属东北路14寨（归引、得脑、平敖、彰化、王寨、茅坪、平秋、石引、高坝、皮所、魁胆、黄门、小江、苗白）为锦屏县基本行政区域。

民国 5 年（1916），瑶白修筑寨头至登文西优高集市花阶路。

民国 7 年（1918）10 月 27 日夜半，突被天柱六里匪首蒙玉亭率匪徒百余人深夜绕道北方圭嵌杉林而入哨棚，烧毁哨棚而杀哨丁滚路柳，入寨掳劫。龙德清、滚宁朝、滚（杨氏）爱梅，中敌弹死亡。

民国 7 年（1918）10 月，瘟疫流行，染疫者不半刻而丧命亡身，死者百余人。

民国 8 年（1919），因大小牯节耗资甚巨，政府明令禁止举办。

民国 8 年（1919）8 月，痢疾盛行，死者 80 余人。

民国 9 年（1920），申办锦屏县第一区第六国民小学，基金由本地屠宰税、斗息捐开支。实行四年制教育。

民国 15 年（1926），瑶白设乡，辖彦洞、救民、登尼、仁里等村。是年基金提归政府，学校停办。

民国 17 年（1928），遵上级令，定 3 月 12 日为植树节，以纪念孙中山逝世。

民国 19 年（1930），改团防总局为区，改团防分局为乡和镇。

民国 21 年（1932）9 月 25 日，下寨后龙冈失火，烧 150 多户，罗女路劳及其孙女 2 人被烧死。

民国 24 年（1935）7 月至 11 月，天花流行先痢后痘，亡者200 余人。

民国 24 年（1935）8 月 30 日，上寨失火，烧 30 多户。

民国 24 年（1935），锦屏县改乡镇为联保，九寨联保有 11 个保，瑶白属第九保，辖 13 甲，其中罗乃一甲、采芹三甲、登尼二甲、瑶白七甲。

民国 25 年（1936），匪首欧阳玉廷率匪徒深夜入寨劫掠，损失重大，滚正录、滚玉林被枪杀。

民国 26 年（1937），开办短期小学。

民国 29 年（1940），开办保国学校。

民国 31 年（1942），建新木质校舍于龙宝冈。

民国 31 年（1942），各保改为村，隶九寨乡。

民国 31 年（1942），撤联保，建乡镇。

民国 32 年（1943），天灾流行，蝗虫为患，赤地千里，收获只有十之二三。

民国 33 年（1944），米价昂贵，人民挖蕨根、淘芒巴度日。

民国 34 年（1945），天花流行，接着又发生霍乱，死百余人。

民国 38 年（1949），保校停办。

## 中华人民共和国

1950 年 1 月和平解放，沿旧制九寨乡建置，保改为行政村，瑶白为第九村，成立农协会，设主席 1 人（龚老七—杨七太—滚生发）。

同年春（1950 年 4 月），锦屏发生土匪叛乱，姜培俊带兵骚扰，吊羊，杨光干被捉为人质，用 14 头牛换回。

1951 年 3 月，锦屏第二次解放，接着清枪清匪，开展剿匪运动，建村政组织，设农会主席 1 人（滚正邦），村主任 1 人（龚志全）。

1951 年 6 月，九位青年参加志愿军抗美援朝。

1951 年 9 月，积极征粮，县政府授予"征粮模范村"。

1952 年 7 月至 8 月，进行土地改革，划分地主、富农、中农、贫农、雇农等阶级成分。

1953 年，开展减租减息。3 月，区划调整，九寨大乡划为 5 个乡，瑶白隶属彦洞乡。

1954 年，开办瑶白小学一年级。

1955 年，办互助组。

1956 年后，由互助组联合组建农业生产初级合作社，有安丰社、引旺社、八一社、金德社。开展土地、耕牛、农具、山林入社工作。

1957 年，获（中央）林业部表彰，授予"林业先进单位"（奖状）。

1957 年 4 月，国家实行棉布计划供应，每人定量 0.9 丈，60 年代改为 1.57 丈。

1957 年，登尼、采芹析出，与登步组建三联社。

1957 年，全村初级社合并为安丰高级农业生产合作社。开办集体大食堂。

1958 年 1 月，彦洞乡改为彦洞工区。

1958 年，宣传"大跃进"口号，兴修盘托朵至盘引荡马路，为尽快完工而夜战。响应上级号召，掀起兴修农田水利高潮。

1958 年冬，组织青年突击队，日夜奋战，修筑便分水库。

1958 年，获贵州省长周林颁发的"林业先进单位"称号的奖状。

1959 年 8 月，彦洞工区改称"彦洞管理区"，瑶白与彦洞合为一个核算单位。

1959～1961 年，三年连续自然灾害，粮食减产，患浮肿病和妇女病的人数增多，生活水平下降。

1961 年，瑶白改为生产大队，辖 8 个生产小队。隶彦洞公社。

1961 年，大食堂下放到小食堂，不久解散到户。

1961 年，实行基本劳动、基本国粮、基本口粮的"三基本"分配制度。

1961 年，为缩小教育规模，小学停办。

1962 年，上寨（平建）发生火灾。

1963 年，学校宣传学习雷锋精神。

1964 年，新建一校舍于原址。

1966 年，全国第二次人口普查。

1965 年，开展"农业学大寨"运动，集体开垦农田。

1964～1965 年，麻疹大流行，涉及 200 余名儿童，经治疗痊愈。

1966 年，大队建九细电站，每小队抽 1～2 人长期在工地施工、吃住。

1966 年，开办老甲林场，进行造林、抚林、育林。

1967 年，电站建成，安装 20 台千瓦水轮发电机发电，供农户照明。

1968 年，家家户户安上小喇叭，收听广播。

1968 年，再撤区建置扩大公社规模，黄门、彦洞合并为彦洞公社。

1969 年，大队办合作医疗，每个小队有一名卫生员。

1970 年 1 月，共派 8 人（每小队 1 人，在生产队记工分）参加锦屏民兵团，赴湘黔铁路凯里工段工地铁路建设，历时一年半。

1970 年 10 月 6 日中午，遭特大火灾，受灾 232 户，全村只有两户幸免。

1971 年，重建新校舍于旧址。

1971 年，抽调劳动力，开挖锦彦公路；是年实行社员口粮"人七劳三"分配制度。

1972 年夏，九细电站被洪水冲毁，继而兴修勇洋电站。

1972 年，大队创办五四林场、冲横林场、下应林场，大搞植树造林、绿化荒山。

1972 年，小学恢复完小编制。

1973 年，开办盘岑三林场。

1974 年，由各生产队抽调劳力组建锦彦公路民兵团，兴建锦彦公路。

1976 年，原校舍窄小，重建一幢木质教学楼（一正两厢，七个教室，一个礼堂，四人教师宿舍）于步行乐。

1976 年 9 月 18 日，全村男女老少臂戴黑纱，集中彦洞公社门前大坪聆听中央直播追悼毛泽东主席的实况。

1977 年，锦彦公路竣工通车，3 月 22～24 日集中彦洞公社参加庆典。

1979 年，撤销地、富、反、坏、右阶级成分。

1980 年，推行农业联产承包责任制。

1981 年，全县教师系统首次进行统一考试，颁发合格证书。

1982 年 10 月，确定集体山林管理责任制的林业"三定"（即林权、自留山、责任山）工作。

1983 年，边远少数民族公社实行女生免费入学，小学学生入学率达 100%。

1984 年 2 月，改彦洞人民公社为乡人民政府，生产大队改为村民委员会，辖 9 个村民小组。村委会由群众选举产生，第六组划分为第六、第七小组。

1984 年，普及初等教育，验收达标。

1984 年 8 月 18 日，与九勺发生山林纠纷，死 2 人（杨安华、杨胜芳），伤多人。

1985 年 9 月 10 日，城乡欢庆第一个教师节。

1985 年，集体山林分到户，政府发给使用证。

1985 年 11 月，扫除青壮年文盲，验收达标。

1986 年，颖钟冈晚上发生火灾，死 5 人，受灾 127 户。

1986 年，政府取消粮食计划订购任务。

1987 年 9 月，村民开始照相办第一代身份证。

1987 年 10 月 20 日，瑶白"定俗垂后"碑被列为县文物保护单位。

1990 年初，举行第一届村民委员会选举，耿生操当选村民委员会主任（兼民办教师）。

1990 年，全国第四次人口普查。

1991 年，提倡拉绳栽秧。

1992 年冬，开始勘测兴修登尼至瑶白段公路。

1992 年，撤区并乡镇，全县分为 7 镇 15 乡，瑶白隶属彦洞乡。

1992 年，实施农网改造高压线一期工程。

1993 年底，举行第二届村民委员会选举，杨俊辉当选主任。

1994 年，兴建小学砖混结构教学楼一期工程。

1995 年 8 月 29 日（农历八月初四），登尼至瑶白段公路竣工通车。

1995 年 12 月 19 日 14 点半左右，颖钟冈失火，12 户被烧。

1996 年初，举行第三届村民委员会选举，杨俊辉连任村民委员会主任。

1997 年夏，经省、州验收，彦洞乡基本实现普及九年义务教育。

1998 年冬，冰雪连降，积雪过重，农网电线、电杆被压断，导致停电三个月。

1998 年底，举行第四届村民委员会选举，杨安显当选村民委员会主任。

1998 年，"普及小学实验室"达标验收。

1999 年正月十三日晚，黄门村青年王××纵火，下寨被烧 80 余户，死 3 人。

2000 年 9 月，小学砖混结构教学楼二期工程竣工，并举行竣工庆典。

2000 年，全国第五次人口普查。

2001 年底，举行第五届村民委员会选举，杨俊然当选村民委员会主任。

2002 年，瑶白被列为扶贫开发贫困乡之二类重点贫困村。

2002 年正月初八，瑶白过"摆古"节。

2003 年，人饮消防工程维修。

2003 年，国家实施税费改革，免征农业税、农业附加税及特产税。

2004 年，接通程控电话 86 部。

2004 年 1 月，县人民政府、县林业局实施对归应溪（东抵归便、南抵瑶白寨边、西抵彦洞电站、北抵仁里寨脚老甲林场）的退耕还林工程，人工促进封山育林。封育年限为五年。

2004 年 12 月 20 日，举行第六届村民委员会选举大会，选举产生主任 1 人，副主任 2 人，委员 4 名，范华昌当选村民委员会主任。当天还进行第六届妇代会选举，选出主任 1 名，副主任 1 名，委员 3 名。

2004 年，建村两委办公室；新建斗牛场于美秋坳。

2005 年，修建摆古楼。

2005 年，瑶白被列为黔东南州重点的民族文化旅游村寨。

2005 年，获县政府颁发的"文明村寨"称号。

2005 年，旺地漏电起火，被烧 4 户。

2006 年 5 月 18 日，用挖掘机从瑶白开挖"彦—瑶—九"公路，至 10 月 18 日开挖基本结束。

2006 年，国家在农村实施"低保"制度，弱势群体的具体生活困难得到解决。

2007 年 5 月，摆古节入选贵州省省级非物质文化遗产名录。

2007 年春，全县实行林改。乡林业站李茂林站长等在瑶白勘察，落实山林权属。

2007 年，范华昌主任辞职外出打工，杨俊然代理主任。

2007 年秋，施秉至黎平贤令山 550 千伏两组（A、B）线路从瑶白通过，铁塔地基开挖。2008 年夏，输电线路竣工。

2007 年底，第七届村民委员会换届选举，杨俊然当选村民委员会主任。

2007 年冬，罕见的雪凝灾害给人民带来诸多损失。农历十二月初六（2008 年 1 月 13 日），公路交通中断，十一日（1 月 18日）电杆折断，民用电及电话相继中断。

2008 年 2 月 29 日，村民抬电杆安装，黔南州工程队帮助架设电线。

3 月 2 日，民用电恢复。

2008 年，瑶白被列为扶贫开发整村推进村，实施扶贫综合开发，安排 11 个项目，投入资金 87 万元。其中财政部、环保部投入46 万元用于环境综合治理工程（饮用水源保护、排污沟及沉淀池、垃圾箱及垃圾填埋场、摆古场及步道铺设）。

2009 年 2 月 6 日，瑶白环保综合治理工程开工，于同年 4 月25 日竣工。

2009 年 6 月，在上级部门的支持下，瑶白村办起了"农家书屋"。

2009 年 6 月，实施电网加固改造工程。

2009 年 7 月，实施"农民文化家园"项目。

2009 年 7 月，实施五个消防池建设。

2009 年重阳节，上级投资 8.9 万元，续修大寨花街道 700 余平方米，开工。

## 二　瑶白历史沿革

瑶白龙姓开寨，各姓氏迁来定居，形成村落。这里坡高谷深，虎狼出没，世人视为不沾王化的不毛之地。周代以前属荆州南境，春秋战国时属楚巫黔中郡，两汉时期属武陵郡，魏晋南北朝至隋代，基本沿袭旧制。唐朝属叙州潭阳郡，五代属十洞地，宋属荆湖北路之诚州，元代袭旧制，明代属古州黎平府，清代雍正之前，无政权管辖。为抵御外来侵犯及协调村寨间关系，排解纠纷，惩治盗贼，与王寨、小江、魁胆、平秋、石引、黄门、高坝、皮所联谊结成九寨"款"组织。清雍正五年（1727），朝廷在贵州实行"改土归流"加强对地方的管治，九寨属黎平府东北路，联合承担官府摊派的钱粮夫役。至清末，归黎平府北第一区王寨汛太和团统辖。

民国元年至 2 年属黎平北八区，民国 3 年（1914），废黎平府，改编县制，拨老锦屏县署于王寨，入锦屏县九寨乡直辖地。锦屏县恢复后，将清末的团练和总甲改为团防总局和团防分局，属三江九寨团防总局九寨团防分局。民国 15 年（1926），区域设自治乡镇，百户以上的村寨设乡，瑶白为第一区 19 个乡之瑶白乡（辖彦洞、救民、登尼、仁里等村）。民国 24 年（1935）设联保，联保下设保，瑶白属九寨联保之第九保。民国 31 年（1942）撤销联保建乡镇，瑶白为九寨乡之第九保，辖瑶白、采芹、登尼、罗乃共十三甲。

中华人民共和国成立后，1950 年锦屏解放，锦屏县人民政府成立，沿旧制保留九寨乡建置，并建立乡人民政府，瑶白为锦屏县第一区九寨乡第九村。1953 年 4 月成立彦洞乡人民政府，瑶白成为彦洞乡的行政村之一。同年 4 月，开始土地改革运动，1950 ~ 1954 年登尼属瑶白村管辖。1955 年 11 月由互助组进入初级社，全村分建"安丰初级社"（上寨）、"金德社"（下寨）、"八一社"（顿阿琼）、"引旺社"（网地）四个初级社。

1956 年 12 月进入高级社，四个初级社并为"安丰高级合作社"。1958 年 1 月成立彦洞工区，1959 年改称管理区（瑶白与彦洞合为一个核算单位）。1959 年改称瑶白生产大队，1979 年称瑶白大队管委会。1984 年农村行政体制改革，实行社改乡，将人民公社改为乡人民政府，大队改为村民委员会，生产小队为村民小组，直至如今，仍隶属彦洞乡。

## 三　瑶白婚俗礼仪及其过程

瑶白的婚礼习俗及其过程较为复杂，主要包括如下几个过程：

玩山坐月（liang nianl wanx xianl）、问话（提亲，xais songn）、订婚及定婚期（wop wol yanl）、拜舅公（侗语叫"借给宁"）、过门（dal dol）、移脚（yic dinl）、娘家办酒成婚（jiec laol maix）、郎家办喜酒等。

**玩山坐月**　这是苗侗社会婚俗中最富有特色的关键过程，也是青年男女最为热切和渴望的一段时光。一般青年男女到了婚嫁年龄（15 岁以上），便有了男女之间交往的自由。在这一阶段，一个男子如果有中意的对象，他便可以邀约自己的好伙伴到该姑娘家游玩，而女孩子看到有男孩子来，便也会叫上几个要好的姐妹来陪伴、聊天。

在过去，成年未婚男女谈恋爱都有相对固定的空间，这是当地社会一个非常重要的习俗，来到这个特殊点的男女主要以对歌的形式来博取心上人的关注，建立良好的男女关系。当下，男女谈恋爱的空间随意了很多，既可以选择在姑娘家的楼脚，也可以在女方家围火欢谈。如果是在家中，且有女孩子中意的对象，这个姑娘往往会煮一顿油茶给中意者吃；不中意的话，大家都当成朋友一样聊聊天而已，不过不能在姑娘家过夜，大概到了十二点，就要自行离去，如果迟迟不离开，姑娘的家人，尤其是母亲便会以咳嗽的方式暗示大家可以走了，即便有中意的男孩亦是如此。但该男子往后可以独自去女方家，其余知趣的男子都会有意让之。男子去女方家，目的就是让女方家长见一个面，然后女方族人便开始探一下男方家的一些历史情况，如果没有多大问题，男方便请一位在房族中有威望的寨老到女方家说亲。

**问话**　问话类似汉人社会所说的提亲。提亲之事一般是男方家请族中一位善于言辞的老人拿着礼物去女方家。礼物一般第一次拿糖，表示甜蜜；如果对方也中意，第二次，男方家便拿上肉、酒到女方家。问话一般不直截了当，而是委婉表示来意。如果女方家同意的话，就会将礼物收下，并摆上一桌酒席，请房中能说会道的老人来陪客。如果不同意，便婉言谢绝，并将礼物退回。当然，如果遇到的是还娘头抑或包办婚姻的那种家庭，问话便是婚礼过程中的第一道程序。

**订婚（侗语"借包络"）**　如果确定关系尚未成婚，男方怕女方悔婚，就要喝订婚酒，由男方房族中的长者拿着酒肉和婚俗规定的葫芦（葫芦用红纸贴上，肉用禾草象征性地包上，表示遮羞）到女方家。女方家把酒肉收下之后，便办一桌酒席，请房族中男子来作陪。经过祭祀祖宗、鸣炮等仪式后，即表示这家的姑娘落花有主。

当然也有例外，就是未经过这些程序，就将姑娘带回家，然后鸣炮宣布此女子名花有主。很多情况下，这样做会让女孩子和她的家庭不知所措，甚至发生十分不愉快的事情，比如房族间的械斗。因此，一般情况下，女方与男方还没正式确定关系及女方家长同意之前，男方家是会很谨慎的。而女方的父母，尤其是兄弟绝不允许自己的姐姐或妹妹单独去男方家过夜或是游玩。万一发生如上情况，有损房族的脸面，导致双方父母下不来台，甚至也会影响两家的关系。

**定婚期**　这是订婚之后的第二道程序，主要由男方房族中的两位老人带上酒肉（一般酒 8 斤，肉 2～10 斤不等）到女方家。这一次去目的主要是询问女方家要多少彩礼、舅礼、条肉，以及女方办酒席所需财礼和办酒席的日期等。男方客人一到，女方家再一次请房族中男子来陪客，商量婚事。此时当事人必须请房族人做主，商量操办。女方房族商量后，选定吉日向男方家报告。一般情况下，男方家送娘家办酒席的东西包括：肉 120 斤，办 12 桌，每桌 10 斤；舅公礼 20 斤，2 桌；移脚 1～2 桌，伴娘 1～2 斤；糯米粑粑 12～13 个，这主要按当年月份而论，平年 12 个，闰年 13 个；彩礼以前大多取九两六为准，即九个大洋，另加六元钞票。大约 2000 年后，彩礼增加到 4000～6000 元，现在至少是 1 万元，多则

2 万 ~ 3 万元不等。

**拜舅公** 舅家叫"借给宁"。拜舅公是新郎接新娘过门时的第一道程序，一般在新娘过门成婚的当天晚上十一点左右，新郎家来接新娘过门时首先要去女方的母舅家拜舅公，所谓"舅为大"，在这里体现得最为明显。拜舅公的人选必须是男方家的直系男性亲属，他们在女方房族人的陪同下将彩礼的四分之一及卡舅公的酒肉送至舅家，并拜舅公，这是十分关键和核心的一道程序，否则这场婚礼会被视为不合俗、不合法。舅家接到礼物之后，也要请房族中人来陪客，主要是商量礼物的还送问题。不过，一般情况下，舅家会将郎家送来的四分之一的礼物回赠给新郎和新娘以作陪嫁钱。当然，有时也并非全然如此，主要看舅公是否通情达理。此外，舅公也要另派女眷去女方家"借偶烧"（吃糯米饭，即吃喜酒之意）送贺礼。拜完舅公之后，就是接新娘过门。

**过门** 过门的意思是于吉日请人到女方家接新娘进郎家门。即拜完舅公后，郎家来接新娘的队伍返回新娘家，吃过酒席后，吉时一到，就要举行过门仪式。这个仪式主要是新娘要跟家里的所有人道别（此时屋里只能是最亲的直系亲属），父母嘱咐女儿去郎家一定要孝顺公公婆婆之类的话（此时父母都会流眼泪）。这个过程进行的同时，娘家的一位房族姑婶要准备好一块麻布和一条板凳。板凳要放在正房出门的门槛上，意为搭桥，然后将麻布铺在其上，新娘由其亲兄弟搀扶从板凳上过，在这个过程中新娘的身体不准挨着门，也不能碰触到门，其意是你已经是嫁出去的人，不能再依靠家里。等新娘走过门槛，新郎的兄弟将新娘接过，背出正门，郎家接亲的人一人拿着灯笼（以前是火把）走在前面引路，其余跟在后面，新娘的好姐妹一同陪同接亲的队伍前往郎家。

到新郎家后，也要等吉时才能进门，并要举行一系列进门仪式。首先，新郎家所请的先生会在新郎家门口放一"火盆"，吉时一到，新郎的所有家人都要从正堂和厨房出来迎接新娘，不许留在屋子里，这表示吉祥。新娘要跨过火盆才能入屋，以此消除半路跟来的污秽。跨过门槛之后，还有一道程序是，先生要敬天敬地敬祖先敬道士，告知他们新郎成婚之事。具体做法是：先生在门槛旁边放置一张八仙桌，桌上放有两杯酒和一杯干净的井水；两杯酒分别代表祖先和道士，井水用来祛除新娘子带来或者可能带来的是非和不好的事情；酒杯上方放有一个升子，里面盛满糯米，糯米里放有给先生作法的钱，一般钱的多少不等。大概做十分钟的法事，新娘方能完成进门仪式。

进门之后，由郎家请房中一位年长的妇人（一般儿女双全，且不能是孕妇，据说，如果是孕妇的话，会招致以后新郎有外遇）来接新娘入室，并还要给新娘及伴娘少许钱币（一般是三块大洋），尔后念些祝词。紧接着，这位年长妇女将新娘引进厨房，并交给她一个桶（一般是喂猪的桶），然后新娘便要提着猪食桶围绕着火塘、堂屋各转一圈，之后，便进入新娘的新房，这个仪式表示能够持家。之后，新郎家于屋外鸣炮表示新娘已进门。

进门后，郎家还要祭祀祖先：一是报告祖先家中香火不断，二是求祖先保佑。仪式毕，再杀一只母鸭招待新娘及接亲众人，称为"吃鸭"（jiel baidl），杀鸭招待客人以此来表示新娘能够像这只母鸭一样能生孩子，还能下田种地。"吃鸭"是新娘到郎家吃的第一餐。来吃鸭饭的人都是新郎的伙伴或是朋友，以及新娘的好姐妹。他们在进门之前先放炮，祝贺新郎娶到新娘。除了祝贺新娘和新郎以外，便是来陪客。

**移脚**　新娘过门到郎家的当天早上吃过早饭后，再由新郎家房族中的五个"腊少"（也被称为"代女婿"）及郎家的亲朋好友陪同新娘，挑着礼物，如彩礼、酒肉、糯米粑粑一同回新娘家，这个仪式即为"移脚"，也称为"转脚"。到了娘家后，娘家房族先接郎家房族的亲朋好友,并清点双方约定的彩礼物品。在过去,一般男方家送来的彩礼,新娘家父母除了用于办酒席和给舅公家的舅公礼以外,其余的都会送还新郎家,如果不送的话,邻居就会认为这个父母做得不称职,心不好,这会影响他们在整个寨子的名声。当然,特别贫困的除外。

新郎家送来的彩礼,一部分要送给娘家的舅家去拜舅公礼,另一部分是新娘家用来办酒席。在办正席之前,娘家还要宴请新郎的亲戚,并邀请房族相陪(侗语叫"借偶烧""伴腊少")。在办酒席的过程中,新娘家要准备好新娘的嫁妆、亲戚送来的礼物,其中最重要的是要专门为新娘准备好一个"包儿"(nhal baoc),这是当地非常特别的风俗。这个"包儿"就是"葫芦娃",这个娃里面放有若干枚钱币,然后用红纸、麻布(侗语"裤少")等将其包裹严实,直到正席完后,交由亲女婿带回郎家新人房间,才能将其打开。打开之后,将葫芦放入新郎新娘的枕头下面,表示新人早生贵子(龙凤胎)。

**娘家喜酒** 在新娘移脚当天举行,因为宴请客人的酒肉都是由"代女婿"一行人从郎家挑来,所以娘家喜酒叫"吃女婿饭"(jiel oux saox 或 jiel lax saox)。到了吉时,新娘家开正席,正席一般是"长桌宴",在新娘家二楼举行,新郎一方的男长者、舅舅和女方的父亲、舅舅各自坐在长桌的两头,两边分别是新娘和新郎家的亲朋好友。在酒席上,双方喝完三转酒后,先由郎家精通酒歌的长者唱歌请求娘家打理东西回府。娘家房族长者则唱起垒词,其内容多为自家源流及婚俗古礼,郎家人则对以垒词,之后娘家房族长者给"亲女婿"少许钱币以表慰劳,并用锅灰浆帮四个"代女婿"画黑脸。郎家人则唱歌请要"包儿",娘家人带来"包儿"并盘歌,双方对歌至娘家屋檐滴水线外等候行舅礼的人到齐后,带着"包儿"、酒瓮及嫁妆回新郎家。这时新娘也由其兄弟从屋里背至屋檐滴水线外,随众人回郎家。这时新郎来迎，遇桥、上坡下坎，新郎要背新娘；若遇烈日雨天，新娘随身所带之伞可遮挡而安然到郎家。

**郎家喜酒**　郎家办酒如今在当地常称为"办好事"（waex hao shi）。在"商量办酒"之后，郎家便着手准备办酒。办酒前两天，先是自家把房子打扫干净，同时请一位法师到家里清理污秽，再请房族人来砌灶、做豆腐和杀猪。到了办酒当日，郎家于堂屋设两席宴请自家叔伯、姑及舅家，于楼设席宴请其余来贺喜之人。次日，郎家请自家重要亲戚来宴，叫"吃房族饭"（jiel gaos yanl）。"房族饭"是非常重要的礼席，主要宴请新娘及其母舅到郎家"做客"（waex dal meil dael meil）。届时由郎家到新娘家邀请娘家房族人，再由娘家派人上门邀请母舅，并在舅家门口鸣放鞭炮，以示尊重。娘家亲朋好友到后，由郎家房族人前来陪客，让大伙同享新人之欢。

约5点钟，郎家要在三楼将桌子连成长席重新安排酒席，让娘家客人入座。一般情况下，客家坐左边，右边为郎家亲戚和房族，新郎新娘的父亲坐顶台。这次酒席主要是男女双方家长、姑家、舅家之间的一场对话。首先，开席之后，大家先吃饭，喝酒划拳。其次是新娘向郎家舅公敬酒，并说一些谦虚话，之后娘家方女眷唱歌表示要舅、姑多多包涵。郎家女眷则再歌夸新娘贤良勤快之类的话。最后，新郎向新娘父母敬酒，郎家女眷则唱歌说是新郎无知而讨到好媳妇，实在是感谢亲家不嫌弃。娘家女眷再回歌夸新郎。此时，郎家父母则会表示过于劳烦众客人及房族，家里招待不周请大家随便吃点东西。

随后，郎家房族能说会道的老者开始唱起垒词述说寨之源流、自家房族历史及地方婚姻风俗古礼，礼毕之后，娘家人也不甘示弱，也总结性地述说寨之源流、地方婚俗古礼及自家历史，最后恭贺新人及祝愿两族关系代代友好。说完之后，则是双方自由对歌。对歌环节，双方都使出浑身解数试图唱倒对方。为此，他们早已做好充分的准备，有些房族还累积了厚厚的歌本，一旦接不上，便偷看一遍，然后继续对，这样的对歌一般要持续很久方才结束。行将结束之时，娘家男子会起身唱垒词歌下席离去，郎家人唱歌鸣炮相送至大路口，不见客影才返回家中。次日郎家还要回请亲戚吃饭（jiaml denl），并把剩下的酒菜打包给房族的所有人及亲戚好友。

总的来说，从玩山坐月至郎家办完酒席之后，这场婚礼才算真正结束。礼节之所以如此复杂和讲究，是因为这不仅是一个家庭与另外一个家庭的事，更是两个房族、姻亲等多重关系间的联合和结盟，深刻地表达了瑶白寨乃至整个苗侗地区婚姻作为一种社会结构存在的政治、经济及文化的重要意义。人们就是通过这么复杂的程序和过程来达成双方总体的交换。

当然，瑶白的婚礼过程及其礼俗是一个长期累积的结果，也是经历长期变迁的结果。从如上的婚礼过程我们看出，该地方的婚俗礼仪交织着多民族文化因素。据杨安亚老师、滚兴安大伯等人说，上述婚礼过程并不是每家每户都会一一践行的。一般情况下，上等人家或是富裕的人家如果实行"还娘头"的话，玩山坐月这个过程就不纳入这个过程；穷的家户玩山而不办喜酒的也有，当然，进门、移脚及"报信"（baol shenl）却是必行之仪礼。直到1949年之后，针对"还娘头"（ais beis gaos jul）舅公礼进行改革后，婚姻才变得比较公平一点。所以我们多少可以看出，瑶白的婚俗礼仪之中文化交互性的并存特点非常明显。

注：在为期一年的田野调查中，我总共参与了当地举办的三场婚礼。两场是瑶白姑娘嫁给外地人的婚礼，一场是本寨人娶本寨人的婚礼，由此得以看到瑶白婚俗礼仪的完整过程。如上瑶白婚礼过程的记录多是我对这三场婚礼观察、访谈记录的结果，同时参考了杨安亚老师的《瑶白村志》和滚华的论文《锦屏县瑶白村侗寨婚俗变改革史探》，在此表示感谢！

# 四　"梨园太和班"与大戏的历史演变

瑶白是特色民族文化村寨、贵州省魅力侗寨，"摆古"节列入贵州省非物质文化遗产名录，瑶白大戏是"摆古"节的亮点之一。瑶白大戏（侗戏）是侗汉文化水乳交融的产物，被人称为大山中的一朵奇葩。"梨园太和班"是瑶白"义老"（俗称"大戏""老戏""汉戏"）的群众业余文艺组织，以演唱传统戏剧（古装戏）为主，以当地人文娱节、娱人、娱神的文化空间形式为辅，是具有广泛群众性和民间传承性的业余文艺群体。它以历代祖师口传心授的众弟子为核心，是全村男女老少皆可参与演出的地地道道的民间文艺组织。

拥有多元文化的瑶白人，把大戏视为"天下一乐"。为了学到精髓，龚文昌、滚（杨）路贵于清光绪年间到湖南羊溪浦口拜师学艺，滚路贵学玩龙、地理；龚文昌学汉戏。学成归来后，根据本地特点，进行编剧、排导、画脸谱、练唱腔，形成自己独特的艺术，他们也就成了瑶白大戏祖师。其座下有八大弟子，弟子滚文荣为第二代掌门。此后，瑶白大戏得以一代代传承。

演大戏、玩龙灯（后只许玩花灯）是古时候瑶白人娱人、娱节活动的主要内容。逢年过节，献技献艺，活跃农村文化生活。群众参与演出、欣赏、品评，促进社会和谐。老艺人以《三国演义》《隋唐演义》等传书为题材，将其改编成剧本，农闲时节教以说、唱、做、打等戏剧技巧，因不是正式登台演出，人们把它叫作"板凳戏"。到过年时节，稍加组织排练，即可演出。

大戏演唱时用的是汉语，台词词牌与京剧大致相同，但唱腔不一样，带有高山侗家深调。大戏演唱的曲调有很多，腔调定弦以南路（二黄）、北路（西皮）为主，有 18 个腔调。伴奏乐器分文场、武场。开演以鼓锣指挥、助兴。鼓点指挥，京锣和钹呼应，京胡伴奏，唢呐催帕。戏剧虽有剧本，但曲调大部分由戏师口授。节奏、旋律、声调等受当地民歌语言的影响，富有地方和民族特色。以生、净、旦、丑等角色着装画脸。

大戏既古拙又通俗，每天演出，必有恭祝戏在前，叫"登场戏"，属地傩戏。如《天官赐福》是"跳家官"的一传统表演，以示祝贺、恭喜，祝看戏的各位福星、禄星高照，升官发财，万事如意。大戏具有祭祀性、群众性和娱乐性，很受欢迎。清末时期在天柱石洞演出，剧目《时迁盗甲》的特技动作轰动九龙山。

中华人民共和国成立后，在"双百"方针指引下，1958年瑶白有21名艺人参加九寨区业余文工团，开展文化演出。

1966~1976年十年"文化大革命"，太和班被打成"地下俱乐部"，服装、道具上缴。太和班几乎断层失传。

1977年后，太和班利用舞台宣传党的方针、路线、政策。七月二十日受高坝村邀请，登上高坝歌场戏台，为广大群众演出节目。同年到仁丰、彦洞等地演出，深受群众欢迎。

1980年，瑶白村用以物换物的形式，以50立方米的议价木材从浙江省永康县西溪纺配绣品厂购进价值4800余元的戏剧服装，以充实文化生活。

1980年后，瑶白"梨园太和班"按照传统一年一演或连演三年。这期间曾受邀到剑河县平岑高坝歌场、小广、县境内的彰化乡中寨、平敖及文斗乡文斗、河口、韶霭及敦寨区敦寨、雷屯等地演出，演唱剧目有《杨门女将》《梁山伯与祝英台》《水漫金山》《荐诸葛》《天水关》《辕门斩子》《三气周瑜》《柜中缘》等传统戏剧。这期间，龚志全老艺人被接纳为贵州省民族民间文艺协会会员。

2007年，大戏剧目曾参加"多彩贵州"锦屏赛区的大赛，参加黔东南州庆活动演出。

2008年秋，参加隆里古城舞龙狂欢节演出，受到好评。被誉为大山里的一道亮丽风景线。

大戏经过瑶白几代人的加工整合和再创造，极富民族文化特质，专家、学者们誉其为黔境边缘一朵常艳不凋的艺术奇葩。

## 五　反映居住特色的传说

这方面的传说主要有"引龙古屯""二龙抢宝"等。

**"引龙古屯"**　　咸丰年间，剑河、台江等地的苗族人要来袭击瑶白地区的侗族人民。瑶白居住的这块宝地由于地理位置的关系，没有办法抗拒他们的袭击。所以，全村人民都搬到"引龙"去住。"引龙"这个地方地势险要，易守难攻，有"一夫当关，万夫莫开"的优势。在"引龙"的山头居住，在居住的前面挖一条很长的战壕，有一千多米，并且在战壕三个险要的地方设了三个门，分别是：头门、中门、后门。每个门的作用都不一样，头门和后门是当地人出入的地方，这两个门是出入"引龙"住地仅有的通道，每天要出入这里到田里去劳作。后面是悬崖峭壁，前面是战壕，中间还有一个中门瞭望塔。站在这个瞭望塔上就可以观察前方来的是什么样的人，或是有什么猛兽来攻击山寨。后来，就回到现在的居住地来居住了，因为那里只是一个避难场所。可是，这里的侗族人民对树木的崇拜情有独钟。祖辈们的旧居里给后人留下了世代相传的信仰。也许正因为这些独特的信仰，当地有很丰富的生态资源。在他们旧居的对门山，那座小山上有几百棵上百年的古树。在他们的理念中，对门山是他们的"福山"，而这座山上生长的树木是不能砍的，并且在那座山上不能烧火。如果在那座山上烧火，寨中容易发生火灾。

**"二龙抢宝"**　　相传有一条龙居住在瑶白村上寨，另一条龙在瑶白村的下寨，其中在中寨（即瑶白小学所在地）有一颗宝珠，俗话说"一山不容二虎，一地不容二龙"。为了抢这颗宝珠，两条龙互相争斗了起来，都大打出手，但不相上下，都没有能独占这个宝珠。最终，两条龙各含了半颗宝珠，共同拥有。于是这个故事就被流传下来了。上寨占地比下寨大，相传上寨是一条雄龙，下寨是一条雌龙。

## 六　瑶白记叙碑

时也御敌莫恃乎立威，立威莫恃乎齐众，齐众莫恃乎于一心，窃我苗白寨，界虽距近苗疆，地固属乎黎阳。肇自先祖卜居以来，莫稽其始，久荷盛朝之荣，草木同沾，凡我黎民，践土食毛，固不识不知于何有矣。不料咸丰五年台苗厌治，里串清江，肆行滋扰。我遵奉黎平府多文明饬办联络各寨团成一款，贫力富资，造炮振枪，在于黎边之验洞、洞庭建设防堵以保身家，弃诗书操矢扬刀，荒耕凿披坚持锐，迨至苗匪攻卡，与贼抵敌不下百有余阵，获安无恙。

殊至同治元年苗匪患合柱逆破陷天柱，九寨四面受敌，独立苦拒又无山川之险，又无犄角之形，虽有府县之黎平，遥阻难救，虽有瑶光之三营，自顾不出。然信人人丧胆，个个亡身，自旦至夕，击之不退，怎奈药完铅尽，鼓衰力竭，难支败走。快者作他乡之客，慢者做无头之鬼。万物俱为贼有，屋宇已成灰飞。事属为国为家，各自听天听命。既烧之后我等逃入瑶光三营，尤有斗心，皆云贼虽占我田土，朝廷有问罪之师。贼虽戮我人民，皇天有震怒之报。于是精神再抖，戈矛复兴。一则以克田土，一则以图报复。幸有塘东姜注霖，苗内李国梁，同请黎平府主袁施帮口粮，又蒙各大宪整兵征剿九龙山，我等乘势得归。只期由此渐图而望永安。

孰知各宪退后将及一载，至同治三年，苗匪又破天柱，我等又遭一次，苦不可言。切我居民系以耕为活，守本食国，约我国人抽田派户，复归耕作。可恨逆苗计毒非常，我等耕耨之时一影不到，直待谷熟之后，一鼓割光。我等仰面空嗟，气尽力穷难作准备，苗匪围山搜杀，又遭一次。哀鸿遍野，死臭难闻。贼氛稍散，我等又奔府辕请兵救急。蒙府主徐批谕，筑屯暂保，大兵未曾就来，我等只得携眷属择险于引龙山以俟兵援。复经一载未蒙有救，力虽未疲而日食莫济。

至同治四年十二月二十一日，不意又遭小广滥徒杨大伍勾结江口叛逆陈大王夥党乘虚夜入，又遭一次。被围烧身者百无一活，逃出脱命者十伤八九。可怜我等被烧之后，逃在他乡或野外而穴居，或依人之宇下餐食也渡一日，单衣亦御三冬，年虽丰而啼饥，冬甚暖亦号寒，少者气壮尤可适残生，老者力衰无辜而作饿殍，野菜和茎无处采，生柴带叶亦难寻。闺阁之女也流荡于江湖，科第之才也埋没于道路，亲死子不能葬，妻去夫不能留。尤痛者割襁褓之爱，弃儿于道有谁拾，失杖履之随委身在地任贼贼。

切我边民遭此惨祸，皆由清台苗性犬羊忽焉难驯，破城池，戕官吏，视为寻常，毁屯堡，踏乡村，将作戏要。夺田土为己有，掳货物作生涯。欺蔑神像轻若鸿毛，荼毒生灵歼同蝼命。挖坟掘墓，暴尸骨于荒郊，泛造旗帜，称王号于草野。擅据江口阻塞大川之利，屠灭烟户壅断通衢之行。更可恶者，当父淫女，对夫辱妻。烈妇被擒欲死而不得死，凡民抄掳求生不得生。妇女含羞，泪落时逆流长江之水，男儿饮恨，哼声处摇动华岳之山。

彼时清台之地尽属贼巢，黎边之民先遭贼害。所仰兆宪曾数由八弓所来川师，奈久困于金竹，是以苗久持困而自为得，势如风吹野火益烧益宽。我等由挫其锋，似水浪浮萍，愈逝愈远。只又招集残数，于同治五年恳请归种章程，幸蒙黎平府主徐，不忍百姓滞他乡，招徕归里，不已饮忍含羞，暂作假投之计，以图报复之阶。守至同治七年，恩蒙席大人统兵由八弓剿洗寨头一带，李大人亲由冷水三汊攻开江口贼，使民屯粮于大广，弋师威镇于南加，小广滥苗远通，青龙逆匪归服，于是勒石刊碑，以垂万古不朽。俾我地方捐金劳力者，前后同歌舞日，生死共见尧天。所谓圣会俎豆之事则尝闻之矣，军旅之事未之学也，是为序。

府委乡正滚仕荣　杨天祥题撰

再奉七言一律诗曰：

从来生死不同途，只为功因两断由，苗祸将兴鹤唳起，兵弋降境岁无收；碗米价高七十整，壶酒议成百四沽；堵敌办粮一般苦，是将前后名同留。

光绪元年十月二十日立碑。

（苗匪受首，靖平归里后编撰碑记）

又一碑记（养练巡卡）

窃思普天之下莫非王土，率土之滨莫非王臣。迄今圣朝雅化，市野咸歌，共沐豢养之恩，同享清平之世，百有余年未闻叛锋。不料乙卯之夏维苗作乱，涂炭生民，茫茫下域一带地方，纷纷猖獗，惨莫可言，攻州击县毁汛戕官，损丁丧命，倾寨烧村。于丙辰仲秋，患及小广附近，我等边隅，屡屡攻卡，民不聊生。若非防范，祸起萧墙。即我黎郡开僻以来，干戈未振，突因逆苗四起，屡蒙各宪示谕，设卡堵守抵御，凡我子民敢不遵崇，现奉府主多札饬我等九寨，虽未经叛匪攻击，联络设城，其各上户给粮养练，轮流巡卡，贫富均平。令我苗白寨贫民共计一百三十三户，同心协力共制枪炮子药，并造大小战旗，临阵出队踊跃同心，军务既整，勒石纪公，以志不朽。兹将姓名开列于后，

府正堂军功首士滚才发

咸丰八年丁巳孟春　榖旦　立碑

# 七　彦洞记述碑

盖闻人道之循环，人心之变换，天有晴而又雨，雨而又晴，人有乐极生悲，悲极生乐，二者岂非天道人之常也。我验洞寨虽与清台连界，实为黎郡之边肇。自开国以来，先人朴守于此，迄今约数

百余年矣。其寨本呼为洞寨，其人亦相类汉人，年歌击壤，世乐雍熙，目不睹干戈之器，耳不闻战鼓之声，日出而作，日入而息，凿井而饮，凿耕而食，帝力何有于我哉。

不意清台异类，苗性犬羊，于咸丰四五年，怀吞业之恶念，起骗账之狼心，蓄造叛逆，肆行滋扰。凡我边隅，日有仓忙之祸，夜有倒悬之忧，幸我黎平府主多札饬我寨罗兴明充当乡正，倡连九寨合为一款，贫者出力，富者出资。各寨各招长勇十五名，公认卡守杨积瑶，调户编棚，防堵黎元大凹卡名呼为验洞卡，团名号曰大和团。无事长勇堵御，有事一踊抵敌。迨至逆苗果来攻卡，不啻一月凡而仗而一月。托天覆载，获安无虞，所为年流月远，人心迨惰，逆苗彼害不成，此害又生，于同治元年勾结教匪姜映芳，盘距汉寨一名呼为九龙山，擅造旗帜王号自称定平王，破陷天柱抄平秋、石引，使我首尾难应。所仰黎平府宪，遥阻莫救，所慕附近苗光，苗光自雇不出，仅只我卡四受敌，独力苦拒，从四月二十七日击至五月十六日药完铅尽，难支败走，被逆杀追岑顿、大平（彦洞东南方）、中仰一带，房廊概被烧毁，人民受尽残，哀声满地，铁石难闻。

天地之有不容，人神有所共恨。塘东姜注淋，韶霭李国果，协同我寨团首罗天德、王成福、杨占魁等，同恳黎平府主袁施帮口粮，于八月初五仗宪兵威，一鼓克服，倡约苗白二寨，按户抽田，共募长勇六十四名，议请卡首姜注淋仍赴原卡分扎团营二座，相机堵守，只冀永安。殊知未遭贼扰之先，寨中男清女泰，遭贼蹂躏之后，你病我灾，人人鹄形菜色，个个与鬼为邻。至同治三年六月初一日，逆苗乘危而害，团因灾而莫雇，卡练惊奔，被贼又烧一次，跑脱得命者他乡之客，被杀身死者无头之鬼，吁天撞地，惨莫可闻，幸哉我团首等仍恳府主之粮，暂济荒月之急，蒙黎平府主徐爱民如子，札往文斗一带，捐帮口粮，给我复归之计。岂知文斗心无利济，颗粒不与，我等府首无依，不已扶老携幼，仍奔岑顿，食羹过活。幸值田谷登场，摘尖椿办，复请府主委员夏天祥、小广文三党带练原卡堵御，方获收割，不料夏天祥心生贪图，约通商以取，祸由此起，致遭奸细混入，未经一载，忽又失陷。于同治四年五月二十一日被贼又烧一次，尸骨充塞道路，血滴成渠。

是以文三党转入大广、夏天祥府主撤回，念洞卡力无将助，频为庚癸之呼，欲战不能，欲守不得，只得退集入寨，又将田内熟谷分租，因募壮丁五十名，断木塞路，听命偷生，可恨逆苗心如狼虎，于同治五年正月二十五日，漫山寨野四路兜东，大旗罗包延因敌，被贼困杀，男女哭声震地，号泣张天。或因拼命敌死，或被搜山捉杀，死者三十余人，炮打伤何计其数，挖坟掘墓于荒郊，脱衣剥裙于浪地，男裸女露，受尽羞辱。

幸我团首等恨逆罪不容姑，仇有不共戴天，贼氛稍散，又往南包河下，哀恳上下客商，抽收帮费，以图报复，蒙府主徐札我寨团首等设局定章，照货价值轻重，每百抽钱二文，招募塘流彭云飞、黄冈王再科各带练勇百余名赴卡堵御，以雇春耕，只异原匕抽数以助练食，不期秋收将成，客商又断，无款筹办，将练撤回。恳我府主路票，原乞丐四方，又蒙府主不忍百姓流离失所，故我等不避会稽之耻，回头又求文三党代进贼巢，暂作假投之计，养活残生之力，占拒原所，以待天时。

自是清台地界，或因顺贼以保家，或有从贼而贪利，纷纷四起，各据鸥张。陈大六聚扎江口屯，自称陈大帅，杨万洪把住滥木桥自号公平王，关将军盘距寨头，时出时入；宝元帅霸占硐却，肆横无忌。饱则归巢呼贺，不知天高地厚，饥则四处烧护（抢），哪管罪积殃采。欺篾神像，轻若鸿毛，荼毒生灵，线同蝼命。幸暴虐不久，享天报之有昭彰，静思之灭贼心，岂做从贼之人，是又投府文星，奔芷江，详请急救。

同治七年十一月初四日，恩蒙席大人攻打寨头，势如破竹；龚大人剿洗江口，剖若切瓜；李钦差扎进大广，戈统领打破青龙。这个王，那个帅，个个遭死，或烧护或挖坟，人人遭殊。

喜苗烟将熄，又遇饥荒。同治八年五分纹银碗米，肉价一钱（两）一斤，轮到纳夫送就食菜根，尤要去应解军米、半食粥饭亦堪行，虽守善道，令人堪悲，移至九年，方歌吉象，苗教逆只因悖送逆丧命，顺天欺天果见，逆天者忘，想我黎民遭此乱世，前后十有余年，受尽许多苦楚，八口之家无一口得耕，八亩之田无一亩得种，出力者吐尽血浆，出资者捐尽家业，为国捐躯，身归黄壤，欲待罪因忠结恨，无门抬慰，亦不安，受约勒石为记，共享升平。是以为序。

光绪二年巧月吉日立

附：对联　勒石垂名劝化苗逆归正果　刊碑雪恨自是良民得清安

## 八　杨国瑞及其风水故事

位于黔东南清水江北岸的九寨是一个充满人文魅力的地方。那里有着鲜为外界所知的故事，有着独具地方特色的民间文化及世代相传的信仰仪式。这个地方，随着清水江流域木材开发及地方经济的兴起，清雍正年间才逐渐出现在一些地方文献之中，由此揭开它美丽的面纱，逐渐被世人知晓。在此之前，它一直被视为"蛮夷之地"，不沾教化。

由于为史书记载的时间较短，关于它的一切，我们如何才能了解呢？或者说，我们是否可以通过人们的口头传说来了解它过去的历史呢？在九寨田野调查期间，地方上的传说故事让我好奇、兴奋以及迷恋。因为这些涉及历史、风水、人物及事件的故事传说为我们勾勒了九寨大概的历史图景，彰显了九寨人文自然、地理风光的独特魅力。本附录将以杨国瑞及有关他的风水故事为例，讲述我对这一块土地的理解。

### （一）

2014 年 5 月 14 日清晨，我一早从彦洞步行至瑶白，参加当地一位老人的葬礼。据悉这位去世的老人将被葬在登尼境内的某座山上，瑶白人称此山为"将军跨马"①。"将军跨马"是当地一块风水宝地，这块风水宝地与登尼境内的"倒挂南蛇登文坝"属同一龙脉。立刻，我的脑海里随即浮现出此前已略有所闻的杨国瑞以及诸多与之相关的风水故事。而在诸多风水故事中，瑶白的"将军跨马"与杨国瑞的风水宝地"倒挂南蛇登文坝"的关系是我们了解杨国瑞风水故事及历史活动的关键传说之一。因此，为了能够弄清楚瑶白的"将军跨马"与登尼"倒挂南蛇登文坝"是什么样的关系，我决定跟随出殡人员一起去登尼境内实地考察"将军跨马"。

我们一行到达登尼，考虑到当地的严格风俗和风水先生对我的提醒，我最终没有跟随众人进入安葬现场，遂改道去查访登尼山上杨国瑞的坟墓。经过一路的打听，我找到了"倒挂南蛇登文坝"杨国瑞的坟墓。

杨国瑞的墓地，从地形上来看，与瑶白杨家与滚家的坟山——"将军跨马"一线相连。其坟墓总共分列五排，每排分别按照字辈的先后从上往下排列祖宗坟墓，这很像东南地区汉人社会宗祠里的祖宗牌位顺序。杨国瑞与他的妻子合葬在第一排，墓碑上撰云："清故考杨通孟字国瑞老大人之坟墓及清故慈杨门李氏夫人老孺人之坟墓。"在第二排，有一块写着"杨门滚氏老孺大人之墓"，可见杨国瑞房族在历史上与瑶白村民确有姻亲关系，这进一步引发了我对杨国瑞与这些风水宝地的渊源关系的浓厚兴趣。

由于雨水的侵蚀和杂草的荒芜，墓碑上的大多数字迹已经不能辨别，我最终不能获取更多的信息，遂下山访谈杨国瑞的后人及当

①　"将军跨马"的名字是当地人根据地形和风水知识相融合而取的。因为此山的地形像一个人，而在此山左前方有一座山，是青龙山，看起来像一匹马，人们认为，这个像人的山想跨越前方的青龙山这匹"马"。而在当地人的意识里，骑马的人是将军，"将军跨马"的名字便由此而来。

地人，希望以此来了解杨国瑞与他的风水故事。然而，当我寻访到杨国瑞后人时，这位老人已年迈，记忆力衰减，听力也有限，所以我的访谈很难进行。当问起族谱，家里人说族谱已经在一次大火中被烧完。无果。幸而后来我遇到登尼原老干部文书杨大爷，他很愿意接受我的访谈，跟我讲述他所知道的有关杨国瑞的故事。

为了证实和更多了解杨国瑞，我在彦洞各个寨子采访了数位老人。当然，对于历史上的地方名人，后世不同背景的人往往会有各自的叙述和解读视角，甚至有人还会根据现实需要对其原型加以适当的创造。但无论怎样，我此行的关注焦点是流行于当地的风水故事。通过聆听地方百姓所讲述的地方风水传说，我们或许能看到与杨国瑞相关的另一番历史面貌。下文实则是我在当地对多位老人访谈的结果。

## （二）

当地人称杨国瑞为"杨国萃"，两个名字实指同一个人，主要是由于方言发音不同而产生了两种不同的叫法。杨国瑞名通孟，字国瑞，其房族字辈为"再政通光昌胜俊秀，云汉尼宗家规孝友，四祠全（碑文记载是'前'）良又承先绪，甲科连登万寿无疆"。从字辈来看，杨国瑞已经是房族中第三代宗，传至现在为"尼"字辈，已至11代。

据传，杨国瑞从天柱迁徙而来，原陕西省浑源人氏，其祖及父官居仆射，至国瑞，子袭父爵，更精晓天文地理阴阳八卦行兵进退之法。乾隆年间，随张经略广泗任参军御史，率军三十万溯江而上，将苗王吴星拱擒获解京，唱凯东旋。至登尼驻军，杨公无心仕途，乃私修表本辞官，嘱托经略代于圣上告卸，经略回京缴旨面圣奏呈，批饬准辞，乐业登尼。正因如此，杨国瑞便为登尼寨开寨第一人。不过杨国瑞本人是否乐居登尼，有待下文说明。

另外，由于杨国瑞功劳大，当时府主希望他在此地做官，还专门为他在登尼修了一个官坡，让杨国瑞登山高望。凡他肉眼所能观望之地，都被划分给他管辖。然而，杨国瑞无心做官，他所喜欢的只是附近的四处阴地及登尼的四处阳宅。黎平府主最后应诺了他的要求，所赐的四处阴地是"飞蛾巴壁观音渡""猛虎跳涧苗婆滩""南蛇倒挂登文坝""海角朝天四里塘"。

但老人们口中的这四处阴地稍有不同，它们分别是"观音坐莲立木山""海角朝天四里塘""倒挂南蛇登坝""青龙脑柳霁"。最后一处，老人们已经记得不是很清楚了，只知道它在剑河的南加镇。

从老人们的讲述来看，"立木山"在今剑河南加境内；"四里塘"在今锦屏县境内，清水江岸，但由于三板溪修建水利电站，现已被水淹没；"登文坝"则在登尼寨内，前文所述的杨国瑞坟墓便在此山中。

关于杨国瑞索要的四处宝地，还有一位风水先生认为以上说法都不准确，四处阴地应该分别是"观音坐莲犁木山""猛虎跳栏牛毛滩""美女梳头唐高寨""海角朝天四里塘"。"犁木山"就在今天剑河南加的柳霁观音渡，"牛毛滩"在剑河南加与锦屏瑶光的交界处，"唐高寨"位于黎平县与榕江县的接壤处，"四里塘"在锦屏县内三板溪周边。其中，这四处阴地，杨国瑞只用过剑河南加柳霁的观音渡。今锦屏县平略镇的"四里塘"有一块碑，但碑文中只有"杨氏"两个字。这即是说这一阴地并没有动用过，其他两处情况也是如此。

风水先生的说法与其他人讲述的不同之处并不在文字书写上，最重要的是前两者并没有提到榕江的唐高寨、锦屏以及剑河南加的牛毛滩。根据这位风水先生的说法，上文中人们提到的"登文坝"实质上并不是杨国瑞向黎平府索要的四处阴地之一。登文坝的出现实则是后来杨国瑞进入锦屏九寨以后的事情。

以上关于杨国瑞的四处阴地传说在具体的地名表述上和具体方位上虽各有不同，也不能说谁对谁错，但这至少说明一个问题：风水在当地人的观念里面占据着重要的位置，杨国瑞作为一名官员和名人的身份是通过风水传说被当地人所记忆和接受的。同时它在某种程度上反映出当时清王朝管辖下的这一地区仍然是一片"化外之地"，其疆域的行政划分仍然处在模糊和不确定之中。在这里，我们不需要具体追问风水观念在当地有多重要，而更需要关注的则是，杨国瑞在历史上是如何通过风水这一媒介把彦洞、瑶白以及登尼等寨勾连在一起的，以及杨国瑞的四块阴地的去向和最终的归属。

## （三）

据传，杨国瑞是从天柱迁徙至剑河，居住在剑河柳霁的。根据风水先生的说法，杨国瑞所居住的剑河柳霁以及坟墓观音渡，风水都是极佳的。杨国瑞所选的这四块风水宝地具体好到什么程度呢？彦洞村有一位风水先生这样解释："我曾经参与了杨国瑞后人把其剑河的老祖坟迁到现在'登文坝'的事情。其中有一座祖坟是杨国瑞的父亲，挖开坟墓时，老太公的骨架完好无损，其骨头呈现黄色。而黄色正好是暗示此地风水极好的最佳例证。杨家这个老祖公埋在剑河柳霁有一百多年的时间，从这个时间来看，尸体的骨架保存完好，而且呈现黄色，可见这个地方果然是一块宝地。"

杨国瑞从天柱搬到剑河柳霁，在这里生活了几年以后，就把父亲及亲戚的尸骨从老家天柱迁到今天剑河南加的柳霁观音渡埋葬。又过了几十年，杨国瑞打算离开剑河柳霁。离开柳霁的缘由，当地主要流行两种说法。一是因为当时杨国瑞是剑河柳霁县的县长，柳霁的地形决定了他的命运：地形狭窄，无一处是平地，这是一"瘟"县，在这里做官，是发不了财的。另一种说法则是，杨国瑞到剑河以后，四处寻宝地，购买良田，扩展地盘。后来他遇到一位术士，这位术士劝告杨国瑞，好的风水阴地的拥有，不是靠随意购买就能占有的，拥有它的人必须是有公德之人，有公德之人才有福德，其子孙才会富贵。也许杨国瑞把这位术士的话听进去了，才放弃购买更多阴地的想法，事实是否如此，需要更多的历史证据。不过，这是另外一个话题。

杨国瑞离开剑河柳霁来到了中林司彦洞（当时称作"验洞"）驻地，而并不是人们所认为的登尼，当时他并没有把祖坟迁到彦洞。此前，杨家和龙家在此居住，杨国瑞来后，彦洞中林司杨家已经搬离至今天锦屏的钟灵乡，只留有几户龙姓人家。当时，罗家也还没有搬来。杨国瑞进入彦洞，选择了彦洞风水最好的位置居住下来。后来，中林司杨家得知了这件事情，认为彦洞很重要，主要是认为杨国瑞是一位风水大师，他认为重要的地方必定也是极佳之地。另外也有人说，当时彦洞的管辖范围很广，其中彦洞管辖的一座山神似一条龙，而这条龙的龙头朝向中林，这便暗示着中林司不能失去彦洞，彦洞与中林必不可分。于是，中林司杨家便派一支到彦洞居住，后来才发展成了中林彦洞长官司两地合称的名字，也形成了彦洞当时两支杨姓的居住格局。

传说，杨国瑞来到彦洞以后，四处寻找阴地。后来，他发现周边有一座山，风水极好，认为是龙脉，但为苗山。他怕居住在这里的苗人发迹，就用割断了的瓶子斩断这座苗山上的龙脉。这座山在今天瑶白上寨滚家后龙坡"班铎"之地，那个割断了的瓶子至今还在山上。

此后，杨国瑞又看中了今天锦屏九寨境内的登文坝，也就是他向黎平府索要四块阴地之中比较有争议的一处，此地现属于登尼。但是，登尼当时属于瑶白的管辖范围，如果杨国瑞想要得到此地，必定要与瑶白寨老打交道。而在当时，瑶白的主事权由杨家把控，而杨家此时已经改姓"滚"。这是因为当时瑶白杨家落后于滚家，滚家在瑶白的势力比较大，后来者想要入住瑶白，改为"滚"姓是获得"入住权"的条件。后来出于各种原因，瑶白人把登文坝赠送给了杨国瑞，而杨国瑞建议让瑶白杨家将登尼境内的"将军跨马"也作为坟地。他解释道，此地与登文坝同属一龙脉，这样两家便可以共同管理登尼及其周边地域，瑶白杨家听从了杨国瑞的建议，将"将军跨马"作为杨家的坟地。

此后，杨家觉得独自占有"将军跨马"不太合适，这必定会引起瑶白滚家的不满，于是便把此山的三分之一让给滚家，共同占有。如此，才有了今日"将军跨马"这块坟山的基本格局。新中国成立后，除了龚家和彭家等有几个老祖公葬在此地以外，其余的坟墓全部是杨家和滚家的。

杨国瑞得到登文坝以后，引起了当时彦洞及其周边寨子许多人的不满。很多寨老还规劝杨国瑞，让其收敛，杨国瑞是否听从了各位寨老的劝说，我们不得而知。杨国瑞得到了登文坝以后，害怕被中林司杨家首先抢占，就派了一支杨姓后裔到登尼居住，以此来守住登文坝和登尼。也正因如此，后人口传中才有了把杨国瑞作为登尼第一个开寨人的说法，也才有了登文坝是杨国瑞当时向黎平府索要的四块阴地之一的说法。但从老人们的叙述中，杨国瑞本人其实并没有到登尼居住，其死后才葬在登文坝。

今日，杨国瑞的后人只有七户。其中一支分在今剑河化敖，只有一户，现在与登尼这一支仍然有往来；第二支在彦洞，现只有两户五人；最多的是在登尼，五户十八人。从现在其后人的居住格局和发展情况来看，我们确实可以粗略察看到杨国瑞曾经有过的房族分支和坟墓占有风水宝地的历史痕迹，我们也能够窥见杨国瑞房族兴衰的大致历史脉络。今日，杨国瑞索要的这四块阴地，大部分龙脉都已经毁坏了，只有黎平榕江县那一块保存完好。

## （四）

杨国瑞隐居登尼以后，做了两件事情：第一，参与瑶白寨名的更改；第二，开市场。

杨国瑞隐居登尼后首先参与了瑶白寨名的更改。瑶白，在古代被称为"妙北"（liulbeeh），"北"是"支、分支、一支"之意，侗语叫"正押金"。据史书记载，明清时期，外界多称侗族人为"侗苗""侗民""侗家"，或泛称"苗"。早期定居在瑶白的一支属苗族，讲苗话，着苗装，由于这里住地陡峭，称为"苗地"，人们因此又称之为"苗伯"。乾隆二十三年（1758），杨国瑞（洗剿参军御史）隐居登尼，而与总甲长滚言宗商量改寨名为"尧佰"，取"尧"可能具有崇尚华夏正统的意思，以此暗示当地侗人的归化之所向。但不管怎样，就现实情况而言，"尧佰"这个名字很少被当地人使用，他们还习惯称"苗伯"。

杨国瑞隐居后的第二件大事是开市场。杨国瑞来到登尼后不久在秋高开场，主要是买卖米和肉，五天一场，各地人来往甚多，国瑞常带剑巡逻，歹人难近其身。苗王余部暗地前来刺探，知国瑞爱吃煮熟的牛皮，因之，逢场即备熟牛皮来卖。一天，值仲冬天极冷，国瑞巡至熟牛皮铺，要买牛皮吃，铺主却答刀有人借去了，请他用剑自割，国瑞当即用剑割皮，然后将剑插入鞘。不料，半路遇着六七人持刀拦路，其急忙拔剑，牛油却把剑凝住，一时拔不出来，手被砍断了，当随从赶来时，歹人已逃，后知是苗兵来行刺，国瑞到家后因流血过多而死，葬于"南蛇倒挂登文坝"，府上念其功，给钱厚葬。苗王余部探得消息后，又来将其碑打坏，这便是杨国瑞的历史结局。不过，杨国瑞在此地开市场，方便了瑶白、彦洞及周边寨子的经济生活和人群之间的交流和互动。

## （五）

从风水故事中追溯杨国瑞及其房族历史，只是对杨国瑞及其房族历史侧面的一个透视，并不能还原杨国瑞的全部历史事实。但从这些风水故事中，我们能在某种程度上窥见杨国瑞及其房族兴衰的历史脉络。另外，透过这些至今仍然流传在当地百姓口头中的有关杨国瑞的故事，我们可以看到，黔东南清水江九寨地区的风水、房族、姓氏、立碑等一套象征社会机制和文化知识体系，以及这套知识体系在连接和组织当地社区的过程中所发挥的重要作用。历史上，杨国瑞就是通过这一套社会机制达成了他与当地社会各族群和村落间的社会联盟，今天，这套知识体系仍然在当地人的一生中有着非凡的意义。从某种意义上来说，历史上的社会文化渊源为今日彦洞、瑶白、登尼乃至九寨周边大寨之间的社会合作建立了一份坚实的基础，提供了一条超越经济和政治的社会文化纽带。历史上，杨国瑞不仅使当地历史有过短暂的风云突变，也使当地的风水观念在今日人群的头脑中得到普及与运用，甚至成为当地社会寻找身份归属和表达族群情感的一种手段。它被人们内化为对地形、社会生活及其审美观念的实践，成为凝聚一个房族、寨子、区域人群的关键所在。倘若从此角度入手，我们或许还能更清晰地看到当地苗、侗、汉等多族群间交往互动的微妙过程。

## 九　彦洞村 2009 年陈规陋习改革规定

我彦洞村现在的一些陈规陋习，严重地阻碍着我村经济发展和社会进步。为此，经过党支部、村民委组织村民代表进行讨论，决定改除不适应时代发展的风俗习惯，具体规定实施方法如下，望大家共同遵照执行。

（一）红喜

红喜包括婚嫁、三朝、周岁、新居落成（乔迁）、寿诞、升学等项目；

婚嫁喜事，只进行两天，即正酒当天和第二天，一天实行两餐制，即中餐和晚餐；

其他红喜只进行一天，即办酒当天，正酒前后不准（就此事）另行宴请客人，订婚酒不准宴请客人。

（二）白喜

1. 一般从起事之日起不超过七天；

2. 直系亲属（女婿）可戴孝衣孝帕，此外一律不发孝衣孝帕，按悼念每个名单发小毛巾一张；

3. 不准安排专门时间放炮，祭唱一结束立即宣布扶柩登山；

4. 登山当天酒席备办和红喜一样；

5. "满七"走亲只许孝子和直系亲属参加，其他人员不得参加。

6. 所有办酒席一律以下请帖为准，不再安排专人"面请"。

（三）陈规陋习改革规定制度

1. 违反本规定条款的罚款 200～500 元，并强制按规定执行；

2. 对监督工作人员打击报复的罚款 300～1000 元，造成人身伤害的移交司法机关处理；

3. 凡进入彦洞村境内人员，必须服从本规定，违者一律按照本规定的处罚办法处理；

4. 本规定从 2009 年 1 月 1 日起实行生效。

彦洞村两委

治安联防督查领导小组

2009 年 1 月 1 日

## 彦洞村改革陈规陋习督查领导小组人员及分工

为进一步实行改革陈规陋习的规定，经村两委会议研究决定，成立以下督查领导小组，并具体分工如下：

宣传指导组组长：黄童坤

副组长：杨汉林　罗国政

成　员：杨昌荣　刘宗芝　湛鸿科　湛贻刚　周礼西
　　　　周礼先　杨序相　罗朝植　罗康平　黄均坤
　　　　刘宗干　王显州　王槐西　罗国群

督查组组长：王显权

副组长：龙伍银　黄均州

成　员：周乐贵　湛鸿科　湛贻刚　周礼西　周礼先
　　　　杨序相　罗朝植　罗康平　黄均坤　刘宗干
　　　　王显州　湛志旺　黄均锡　王德福　罗国群

彦洞村民委员会
2009 年 1 月 1 日

## 十　瑶白村关于改革陈规陋习的规定

（一）红喜

1. 结婚、出嫁喜事只进行两天（即正酒当天和第二天），一天实行两餐制（即早餐和中餐）。

2. 接新娘过门尚未办理正式喜酒前不允许宴请客人。

3. 青年送礼不宴请吃茶。

4. 宴请亲爹亲妈只安排一天酒席，请亲爹亲妈赴宴可面请，但不准郎家挂彩给娘家客人。

257

5. 三朝、周岁、新居落成（乔迁）、寿诞、升学等喜事只进行一天（即正酒），实行两餐制度

6. 干菜限 15 个单菜以下，菜汤 4 个单菜以下。

（二）白喜

1. 一般从起事之日起不超过七天。

2. 直系亲属（含女婿）可戴孝帕，旁系亲属、旁系女婿发给孝帕，此外一律不发孝帕，按悼念名单发给小毛巾。

3. 唱祭时不准鸣炮，待扶柩登山时再鸣炮送行。

4. 登山当天酒席实行两餐制。

5. "满七"走亲戚只许孝子和直系亲属参加，其他人员不得参加。

6. 取消领祭、封斋等宴请礼节，"洗手脚"宴请只准请姑、舅、女婿家人，不请旁系亲属。若亲戚上斋后可请亲戚参加领斋宴。

7. 白喜请人砍柴时只需要干柴，不准砍伐生木、拆桥。

（三）请客

1. 所办酒席一律以下请柬为主，不再安排专人"面请"。

2. 若没有下请柬的人而来贺礼，于当时发给请柬以示请客。

（四）违规处理

1. 违反本规定条款的罚款 200～500 元，并强制实行。

2. 对督查工作人员打击报复的罚款 300～1000 元，造成人身伤害的移送司法机关处理。

3. 违反本规定条款的除罚款外，并取消次年的低保评选并不能享受上级下拨的一切救济物款。

（五）凡进入瑶白境内的人员必须服从本规定，违者一律按本规定的处罚条律处理

（六）该规定于 2010 年 4 月 10 日经村民代表大会通过，自通过之日起执行

## 十一　瑶白村关于改革陈规陋习的规定

为进一步改革我村陈规陋习，让村民真正受益，推动社会经济发展和进步。经村党支部、村民委组织村民进行商讨审议，在原来的基础上进行修改。现将陈规陋习改革具体内容规定如下：

（一）红喜

1. 结婚办喜酒男方家只准举行两天（即正酒当天和第二天），一天实行两餐制（即早餐与正席）。女方出嫁酒席只举行一天，允许早餐调换为正席。

2. 接新娘进门尚未办正式喜酒前（俗称"吃鸭"）不允许宴请客人，青年贺礼不宴请女方吃茶。

3. 宴请亲爹亲妈只安排一天酒席，陪亲酒只准请双方直属亲舅、姑、兄妹，并不准郎家挂彩给娘家方客人。

4. 禁止新娘送礼鞋给房族亲友。

5. 结婚时男方向女方家献猪肉统一规定 208 斤，其中不包括母舅家、回娘头以及房族条肉部分。

6. 结婚时，男方献给母舅的彩礼统一规定为 800 元，不准舅家回礼。

7. 小孩只准办三朝酒席，禁止举行周岁及老人寿诞酒席宴客。

8. 新居落成只准上梁办酒席，禁止进新屋、立大门等办酒席请客。

9. 升学只允许考取一本、二本学生办酒席请客，凡是考取三本（含三本）、专科以下考生禁止举办升学酒席。

10. 三朝、新居落成（乔迁）、升学等喜事只进行一天（即正酒当天），实行两餐制，第二天不得宴请客人。

11. 凡喜事菜单早餐规定 6 菜 1 汤，正席菜单规定 12 菜 1 汤。

（二）白喜

1. 一般从起事之日起不超过七天。

2. 直系亲属（含女婿）可戴孝衣孝帕，旁系亲属、旁女婿发给孝帕，此外一律不发孝衣孝帕，按悼念名单发给小毛巾。

3. 唱祭时不准滥乱鸣炮，待扶柩登山再鸣炮送行。

4. 丧事酒席实行两餐制，早餐菜单规定 4 菜 1 汤，正席菜单规定 6 菜 1 汤。丧事菜肴禁止摆设鸡、鸭、鱼。

5. 丧事统一禁止"洗手脚"、领祭、封斋、上斋等宴请礼节，不准满七走亲（俗称"走七"）。

6. 亲戚唱祭献猪肉不准超过 100 斤，禁止回祭礼，不准丧事挂亲送礼以及立墓碑请客。

7. 白喜不准请人砍柴，由本房族各户自筹干柴。

（三）所有办酒席一律以下请柬为准，不再安排专人"面请"

（四）其他

凡是举办酒席宴客方一律禁止散发剩余菜、肉。

凡是举办酒席一定要按照国家《食品安全法》进行食品采购和烹饪。杜绝患有传染疾病的厨师烹饪，注意饮食卫生。

注意消防安全，排除隐患。

（五）违规处理

1. 违反本规定条款者罚款 500 元，并强制按本规定执行。

2. 对督查工作人员打击报复者罚款 300～500 元，造成人身伤害的移送司法机关处理。

3. 违反本规定条款的除罚款外，取消该户的低保待遇并不能享受上级的一切政策资助。

4. 凡我瑶白境内的所有人员必须遵守执行，违者一律按本规定处罚。

（六）本规定于 2012 年农历正月初一经村民代表大会通过，自通过之日起生效执施。最终解释权属村两委

瑶白村民委员会

2012 年 3 月 1 日

## 十二 服饰

瑶白古时尚苗装饰，清咸丰三年改为侗装。男子头结辫或挽髻，包自家织的黑色长侗帕。身穿左衽短领襟衣，束腰带。下身穿接头裤，接头裤的裤腰、裤筒肥大，小腿缠腿布，脚穿草鞋或布鞋，冬天穿浆桐油的钉鞋。民国以后基本上剪短发辫，上身穿对襟短衣，成年男装无花边，全是素色，一般是黑色，棉质家机布，手工制作，长至大腿，下摆有小叉，五到七对布扣，襟前下摆各有一个荷包。穿锁头裤，腰后多系一根紫竹旱烟竿和一个葫芦（牛皮）烟盒。肚脐上扎一兜肚放火镰岩和火草，上坡干活要吸烟时，掏出火镰岩和火草，用钢圈对着火镰岩猛划数次，火草即燃火，这样便可点火烧烟和取暖了。解放后，生活水平提高，家机布减少；七八十年代中山装盛行；改革开放后，外出务工的村民大多穿上西装，解放鞋换成了皮鞋。家机布制成的民族服饰只在节日喜庆之时才穿上。

古时妇女穿左衽矮领襟衣，着花裙，腿布缠足，挽发髻围长侗帕（侗名称为"帕闷托"）。清光绪年间，九寨侗族地区进行了一场改裙为裤的服饰变革，以后少见穿裙者。妇女特别注重打扮与修饰，穿戴亦有分别。衣服种类从季节上分，有夹袄、单衣。冬季穿夹袄，春、夏、秋穿单衣。从性别年龄上划分，有女童衣、男童衣，少年、老人、妇女、少女等衣服类别，还有盛装及简装之分。

女装，黑色，冬天穿的有双层，称夹袄。左衽矮领襟衣，长至大腿中部，坎肩及袖口用另色（多为蓝带白色）布做镶接，襟边以红、白、蓝等色布镶成花边，花边上有刺绣。古时多用蓝布白线绣成花，扣套用布做成疙瘩纽扣。未婚女子扎单辫，以红绳结辫盘于头上，围自产青色长侗帕，前额刘海齐眉，耳戴银环。节日穿盛装，头戴银簪花（银花冠），脖戴银项圈，胸前挂着银饰压领，手戴着各式各样的银手镯，扣套五颗，以银泡串连。用自织的花带（连心带）束腰，裤管脚及裤腰有另色花边。黑布裹腿，脚穿布鞋或绣花鞋（以前穿翘鼻绣鞋），服饰鲜艳，花枝招展。已生育的少妇，额前不再梳刘海，把长辫改为挽髻，绾在脑后，服饰亦比较老色。小孩男、女童装，是与大人款式一样的服饰，只是大小不同。戴十八罗汉帽（帽前嵌十八罗汉银身形，帽后垂数条银链系以葫芦、金鱼、莲角之类银饰），有的还戴着"长命宝贵，易养成人"的保命银手圈（只一支，戴时男左女右）。

## 十三　长桌"摆古"中的部分内容及意涵

老古路，自古留，
一下到如昔。
前头老人留根古，
大家聚会这般齐。

瑶白摆古能几回，
今天大家又聚会。
自古老人留的礼，
我们晚辈后跟随。

混沌初分，乾坤始奠。上古三千八百岁，盘古二万七千春。从古至今，历史变更。直到如今，国家安定，人民安生，乐享太平。因本族民没有文字，仅以口头故事的形式传承。我现一一回忆，慢慢讲清。

众位朋友及乡亲，

262

摆个古来大家听，

讲讲瑶白的村史，

从根开报一堂人。

汉人有文传书本，

侗家无字传歌声。

祖辈传唱到父辈，

父辈传唱到子孙。

　　我们感谢古人圣贤，世遗古风民乐天。燧人钻木取火，熟食烧煎，有巢搭屋盖房，伏羲画卦阴阳前。神农遍尝百草，农业、医药为先，大禹治水，万水归流洪波躅。轩辕黄帝制衣穿戴，礼乐婚姻联。嫘祖养蚕把桑栽，女娲炼石补天，慈母教子有远见，孟母育人三迁。杜康造酒，怀德制豆腐，眼是得见口尝鲜。三国孟获，留有遗风，大武赛牛，笙歌妙舞翩跹，田里丰收，岁月悠久歌声甜。唐朝玩龙拜花灯，多祈谷穗，时和太平。

自从盘古开天地，

三皇五帝留礼仪，

前朝的人留根古，

风调雨顺年成吉。

　　清朝后期，苗民起义，威震各地，所向披靡。官府组织团练抵抗，云上、梨元坳设卡驻防。苗民愤恨官府，破卡扰乡。剑河小广，难以抵挡，彦洞瑶白，亦同遭殃。鸡难归笼，百姓躲藏。民不太平，何能国富民强。

自从殷商纣王起，

诸侯战乱民举义。

先人迁到这团地，

拓荒种地有来历。

瑶白龙家来开村，

这团土地贵如金。

杨家滚家也来住，

陆续还来几姓人。

话说我村，古名"正押金"。明朝就有人生息，又称"苗北村"。后经办学议，民国 9 年定名"瑶白村"。同为九寨"款"组织，议款借捐把誓盟，内惩奸盗外御侵，与四邻村寨心连心。瑶白共有十个姓，龙滚杨范龚，耿万宋胡彭。祖先迁居到此地，盖房耕种来安身。龙家最早来这里，选址"龙宝"小山顶。四周风景美如画，这里正好寨中心。接着来的是滚姓，兄弟四人来自"富仁"（地名），"四父富仁"因此称。三位高祖坐"高龙"（侗语），一位开辟"网地"（侗语）居，宁富滚氏后接入，首居青岩振家声。

随之杨家迁下寨，"我甫金德"（侗语）呼其名。范家龚家陆续迁来把居定，农业同耕五谷养万民。垦荒开田把粮种，满山遍野栽满林。上下"亚炯和下教"（侗语），周围是山像个盆，留条小溪中间过，抬石垒坎田修成。下应、两眼、平果、高楼（侗语）几个坡，层层梯田可接云。祖祖辈辈勤开垦，愚公移山有精神，开辟田地遍山岭，艰苦创业福子孙。子孙繁衍一代代，和睦相处同耕耘。共同生活若干年，滚家天天在强盛。

寨子统一把姓改，从此瑶白全姓滚。姓氏统一时间久，造成许多的矛盾，只有主来没有客，全寨男女不通婚，远到镇婆、镇腊、镇化及亮寨，结有若干代门亲。男占登寨，女占登村。土地得开发，家庭兴旺广人丁。但结亲路上，巴茅、芦苇重重困，道旁刺蓬那么深，男行钩断新衣裤，女走挂坏花兜巾。路途崎岖不打紧，路过深山怕虎侵，翻岭过坳怕贼人，行路独走心胆惊。寒冬腊月冰封山，冰天雪地路难行，春夏清水江涨水，银河隔断相思人。到平秋、平老、小岸和桥问，吹木叶没有姑娘听，到高坝、皮所和黄门，屋边吹口哨也没见姑娘影，羞死我后生。"美棍矣欠　同偶，美偶矣欠　同俄"（侗语），邻近嫌我"正押金"。后来全寨齐商议，提出得把姓来分。顿阿琼为界先通婚，杀猪宰羊把誓盟。瑶白渐渐复原姓，以水为界可交亲，上寨下寨为亲戚，有的亲上又加亲。

> 远方结亲不放心，
> 商议复姓来开亲。
> 上寨下寨为亲戚，
> 以水为界亲结成。

　　"正阳中"和"正押金"女还娘头包办婚。嫁甥女舅公索重礼，造成许多不平等，姑娘逃婚去，郎家家境为此贫，原本好亲戚，翻脸成仇人。"定俗垂后"碑立起，陈风陋俗方改成。光绪年间改婚礼，瑶白彦洞碑同立。定俗垂后昭村寨，男婚女嫁得落一。瑶白侗寨风光好，全村人民一条心。民族传统远流长，北侗风情数不尽。斗牛、斗鸟演大戏，元宵时节拜花灯，时逢节庆齐参与，吹笙舞蹈表真情。饭养命，歌养心。"阿瓦"（侗语）婚嫁来摆古，侗家美德传后人。

　　瑶白著名有八景，"文昌巍阁"四角飞檐有五层，檐前狮子蹲，翘角鲤鱼蹦，阁内雕神像，财神、观音、文殊、普贤、文昌、魁星等近百尊，雕刻精细像高大，神态各异栩栩如生；"引龙古屯"存遗址，"鲤鱼上滩"跃龙门，"雄溪暴涨"多雄浑，"牛鼻寒潭"雾气腾，"爷来仙蹄"蹄印深，"采芹朝霞"自然成，"二龙抢宝"是寨形，前人题诗来纪胜，诗词传诵到如今。
人文景观远传名。

青山秀水切割深，峡谷之中瀑布群，"美秋"（侗语）坳上高
蟠龙，众山盘绕古树荫；"步浪"（侗语）一带青松多苍劲，"龙
侬"（侗语）就是龙脖颈；黄檀弯摩崖有千仞，归应溪边更是神，
镶金岩、蜡烛洞、洞底一潭"8"字形，人到潭边莫喧嚷，否则定
遭大雨淋；瀑布群、鸡冠岭，"归应"（侗语）一派好风景。鸟语
花香林中画，花桥鼓楼"画"中寻。侗寨风情源源长，面山文笔
正中央。

著名八景护团寨，二龙抢宝夺魁场。共产党来领导好，大山侗
家得翻身，改革开放政策好，西部开发蓝图明。多姿多彩贵州省，
乘势而上靠人勤，国家开发新阶段，省州县工作队科技来扶贫，
2008 年整村来推进，通水、通电、通公路、通电话，吃水不忘挖
井人，抓住机遇脱贫困，农村建设有新型。生活之花节节高，幸福
不忘党恩情，紧紧跟着共产党，奔向小康的水平。

> 瑶白侗寨风光好，
> 全寨人民一条心，
> 紧紧跟着共产党，
> 幸福生活早来临。

各位朋友众嘉宾，讲得不好谢你听。自然风光说不完，民俗风
情摆不尽，瑶白侗寨的演变，既摆古来又论今。改革开放政策好，
万众欢歌党英明。牛角酒杯斟满爱，杯杯俱含侗乡情。请干这杯侗
乡酒，祝各位年年行鸿运，人人身体都健康，家庭幸福万事兴。

> 侗乡茶场坡连坡，
> 浓浓茶水好解渴。

朋友请到侗寨来，
香喷喷油茶请你喝。

侗乡人民欢迎您，
天南地北贵嘉宾。
北侗风情远流长，
再到瑶白来旅行。

# 参考文献

## 一 中文文献

### （一）史志、族谱

徐家干：《苗疆闻见录》，吴一文注释，贵州人民出版社，1997。

俞渭修《黎平府志》，光绪十八年黎平府志局刻本，2010。

万历《贵州通志》，日本藏中国罕见地方志丛刊本，书目文献出版社，1990。

乾隆《清江志》，乾隆五十五年抄本复印本。

中国科学院民族研究所贵州少数民族社会历史调查组、中国科学院贵州分院民族研究所编《〈清实录〉贵州资料辑要》，贵州人民出版社，1964。

任可澄、杨恩元等纂，贵州省文史研究馆点校，民国《贵州通志·前事志》，贵州人民出版社，1985。

贵州民族研究所编《〈明实录〉贵州资料辑录》，贵州人民出版社，1983。

贵州省地方志编纂委员会编《贵州省志·地理志》，贵州人民出版社，1985。

黔东南苗族侗族自治州地方志编纂委员会编《黔东南苗族侗族自治州志》，贵州人民出版社，2002。

锦屏县编委编《彦洞乡志》，2009，未刊。

杨安亚主编《瑶白村志》，2009。

《杨氏族谱》，彦洞乡彦洞村。

## （二）专著

〔英〕E. 霍布斯鲍姆、T. 兰格编著《传统的发明》，顾杭、庞冠群译，译林出版社，2004。

〔英〕埃德蒙·R. 利奇：《缅甸高地诸政治体系——对克钦社会结构的一项研究》，杨春宇、周歆红译，商务印书馆，2010。

〔法〕埃米尔·涂尔干、〔法〕马塞尔·莫斯：《原始分类》，商务印书馆，2012。

〔英〕埃文斯·普理查德：《努尔人——对尼罗河畔一个人群的生活方式和政治制度的描述》，褚建芳等译，华夏出版社，2011。

〔法〕安德烈·比尔基埃等：《家庭史》，袁树仁等译，三联书店，1998。

〔美〕保罗·康纳顿：《社会如何记忆》，纳日碧力戈译，上海人民出版社，2000。

〔美〕保罗·拉比诺：《摩洛哥田野工作反思》，高丙中、康敏译，商务印书馆，2008。

〔法〕保罗·利科：《记忆，历史，遗忘》，李彦岑、陈颖等译，华东师范大学出版社，2017。

〔法〕保罗·韦纳：《人如何书写历史》，韩一宇译，华东师范大学出版社，2018。

〔美〕本尼迪克特·安德森：《想象的共同体：民族主义的起源与散布》，吴叡人译，上海人民出版社，2005。

〔英〕彼得·伯克：《法国史学革命：年鉴学派，1929～1989》，北京大学出版社，2006。

〔波〕彼得·什托姆普卡：《社会变迁的社会学》，林聚任译，北京大学出版社，2011。

〔英〕波兰尼：《巨变：当代政治局经济的起源》，黄树民译，社会科学文献出版社，2013。

邓敏文、吴浩：《没有国王的王国——侗"款"研究》，中国社会科学出版社，1995。

〔美〕杜赞奇：《从民族国家拯救历史：民族主义话语与中国现代史研究》，王宪明等译，社会科学文献出版社，2003。

〔美〕杜赞奇：《文化、权力与国家：1900—1942 年的华北农村》，王福明译，江苏人民出版社，2003。

〔德〕斐迪南·滕尼斯：《共同体与社会》，林荣远译，商务印书馆，1999。

费孝通：《江村经济》，上海人民出版社，2007。

费孝通：《乡土中国》，北京大学出版社，1998。

〔美〕弗雷德里克·巴特：《斯瓦特巴坦人的政治过程——一个社会人类学研究的范例》，黄建生译，上海人民出版社，2005。

〔英〕弗里德曼：《中国东南的宗族组织》，刘晓春译，上海人民出版社，2000。

〔德〕盖奥尔格·西美尔：《关于社会化形式的研究》，林荣远译，华夏出版社，2002。

高国藩：《中国巫术考察史》，三联书店，1999。

〔美〕葛学溥：《华南的乡村生活——广东凤凰村的房族主义社会学研究》，周大鸣译，知识产权出版社，2012。

贺喜：《亦祖亦神：粤西南信仰构建的社会史》，三联书店，2011。

〔法〕亨利·柏格森：《材料与记忆》，肖聿译，译林出版社，2014。

胡鸿保：《中国人类学史》，中国人民大学出版社，2006。

〔美〕华若璧：《南中国的阶级分野与姻亲关系》，华琛、华若壁：《乡土香港：新界政治、性别及礼仪》，张婉丽、盛思维译，香港中文大学出版社，2011。

黄树民：《林村的故事：一九四九年中国农村变革》，素兰、纳日碧力戈译，三联书店，2002。

黄应贵：《"文明"之路》（三卷），台北，中研院民族所，2012。

黄应贵：《反景入深林——人类学的观照、理论与实践》，商务印书馆，2010。

〔英〕吉登斯：《社会的构成：结构化理论大纲》，李康、李猛译，三联书店，1998。

简美玲：《贵州东部高地民族的情感与婚姻》，贵州大学出版社，2009。

简美玲：《戏谑与结构：贵州东部高地苗人的平日游方与交表》，2003 年铅印本。

〔英〕柯林伍德：《历史的观念（增补版）》，何兆武等译，北京大学出版社，2010。

〔美〕柯文：《在中国发现历史——中国中心观在美国的兴起》，林同奇译，中华书局，1989。

〔美〕克利福德·格尔兹：《文化的解释》，纳日碧力戈等译，上海人民出版社，1999。

〔法〕克洛德·列维－斯特劳斯：《结构人类学》，张祖建译，中国人民大学出版社，2006。

〔英〕孔飞力：《叫魂：1768 年中国妖术大恐慌》，陈兼等译，三联书店，1999。

〔英〕拉德克利夫·布朗：《社会人类学方法》，夏建中译，山东人民出版社，1988。

林耀华：《义序的宗族》，三联书店，2000。

凌纯声、芮逸夫：《湘西苗族调查报告》，民族出版社，2003。

刘志伟：《在国家与社会之间：明清广东地区里甲赋役制度与乡村社会》，中国人民大学出版社，2010。

〔法〕路易·杜蒙：《阶序人：卡斯特体系及其衍生现象》，王志明译，台北，远流出版事业股份有限公司，1992。

〔美〕罗伯特·芮德菲尔德：《农民社会与文化：人类学对文明的一种诠释》，王莹译，中国社会科学出版社，2013。

〔美〕罗纳多·罗萨尔多：《伊隆戈人的猎头：一项社会与历史的研究（1883~1974）》，张经纬等译，北京大学出版社，2011。

马建雄：《再造的祖先：西南边疆的族群动员与拉祜族的历史建构》，香港中文大学出版社，2013。

〔德〕马克斯·韦伯：《支配社会学》，康乐、简惠美译，广西师范大学出版社，2004。

〔英〕马凌诺斯基：《西太平洋的航海者》，梁永佳、李绍明译，华夏出版社，2002。

〔法〕马塞尔·莫斯：《礼物：古式社会中交换的形式与理由》，汲喆译，上海人民出版社，2002。

〔英〕玛丽·道格拉斯：《洁净与危险》，黄剑波等译，民族出版社，2008。

〔加拿大〕玛丽莲·西佛曼、P. H. 格里福编《走进历史田野：历史人类学的爱尔兰史个案研究》，贾士蘅译，台北，麦田出版股份有限公司，1999。

〔法〕米歇尔·福柯：《规训与惩罚：监狱的诞生》，刘北成、杨远婴译，三联书店，2003。

〔美〕帕特里克·格里：《历史、记忆与书写》，北京大学出版社，2018。

〔英〕齐格蒙特·鲍曼、蒂姆·梅：《社会学之思》，李康译，社会科学文献出版社，2010。

〔美〕萨林斯：《历史之岛》，蓝达居等译，上海人民出版社，2003。

〔美〕施坚雅：《中国农村的市场和社会结构》，史建云译，中国社会科学出版社，1998。

〔美〕斯蒂文·郝瑞：《田野中的族群关系与民族认同——中国西南彝族社区考察研究》，巴莫阿伊、曲木铁西译，广西人民出版社，2000。

谭同学：《桥村有道：转型乡村的道德权力与社会结构》，三联书店，2010。

田玉隆、胡冬梅等：《贵州土司史》，贵州人民出版社，2006。

〔挪威〕托马斯·许兰德·埃里克森：《小地方，大论题——社会文化人类学导论》，董薇译，周大鸣校，商务印书馆，2008。

王明珂：《羌在汉藏之间：川西羌族的历史人类学研究》，中华书局，2008。

王铭铭：《社区的历程：溪村汉人房族的个案研究》，天津人民出版社，1997。

〔英〕威廉·乌斯怀特、拉里·雷：《大转型的社会理论》，吕鹏等译，北京大学出版社，2011。

〔美〕维克多·特纳：《仪式过程——结构与反结构》，黄剑波、柳博赟译，中国人民大学出版社，2006。

吴大华等：《侗族习惯法研究》，北京大学出版社，2012。

吴大旬：《清朝治理侗族地区政策研究》，民族出版社，2008。

吴泽霖、陈国钧等：《贵州苗夷社会研究》，民族出版社，2004。

杨懋春：《一个中国村庄：山东台头》，张雄、沈炜译，江苏人民出版社，2001。

杨庭硕：《杨庭硕民族学研究论文集》，中央民族大学出版社，2012。

杨庭硕、潘盛之编著《百苗图抄本汇编》，贵州人民出版社，2004。

姚丽娟、石开忠：《侗族地区的社会变迁》，中央民族大学出版社，2005。

〔美〕詹姆斯·C. 斯科特：《国家的视角》，胡晓毅译，社会科学文献出版社，2011。

〔美〕詹姆斯·C. 斯科特：《农民的道义经济学：东南亚的反叛与生存》，程立显、刘建等译，译林出版社，2013。

〔美〕詹姆斯·C. 斯科特：《弱者的武器》，郑广林等译，译林出版社，2011。

张乐天：《告别理想——人民公社制度研究》，上海人民出版社，2012。

张应强：《木材之流动——清代清水江下游地区的市场、权力与社会》，三联书店，2006。

赵旭东：《权力与公正：乡土社会的纠纷解决与权威多元》，天津古籍出版社，2003。

## （三）论文

曹端波：《"平权"社会的差序：清水江流域苗族群体的政治体系》，《中央民族大学学报》2014年第5期。

曹端波：《中国西南少数民族的社会分层与层级婚》，《思想战线》2008年第5期。

陈庆德、刘锋：《婚姻的理论建构与遮蔽》，《吉林大学社会科学学报》2006年第5期。

程美宝：《区域研究取向的探索——评杨念群著〈儒学地域化的近代形态〉》，《历史研究》2001年第1期。

邓敏文、吴浩：《侗族"约法款"对现实生活的影响》，《贵州民族研究》1993年第1期。

傅安辉：《论侗族的群体意识》，《原生态民族文化学刊》2010年第1期。

高发元、朱和双：《中国南方少数民族巫蛊文化中的性爱主题》，《民族研究》2005 年第 2 期。

哈光甜：《区分与变迁——简评王明珂〈羌在汉藏之间〉》，《社会学研究》2007 年第 1 期。

黄国信、温春来、吴滔：《历史人类学与近代区域社会史研究》，《近代史研究》2006 年第 5 期。

黄应贵：《时间、历史与记忆》，《广西民族学院学报》2002 年第 3 期。

黄哲：《喧嚣与躁动——当代 C 寨侗族的日常生活研究》，博士学位论文，中央民族大学，2013。

雷广正、李知仁：《侗族地区"洞"、"款"组织的特征和作用》，《民族研究》1980 年第 5 期。

凌纯声：《中国边政之土司制度》，《边政公论》第 2 卷第 11、12 期合刊，1943 年。

刘锋：《巫蛊与婚姻：黔东南苗族婚姻中的巫蛊禁忌》，博士学位论文，云南大学，2005。

刘握宇：《农村权力关系的重构：以苏北土改为例 1950 ~ 1952》，《江苏社会科学》2012 年第 2 期。

刘彦：《"生鬼""熟化"：清水江苗寨社会的"他性"及其限度》，《原生态民族文化学刊》2018 年第 1 期。

刘彦：《从"破姓开亲"到"定俗垂后"：清代清水江下游一个苗寨的婚姻改革与社会演变》，《西南边疆民族研究》第 24 辑，云南大学出版社，2017。

刘彦：《国家与地方视野下的破姓开亲与婚俗改革——以清代清水江下游锦屏九寨苗白、彦洞讨论为中心》，《云南社会科学》2015 年第 1 期。

刘彦：《国家与地方视野下的破姓开亲与婚俗改革——以清代清水江下游锦屏九寨苗白、彦洞讨论为中心》，《云南社会科学》

2015 年第 1 期。

潘文献：《苗人、巫蛊：对于他者的想象和指控》，硕士学位论文，中央民族大学，2005。

石开忠：《侗族"款"组织的文化人类学阐释》，博士学位论文，中央民族大学，2007。

石开忠：《侗族习惯法的文本及其内容、语言特点》，《贵州民族学院学报》（社会科学版）2000 年第 1 期。

粟定先：《论侗"款"源流》，《中南民族大学学报》（人文社会科学版）1992 年第 4 期。

孙旭：《侗族社会年龄群体关系转型——以黔东南岑吾侗寨起鼓楼为例》，《原生态民族文化学刊》2014 年第 1 期。

孙旭：《集体中的自由——黔东南侗寨的人群关系与日常生活》，博士学位论文，中山大学，2014。

王爱和：《人类学与历史学：挑战对话与发展》，《世界民族》2003 年第 3 期。

王健：《"草民"与"皇帝"：隆里人的话语与历史》，《云南民族大学学报》2016 年第 2 期。

王彦芸：《区域的结构过程与文化创造》，博士学位论文，中山大学，2012。

吴治德：《〈侗款〉的"款"字探源——兼谈"都"字》，《贵州民族研究》1992 年第 2 期。

吴治德：《侗"款"初探》，《贵州民族研究》1983 年第 1 期。

伍光红：《侗款的最高权威非人格化及其借鉴价值》，《广西民族学院学报》（哲学社会科学版）2005 年第 4 期。

〔美〕萧凤霞：《传统的循环再生——小榄菊花会的文化、历史与政治经济》，《历史人类学学刊》第 1 卷第 1 期，2003 年。

〔美〕萧凤霞：《反思历史人类学》，《历史人类学学刊》第 7 卷第 2 期，2009 年。

〔美〕萧凤霞：《廿载华南研究之旅》，程美宝译，《清华社会学评论》2001 年第 1 期。

〔美〕萧凤霞、包弼德等：《结构·区域·秩序——历史学与人类学的对话》，《文史哲》2005 年第 5 期。

〔美〕谢丽·奥特纳：《20 世纪下半叶的欧美人类学理论》，何国强译，《青海民族研究》2010 年第 2 期。

邢志萍：《三江侗族的"款"和"款词"》，《民俗研究》1991 年第 2 期。

杨昌嗣：《侗族社会的"款"组织及其特点》，《民族研究》1990 年第 4 期。

杨昌嗣：《侗族社会的"款"组织及其特点》，《民族研究》1990 年第 4 期。

杨进铨：《侗族"款"的名称》，《民族论坛》1990 年第 2 期。

杨进铨：《再谈侗族款的名称——〈《侗款》的"款"字探源〉质疑》，《民族论坛》1993 年第 1 期。

杨秀绿：《侗款的产生、功能及承传试探》，《中南民族大学学报》（哲学社会科学版）1988 年第 6 期。

张世珊：《侗"款"文化》，《求索》1991 年第 2 期。

张小军：《历史学的人类学化和人类学的历史化——兼论被历史学抢注的历史人类学》，《历史人类学学刊》第 1 卷第 1 期，2003 年。

张银锋、张应强：《姓氏符号、家谱与宗族的建构逻辑——对黔东南一个侗族村寨的田野考察》，《西南民族大学学报》（人文社科版）2010 年第 6 期。

张应强：《从卦治〈奕世永遵〉石刻看清代中后期的清水江木材贸易》，《中国社会经济史研究》2002 年第 3 期。

张应强：《弃龙就姜：清代黔东南地区一个苗族村寨的改姓与宗族的演变》，《历史人类学学刊》第 2 卷第 2 期，2004 年。

张应强:《清代契约文书中的房族及村落社会生活》,《广西民族学院学报》2005 年第 6 期。

张应强:《清代西南商业发展与乡村社会——以清水江下游三门塘寨的研究为中心》,《中国社会经济史研究》2004 年第 1 期。

张应强:《区域开发与清水江下游村落社会结构——以〈永定江规〉碑的讨论为中心》,《原生态民族文化学刊》2009 年第 3 期。

周星:《中国民族学的文化研究面临的基本问题》,《开放时代》2005 年第 5 期。

# 二 英文文献

Harrell, Stevaned, *Cultural Encounters on China's Ethnic Frontiers*, University of Washington Press, 1995.

Hostetler, Laura, *Qing Colonial Enterprise：Ethnography and Cartography in Early Modern China*, The University of Chicago Press, 2001.

Lefebvre, Henri, *The Production of Space*, Oxford：Blackwell Press,1991.

Lakoff, George, *Women, Fire, and Dangerous Things*, The University of Chicago Press, 1987.

Schein, Luisa, *Minority Rules：The Miao and the Feminine in China's Cultural Politics*, London：Duke University Press, 2000.

Scott, James, *The Art of Not Being Governed：An Anarchist History of Upland Southeast Asia*, Yale University Press, 2009.

Taussing, Michael, *The Devil and Commodity Fetishism in South America*, University of North Carolina Press, 1980.

# 后　记

悠悠晃晃，工作这四年将就这样而过，要不是导师时刻叮嘱，将半成品的博士论文修改出版，我想，我是没有足够的勇气再将此文拿出来见人。倒不是因为这篇博士论文没有可取之处，而是可取之处我没有让其尽善尽美，不可取之处，我似乎一筹莫展难让它有一点闪光。

或许对学术的追求不应太过苛责。从学术的价值来说，人文社科的研究并非言尽所物，而是激以思考。思想所到之处，亦如水流之理，每经一处，自有一点益处可陈，这便是学术的初衷。既然如此，我就不应该找出各种理由阻挠自己修改和出版本书。学问来源于现实，学术即是生活。将博士论文修改出版，也算是一个成年礼，无论好与坏，也算是对生活的一种回敬，对关心我的师友们的一种在意，然后果断开启新的征程。

再触及这份"小作业"，心里难免思绪万千，恩师昔日的提点又历历在目。从一开始，我要做的题目并非《姻亲与"他者"：清水江北岸一个苗寨的历史、权力与认同》，而是有关清水江北岸的"北侗""款组织"的研究。这是恩师多年来一直想要完成的一个课题。当他将此题目交给我的时候，我备感幸福，但无形中压力也倍增。

和我做相似论题的还有我的师兄——孙旭，他做的是"南侗款"。"南侗款"与"北侗款"虽都涉及"款组织"这一主题，但这其中却有着王朝国家进入地方过程中的不同机理和被改变的不同脉络。对此问题的比较研究必然能够进一步勾勒出苗疆社会存在的不同景象和发展的历史归途。

田野的接触和碰触到的困难，使我放弃了，做了一个"逃兵"。该题目因为我的放弃而一直搁置到现在没有人去碰触。所幸，我的师兄做好了这一论题，在他博士论文的字里行间，我看到了我比较向往的一种写作手法和思考角度。但这是我目前为止难以做到的，所以我选择了放弃！

放弃了"款组织"这一主题，我选择了苗疆社会的婚俗改革与苗疆社会变迁过程这一问题。对于这样的选题，我试图回到利奇对山地民族社会变迁的讨论。以往历史人类学的研究大多聚焦于宗族、市场、礼仪、庙宇等，以此回应和扩展施坚雅、弗里德曼、王斯福、华德英等人的研究。但当触及西南，感觉这几位学者的讨论比较有限，而似乎利奇的观点更可取。

利奇所涉及的，如山地民族社会变迁与更大社会体系之关系、特殊人群的文化机理、关于山地民族联姻机制的转换等问题，与苗疆社会的基本事实有某种高度的相似性，如果将这些问题展开进一步比较讨论，是一个比较有意思的论题。可以说，利奇的这些问题将我引向了人类学本位的历史人类学研究的归向，极大启发了我的研究。在这样的鼓励下，我转向了婚俗改革，尝试性地将一些问题抛出来，比如建立在苗疆巫蛊信仰基础上生产出来的"特殊人群"与王朝国家之关系，以及隐含其中的关于山地民族本土化中心与边缘机制的讨论等，我认为，对这些问题的讨论将扩展和丰富关于山地民族社会的变迁研究。我想，正是恩师的叮嘱和试图解释一些问题的欲望，使我重拾我的博士论文，重新回到既有的思考旅程，加紧将其修改，顺理成书。

于我而言，修改博士论文又是一件吃力的事情，但正是进入修改这一环节，我才真正懂得，我的写作及学问进步的限度在哪里，我已走到哪里，该怎样走。正是日复一日地修改这本书，建构了我另一个学术主体性的存在：不敢妄言，敬畏学术与文字，学会尝试性地坚持自己的学术主张，更让我懂得内心的那份感激。

"读博不是一个人的旅程，而是一群人的奋斗；读博不是一个人在战斗，而是一群人相互支持着前行。"这是一位友人在我田野之前所送的一句话。是的，对学术的追求，并不是一个人的奋斗，而是一群有着共同爱好、信仰和命运的人的共同追求，唯有如此，学术方才成希望、理想和现实。我常常以此宽慰自己，并以此心境去鼓励和支持我的朋友们。

是的，我的博士论文能够完成，源于背后很多人的支持和鼓励。在此，我首先要感谢的，是我的导师张应强教授，是他大胆将我收入门下，使我如愿以偿进入心仪已久的中山大学求学。从博士论文选题到整个论文框架的确定，甚至于字词的表述，他都耐心地指导，倾注他大量的心血。对我天马行空的想法和毫无章法的叙述，恩师在被我"惊吓"之余，立马将我拉了回来，并细心地在关键处提出他的建议。尽管愚钝的我总是不能很好地领会他的想法和用意，以致这篇博士论文不尽如人意，留下诸多遗憾。然而，他并没有"丢弃"我，一直鼓励我继续前行。正是在他的鼓励和帮助下，我不再彷徨，而有所进步。

关于恩师，他对我的影响不仅仅在于学术，更是来自他长期以来秉持的自由开放的学术理念、平等待人的品格和他对学术田野的实践。十几年以来，他一直带着学生坚持行走于清水江流域的每个城市和村庄，了解该地方社会的前世与今生，他的行动和学术思想不仅深刻影响了当地人对自身文化的自我关注和欣赏，还影响了一批为之奋斗的人。正是这潜移默化的行动激励着我努力前行。如果问这三年对我改变最大的是什么，莫过于在他的门下，我看到了一种不断前行的力量和对学术信念的追求。

感谢陈春声、刘志伟教授等，在一个热闹的夏天，与我的导师一同来到我的田野点进行考察，并在一些问题上给我答疑解惑。刘志伟老师还不断叮嘱我，"你的论文蛮有意思，要将它好好修改出来出版"。在他们的鼓励下，我看到了一种做学术的理念。感谢何明、麻国庆、温春来、范可等老师在我论文答辩的过程中给予的鼓励和认可。感谢张振江、谭同学老师对我的论文提出的修改意见。

其次，要感谢的是孙旭师兄、阿春（廖惟春）师弟、王健师弟、彦芸师姐、靖野师弟、小闽师姐、文泽师兄等对我论文的题目、框架性内容和结论提出的修改意见。他们的建议让我受益匪浅，正是在他们的一些提点下，我豁然开朗，将论文修改成形。感谢黄瑜、韦玮等好友，在我论文修改的过程中给予帮助。感谢三年同窗的老姐、桂华姐、小罗、小区，还有陈浩、广辉兄、沃伦、燕子（谌红燕）、景连师兄、蒲涛、阿朱（朱丽娜）等好友的鼓励。在此还要感谢的是"不学无术、怕读书"的溶侦，硬着头皮读完我的论文，帮我润色，抠字眼，充分发挥她的强项，找错别字，使我的论文看起来不那么别扭。

学术的思想植根于田野，是田野中的大爹大妈、各位叔伯、兄弟姐妹愿意把我当成他们的孩子、姐妹，在不见之时，他们总是挂念一个"外人"什么时候再回去。正是有了他们的这份热情、真诚和挂念，我的田野才坚持了下来，并成长了许多。我记得，当我2014年8月16日离开瑶白的前一天，瑶白安亚老师送给了我一首诗：

送　别

刘彦启程将欲行，
将心惜别在今明。
大鹏高飞巾帼事，
莫忘侗乡瑶白村。
深入民间求学问，
千辛万苦不迟情。

——老者杨安亚敬上一首以作留念

282

　　这首诗不但是对我的鼓励和期待，也告诉我，莫忘田野中的所有朋友。在此，特别感谢他，我不会忘记瑶白、彦洞等寨中的叔婶、兄弟姐妹给我的支持和关照！

　　田野中给我提供无私帮助的，还有锦屏县党史办主任王宗勋老师及其家人，政协主席王明相老师、焦作芳老师、王荣渊叔叔、小张。有了他们，我得以安心自由地在当地展开田野调查，遇见他们，十分幸运和幸福！

　　在此，还要感谢档案馆王奎馆长，彦洞乡龙政樟乡长、杨俊副书记、龙臻副乡长、张兰姣大姐等，我博士论文的成形，也离不开他们的帮助，在此深表感谢！

　　最后，我要感谢的是我的家人，是你们，让我毫无顾虑地往前走，做自己想做的事情。对于你们，我想，我这一生都没有什么可以回报，唯一可以做的是，用自己的方式把自己安顿好，我想这样才能使你们心安。

2019 年 3 月 20 日于昆明学府人家

**图书在版编目（CIP）数据**

姻亲与"他者"：清水江北岸一个苗寨的历史、权
力与认同/刘彦著．－－北京：社会科学文献出版社，
2019. 11

（清水江研究丛书）

ISBN 978 - 7 - 5201 - 5449 - 9

Ⅰ.①姻…　Ⅱ.①刘…　Ⅲ.①婚姻 - 少数民族风俗习
惯 - 研究 - 贵州　Ⅳ.①K892. 22

中国版本图书馆 CIP 数据核字（2019）第 184128 号

清水江研究丛书
姻亲与"他者"：清水江北岸一个苗寨的历史、权力与认同

著　　者 / 刘　彦

出 版 人 / 谢寿光
责任编辑 / 宋　超　陈肖寒
文稿编辑 / 汪延平

出　　　版 / 社会科学文献出版社·历史学分社（010）59367256
　　　　　　地址：北京市北三环中路甲 29 号院华龙大厦　邮编：100029
　　　　　　网址：www. ssap. com. cn
发　　　行 / 市场营销中心（010）59367081　59367083
印　　　装 / 三河市龙林印务有限公司

规　　　格 / 开本：787mm × 1092mm　1/16
　　　　　　印 张：18. 75　字 数：243 千字
版　　　次 / 2019 年 11 月第 1 版　2019 年 11 月第 1 次印刷
书　　　号 / ISBN 978 - 7 - 5201 - 5449 - 9
定　　　价 / 108. 00 元

本书如有印装质量问题，请与读者服务中心（010 - 59367028）联系